MPR 出版物链码使用说明

本书中凡文字下方带有链码图标“══”的地方，均可通过“泛媒关联”App 的扫码功能，获得对应的多媒体内容。

您可以通过扫描下方的二维码下载“泛媒关联”App。

“泛媒关联”App 链码扫描操作步骤：

1. 打开“泛媒关联”App；
2. 将扫码框对准书中的链码扫描，即可播放多媒体内容。

粤语学习25讲

25 Lectures of Cantonese

赖婉琴　李惠娟　编著

暨南大学出版社
JINAN UNIVERSITY PRESS

中国·广州

图书在版编目（CIP）数据

粤语学习 25 讲/赖婉琴，李惠娟编著．—广州：暨南大学出版社，2018.5
ISBN 978－7－5668－2309－0

Ⅰ.①粤…　Ⅱ.①赖…②李…　Ⅲ.①粤语—高等学校—教材　Ⅳ.①H178

中国版本图书馆 CIP 数据核字（2018）第 033370 号

粤语学习 25 讲
YUEYU XUEXI 25 JIANG
编著者：赖婉琴　李惠娟

出 版 人：徐义雄
策划编辑：苏彩桃
责任编辑：黄　斯
责任校对：邓丽藤　刘雨婷
责任印制：汤慧君　周一丹

出版发行：暨南大学出版社（510630）
电　　话：总编室（8620）85221601
　　　　　营销部（8620）85225284　85228291　85228292（邮购）
传　　真：（8620）85221583（办公室）　85223774（营销部）
网　　址：http：//www.jnupress.com
排　　版：广州市天河星辰文化发展部照排中心
印　　刷：湛江日报社印刷厂
开　　本：787mm×960mm　1/16
印　　张：14
字　　数：353 千
版　　次：2018 年 5 月第 1 版
印　　次：2018 年 5 月第 1 次
定　　价：45.00 元

前　言

本书主要面向对粤语及广府文化有兴趣的学习者。

本书的《粤语拼音方案》主要参考饶秉才先生的《广州音字典》（广东人民出版社1983年版）。

本书共有二十五讲，第一至四讲主要讲解粤语拼音。学习者通过学习，掌握粤语的发音方式，为粤语听说打下基础。

第五至二十三讲为情景学习，学习者可以学习各种日常生活场景的粤语。“词语解释”部分，可以帮助学习者掌握更多的粤语单词。“粤语句型”部分则采用与普通话比较的方式介绍粤语的句型特点，以便学习者更好地掌握粤语口语的语法结构，了解粤语的表达习惯。“拓展”部分是对粤语一字多音现象的介绍，以便学有余力者深入掌握粤语单词。每讲末尾还提供了相关练习，以巩固学习。

第二十四至二十五讲，属于拓展性学习，选择的粤语词语一般是之前课文没有出现过的。学习者既可以从中感受粤语生动活泼、形象丰富的特色，又可以了解广府文化的特点。

此外，本书还有一个重要特点，即采用了ISLI/MPR技术，将每一讲中的新单词、对话练习、句子练习的音视频媒体内容融合到版面中，学习者可以通过移动终端直接读取，更方便和有利于学习者学习掌握粤语。

赖婉琴

2017年8月30日

目　录
CONTENTS

第一讲　粤语声调和常用礼貌语

一、粤语声调

粤语是一种非常好听的方言，因为它的声调比普通话丰富。普通话的声调有四个，即阴平声、阳平声、上声、去声，粤语则有九个声调，又叫“九声六调”。具体如下：

调号	1	2	3	4	5	6	(7)	(8)	(9)
名称	阴平	阴上	阴去	阳平	阳上	阳去	阴入	中入	阳入
调名	高平调或高降调	高升调	中平调	低降调	低升调	低平调	高促调	中促调	低促调
调值	55/53	35	33	21	13	22	5	3	2
例字	诗	史	试	时	市	事	色	锡	食
	色		锡			食			

语言学家赵元任先生提出“五度标调法”，他用“5”表示最高调值，“4”表示次高调值，“3”表示中等调值，“2”表示次低调值，“1”表示最低调值。根据赵元任先生“五度标调法”来看，粤语的阴平、阴上两调与普通话的阴平、阳平两调调值相当；粤语的阳平声与普通话的上声接近；而其余六个声调是普通话所没有的，尤其是以 b、d、g 为韵尾的三类入声字，有阴入、中入、阳入三个声调是普通话所没有的。

阴入、中入、阳入的音高与阴平、阴去、阳去是一样的，只不过是以 b、d、g 的韵尾加以区分，因此，现在一般把阴入对应第一声阴平调，中入对应第三声阴去调，阳入对应第六声阳去调。但是，由于入声韵尾 b、d、g 使声调短促，具有顿挫性，从音长来说，与其他六个声调有差异，因此，即使现在只用六个声调标示，我们仍然要说粤语是有九个声调，或者说有“九声六调”，不能说只有六个声调。

（一）阴平

粤语的阴平声有高平调和高降调两种，调值是 55 和 53。例如：诗 $xi^{1(55)}$ 人，私 $xi^{1(53)}$ 人；方 $fong^{1(55)}$ 糖，荒 $fong^{1(53)}$ 唐；先 $xin^{1(55)}$ 生 $sang^{1(53)}$。现在的人常常把阴平声都读成高平调，即 55 调值。例如，冲凉（洗澡），传统的“冲”读 53 调值，而现在多读成 55 调值。粤语阴平声的高平调调值与普通话阴平声的调值相同。

（二）阴上

粤语的阴上声是高升调，调值是 35，例如：史 xi^{2}，小姐 xiu^{2} $zé^{2}$。粤语阴上声的调值与普通话阳平声的调值相同。

（三）阴去

粤语的阴去声是中平调，调值是 33，例如：试 xi^{3}，降价 $gong^{3}$ ga^{3}。普通话没有与粤语阴去声相似的调值。

（四）阳平

粤语的阳平声是低降调，调值是21。例如：时 xi^4，银行 ngen^4 hong^4。普通话上声的调值为214，与粤语阳平声的低降调调值有部分接近。

（五）阳上

粤语的阳上声是低升调，调值是13，例如：市 xi^5，有冇 yeo^5 mou^5。普通话没有与粤语阳上声相似的调值。

（六）阳去

粤语的阳去声是低平调，调值是22；也有的认为是中降调，调值是32。例如：事 xi^6，运动 wen^6 dung^6。普通话没有与粤语阳去声相似的调值。

（七）阴入

粤语的阴入声是高促调，普通话没有这个声调。阴入声的调值是5。例如：色 xig^1，霹雳 pig^1 lig^1。

（八）中入

粤语的中入声是中促调，普通话没有这个声调。中入声的调值是3。例如：锡 ség^3，贴切 tib^3 qid^3。

（九）阳入

粤语的阳入声是低促调，普通话没有这个声调。阳入声的调值是2。例如：食 xig^6，学习 hog^6 zab^6。

二、粤语声调练习

（一）单音练习

1	2	3	4	5	6	7	8	9
xi^1 诗	xi^2 史	xi^3 试	xi^4 时	xi^5 市	xi^6 事	xig^1 色	ség^3 锡	xig^6 食
fen^1 分	fen^2 粉	fen^3 训	fen^4 焚	fen^5 奋	fen^6 份	fed^1 忽	fad^3 发	fed^6 佛
fu^1 夫	fu^2 苦	fu^3 富	fu^4 符	fu^5 妇	fu^6 父	beg^1 北	bag^3 百	bag^6 白
yi^1 衣	yi^2 椅	yi^3 意	yi^4 怡	yi^5 以	yi^6 易	yig^1 益	yég^3 约	yig^6 翼
wei^1 威	wei^2 委	wei^3 喂	wei^4 维	wei^5 伟	wei^6 胃	deg^1 得	dab^3 答	dab^6 踏
sêu^1 衰	sêu^2 水	sêu^3 岁	sêu^4 谁	sêu^5 绪	sêu^6 穗	geb^1 急	geb^3 鸽	geb^6 及
yeo^1 优	yeo^2 柚	yeo^3 幼	yeo^4 由	yeo^5 有	yeo^6 右	yed^1 一	yêg^3 约	yed^6 日
sêng^1 商	sêng^2 想	sêng^3 相（相士）	sêng^4 尝	sêng^5 上（上楼）	sêng^6 尚	seb^1 湿	sab^3 圾	seb^6 十

（二）双音练习

1. 阴平

pin¹ xin¹ 翩跹	ji¹ ju¹ 蜘蛛	pan¹ deng¹ 攀登	xu¹ bao¹ 书包	cên¹ tin¹ 春天	dung¹ fong¹ 东方

2. 阴上

yem² sêu² 饮水	sei² seo² 洗手	fan² min² 反面	ying² hêng² 影响	xun² gêu² 选举	biu² mêu² 表妹

3. 阴去

fong³ ga³ 放假	gin³ guai³ 见怪	yeo³ sei³ 幼细	zoi³ gin³ 再见	gao³ fen³ 教训	ying³ ping³ 应聘

4. 阳平

lung⁴ xun⁴ 龙船	ceo⁴ qu⁴ 踌躇	tün⁴ nin⁴ 团年	lem⁴ xi⁴ 临时	ho⁴ yun⁴ 河源	yen⁴ men⁴ 人民

5. 阳上

sêng⁵ mong⁵ 上网	yeo⁵ léi⁵ 有理	nün⁵ péi⁵ 暖被	lou⁵ you⁵ 老友	mou⁵ yen⁵ 有瘾	fu⁵ nêu⁵ 妇女

6. 阳去

dai⁶ déi⁶ 大地	lei⁶ xi⁶ 利是	men⁶ hou⁶ 问候	zên⁶ lêng⁶ 尽量	doi⁶ yu⁶ 待遇	sêng⁶ min⁶ 上面

7. 阴入

cêd¹ ngug¹ 出屋	ngeg¹ cug¹ 龌龊	xig¹ sêd¹ 蟋蟀	wed¹ sed¹ 屈膝	keb¹ seb¹ 吸湿	zug¹ fug¹ 祝福

8. 中入

fad³ guog³ 法国	kid³ fad³ 揭发	cég³ gêg³ 赤脚	zog³ ngog³ 作恶	gid³ jid³ 结节	bag³ dab³ 百搭

9. 阳入

bag⁶ xig⁶ 白食	yud⁶ dug⁶ 阅读	mug⁶ yug⁶ 沐浴	log⁶ bog⁶ 落泊	ség⁶ fed⁶ 石佛	gig⁶ lig⁶ 极力

（三）阴声与阳声比较练习

1. 阴平 —阳平

co1 to4	san1 mun4	ji1 qi4	ping4 ngon1	pun4 san1	péi4 fu1
蹉 跎	闩 门	支 持	平 安	蹒 跚	皮 肤

2. 阴上 —阳上

hou2 qi5	da2 léi5	gêu2 cung5	sêng5 leo2	yi5 zei2	yeo5 min2
好 似	打 理	举 重	上 楼	耳 仔	有 面

3. 阴去 — 阳去

gu3 xi6	fen3 lin6	gao3 seo6	sêng6 zeo3	yi6 sêng3	béng6 jing3
故 事	训 练	教 授	上 昼	异 相	病 症

4. 阴入 —阳入

yed1 yed6	xig1 yig6	zug1 mug6	lab6 bed1	zeb6 leb1	gid6 cêd1
一 日	蜥 蜴	触 目	蜡 笔	执 笠	杰 出

（四）声调比较练习

1.

lêng5 fen6 lêng4 fen2	hêng1 gong2 hêng1 gong1	cêu5 jig6 cêu5 jig1
两 份—凉 粉	香 港— 香 江	除 夕—随 即

2.

ga1 sug6 ga1 sug1	cong4 fu3 cong1 fu3	héi3 wen1 héi2 wen6
家 属—家 叔	藏 富—仓 库	气 温—起 运

3.

hu4 sêu2 hu1 sêu2	xu1 mug6 xu6 mug6	coi2 dan2 coi3 dan1
湖 水 —污 水	书 目—树 木	彩 蛋 —菜 单

4.

mou4 gong1 mou5 gong1	sêng5 cé1 sêng6 cé2	ngoi3 yu5 ngoi6 yu5
无 功 —武 功	上 车—尚 且	爱 语—外 语

5.

zung1 sem1 zung6 sem1	ha6 zeo1 ha6 zeo3	hou2 yé5 hou2 yé6
中 心 — 重 心	下 周—下 昼	好 嘢—好 夜

6.

hou2 lan5　hou2 nan4 好 懒—好 难	tou5 ngo1　tou5 ngo6 肚 屙—肚 饿	xiu2 zêng1　xiu2 zêng2 小 张—小 蒋

7.

din6 nou5　din1 lou2 电 脑—癫 佬	deng1 géi3　deng1 géi1 登 记—登 机	yeo5 sem1　yeo1 sem1 有 心—忧 心

8.

lou5 cen2　lou5 cen3 老 陈—老 衬	gug1 héi3　gug6 héi3 掬 气—焗 气	jing3 xig1　jing6 xig1 正 式—净 色

9.

mei4 bog3　wei4 bog6 微 博—微 薄	zeo1 yed1　zeo1 yed6 周 一—周 日	xi3 tei4　xi1 tei2 试 题—尸 体

10.

tong4 sôu2　tong1 sêu2 糖 水—汤 水	héi3 fen1　héi3 fen5 气 氛—气 愤	hon3 yu5　hon4 yu5 汉 语—韩 语

三、粤语常用礼貌语

（一）新单词

	普通话	粤语口语		普通话	粤语口语
1	你好	néi5 hou2 你 好	9	lou4 ga3 劳 驾	m4 goi1 唔 该
2	我	ngo5 我	10	bed1 yung6 hag3 héi3 不 用 客 气	m4 sei2 hag3 héi3 唔 使 客 气
3	ta1 他	kêu5 佢	11	dêu3 bed1 héi2 对 不 起	dêu3 m4 ju6 对 唔 住
4	zou2 sêng6 hou2 早 上 好	zou2 sen4 早 晨	12	不好意思	m4 hou2 yi3 xi1 唔 好 意 思
5	晚上好	man5 sêng6 hou2 晚 上 好	13	不要紧	m4 gen2 yiu3 唔 紧 要
6	man5 ngon1 晚 安	zou2 teo2 早 唞	14	再见	zoi3 gin3 再 见
7	zé6 zé6 谢 谢	do1 zé6 m4 goi1 多 谢，唔 该	15	man6 zeo2 慢 走	man6 man1/2 hang4 慢 慢 行
8	ma4 fan4 麻 烦	m4 goi1 唔 该	16	qing2 men6 请 问	céng2 men6 请 问

（二）词语解释

1. 唞 teo²

粤语口语的“唞”是“休息”“歇息”的意思。“早唞”是“早点休息”“早些歇息”的意思。

2. 多谢 do¹ zé⁶、唔该 m⁴ goi¹

粤语口语的“多谢”和“唔该”都相当于普通话的“谢谢”。但是“唔该”还含有普通话“请问……”“麻烦……”“劳驾……”等意思，所以“唔该”的使用比“多谢”更广泛、更频繁。

“多谢”和“唔该”两者大致的区别是：回应对方表达的祝福、问候，或者接受对方无偿赠送的财物时，一般用“多谢”；而当向对方借钱、借物，求人办事时，一般用“唔该”。

3. 晒 sai³

“晒”是粤语口语中一个独特的语气词，放在表示谢意之类的习惯语后面，用于加强语气，表示郑重的意思。例如，“多谢晒”“唔该晒”，相当于普通话“非常感谢”的意思。还有“麻烦晒你”，相当于普通话“太麻烦你了”的意思。因此，“唔该”与“唔该晒”的用法是有差别的。“唔该晒”用于郑重表示感谢，单独使用。“唔该”的用法有两种：一种是用于表示感谢，单独使用，相当于英语“thank”；另一种是放在句子开头，相当于“麻烦……”“劳驾……”“请……”之类的意思，相当于英语“excuse me”。

4. 紧要 gen² yiu³

粤语有很多跟普通话顺序不同的词，称为逆序词。例如，粤语“紧要”即普通话“要紧”。

5. 唔 m⁴

粤语口语“唔”是否定词“不 bed¹”的意思。例如：

（1）唔使。（不用。）

（2）唔要。（不要。）

（3）唔好。（不好。）

（4）唔好意思。（不好意思。）

粤语“唔好”有时相当于普通话“不好”，有时相当于普通话“不要”。例如，粤语“唔好用”是普通话“不好用”的意思。但是，粤语“唔好见佢”相当于普通话“不要见他”的意思。

6. 走 zeo²、行 hang⁴

普通话“走”的意思，粤语要说成“行”。粤语的“走”，有时候是“走”的意思，有时候是“跑”的意思。例如：

（1）佢唔行。（他不走。）

（2）佢唔走。（他不走。他不跑。）

（3）你唔好走！（你不要跑！）

（4）佢早上唔走，晚上走。（他早上不走，晚上走。）

7. 好 hou^2

粤语口语“好”如果放在形容词等词语之前，相当于普通话“很”“非常 $féi^1$ $sêng^4$”的意思。例如：

（1）好好。（非常好。很好。）

（2）好慢。（非常慢。很慢。）

（3）好多谢。（非常感谢。很感谢。）

（4）好对唔住。（非常对不起。很对不起。）

（5）佢好客气。（他很客气。）

四、拓展

粤语有书面语和口语两套词语。书面语叫“文读”，口语叫“白读”。粤语用一个字组成各种词语，有时候习惯用文读，有时候习惯用白读，这已经固定下来，成为惯例。例如，“名 $ming^4$字”“人名 $méng^2$”中，“名”的读音是不能替换的。有的词语如果改变读音，意思就完全不同了，例如，“生 $seng^1$气”是“有活力”的意思，而“生 $sang^1$气”则是“不愉快”的意思。当然，也有一些词语可以同时用两种读音而意思相同，例如，“联名 $ming^4$”和“联名 $méng^2$”，虽然读音不同，但意思相同。如果我们要把话说得文雅一些就用文读的“联名 $ming^4$”，如果我们要把话说得通俗一些就用白读的“联名 $méng^2$”。

总体来说，一般会议发言、新闻报道等正式场合多用文读，而日常生活交流多用白读。

【“请”的两种读法】

“请”的韵母用 ing，是比较书面语的读法；韵母用 éng，是比较口语的读法。

$qing^2$：请示，请缨，邀请，申请，负荆请罪 两读、相同：请，请问	$céng^2$：请客，请饮（请喝喜酒） 两读、相同：请，请问

“请问”可用“唔该”代替，但“请问”的用法比“唔该”正式。

五、粤语常用礼貌语练习

（一）礼貌语填空

（1）你和别人见面时，要先说(　　)。

（2）你在早上和人打招呼，应该说(　　)。

（3）你不小心碰到别人后，应该说(　　)。

（4）别人向你表示感谢后，你应该说(　　)。

（5）别人不小心碰到你，向你道歉后，你应该说(　　)。

（6）你和别人约会时迟到了，你到达后要先说(　　)。

（7）你和别人晚上见面要说(　　)。

（8）你和别人表示告别，要说(　　)。

（9）你和别人表示告别，除了说“再见”，还可以说(　　)。

（10）你急于询问事情，需要打断对方谈话时，应该先说(　　)。

（二）请根据下列情况，正确选择“多谢”或“唔该”

（1）别人送礼物给你时，你要说(　　)。

（2）别人为你开门时，你要说(　　)。

（3）你向别人问路后，你要说(　　)。

（4）朋友打电话说请你吃饭，你要说(　　)。

（5）请前面的人给你让路时，你要说(　　)。

（6）别人把你掉的东西捡起来还给你，你要说(　　)。

（7）下雨时，朋友送你一把雨伞，你要说(　　)。

（8）下雨时，朋友借你一把雨伞，你要说(　　)。

（9）你把借朋友的东西还给朋友后，你要说(　　)。

（10）你让商店售货员把商品拿给你看，你要先说(　　)。

（11）你在饭店吃饭，点菜时叫服务员，你要先说(　　)。

（12）在饭店吃饭时，服务员或朋友为你倒茶，你要说(　　)。

（13）在饭店吃饭时，服务员上错了菜，你让他拿走，可以先说(　　)。

（14）商家在顾客光顾之后，要对顾客说(　　)。

（15）商家要求顾客在收款单签名，要对顾客说(　　)。

（16）得到别人的“生日快乐”祝福，你要说(　　)。

（17）得到上司批准升职加薪，你要说(　　)。

（18）得到上司批准休假，你要说(　　)。

（19）上课后感谢老师，学生应该说(　　)，家长应该说(　　)。

（20）演员表演后谢幕，应该对观众说(　　)。

（21）商家在你吃完饭后，赠送一盘水果给你，表示对刚才服务不周的歉意，你可以说(　　)。

六、答案

（一）礼貌语填空

（1）你好　（2）早晨　（3）对唔住　（4）唔使客气　（5）唔紧要
（6）唔好意思　（7）晚上好　（8）再见　（9）慢慢行　（10）唔好意思

（二）请根据下列情况，正确选择“多谢”或“唔该”

（1）多谢　（2）唔该　（3）唔该　（4）多谢　（5）唔该
（6）唔该　（7）多谢　（8）唔该　（9）唔该　（10）唔该
（11）唔该　（12）唔该　（13）唔该　（14）多谢　（15）唔该
（16）多谢　（17）多谢　（18）唔该　（19）多谢　唔该　（20）多谢
（21）多谢

第二讲　粤语拼音的声母

粤语拼音的声母一共有22个，大多与普通话拼音相似，但由于其中的“z左”“c初”“s梳”一组的发音方式，与“j知”“q雌”“x思”一组完全相同，所以，也可以说粤语拼音的声母只有19个。

一、粤语声母发音分类

按发音部位划分，粤语的声母发音可以分为以下几类：

（1）双唇音：b波、p婆、m摸，由上唇和下唇阻塞气流而形成。

（2）唇齿音：f科，由上齿和下唇的接近来阻碍气流而形成。

（3）舌尖中音：d多、t拖、n挪、l罗，由舌尖抵住上齿龈阻碍气流而形成。

（4）舌叶音：z左、c初、s梳、j知、q雌、x思，由舌叶（即舌尖与舌中部之间的部位）抵在上齿龈和硬腭之间阻碍气流而形成。

（5）舌面后音：g哥、k卡、ng我、gu姑、ku箍，由舌面后部（俗称舌根）抵住软腭阻碍气流而形成。

（6）喉音：h何，由舌面后部抵住喉头阻碍气流而形成。

（7）y也、w华，是普通话拼音所没有的半元音声母。

二、粤语声母发音详释

1. b 波

b属双唇音，不送气。它与普通话拼音b相似。

ba^1 巴	bo^1 波	bui^1 杯	biu^1 表	ban^1 班

2. p 婆

p属双唇音，送气。它与普通话拼音p相似。

pa^1 趴	po^1 棵	pai^3 派	$péi^4$ 皮	$ping^4$ 平

p的发音方式与b相同，但p需要送气，所以气流较强；而b不送气，所以气流较弱。

3. m 摸

m属双唇鼻音。它与普通话拼音m相似。

ma^1 妈	mo^1 摸	mui^2 妹	mao^1 猫	$ming^4$ 明

4. f 科

f 属唇齿音。它与普通话拼音f相似。

fɑ^{1} 花	fo^{1} 科	féi^{1} 飞	fen^{1} 分	fung^{1} 风

5. d 多

d 属舌尖中音，不送气。它与普通话拼音 d 相似。

do^{1} 多	dé^{1} 爹	dei^{1} 低	dɑn^{1} 单	dong^{1} 当

6. t 拖

t 属舌尖中音，送气。它与普通话拼音 t 相似。

tɑ^{1} 他	to^{1} 拖	toi^{1} 胎	tɑn^{1} 滩	tung^{1} 通

t 的发音方式与 d 相同，但 t 需要送气，所以气流较强；而 d 不送气，所以气流较弱。

7. n 挪

n 属舌尖中鼻音。它与普通话拼音 n 相似。

nɑ^{2} 乸	no^{4} 挪	néi^{5} 你	neng^{4} 能	ning^{4} 宁

8. l 罗

l 属舌尖中音。它与普通话拼音 l 相似。

lai^{1} 拉	leo^{1} 褛	lou^{1} 捞	ling^{1} 拎	long^{4} 狼

与普通话一样，粤语声母 l 不是鼻音，n 才是鼻音。

9. g 哥

g 属于舌面后音，不送气。它与普通话拼音 g 相似。

go^{1} 哥	gɑ^{1} 家	gɑn^{1} 间	gung^{1} 工	ging^{1} 京

10. k 卡

k 属于舌面后音，送气。它与普通话拼音 k 相似。

kɑ^{1} 卡	kéi^{4} 期	kêu^{1} 区	keo^{4} 球	king^{1} 倾

k 需要送气，所以气流较强；而 g 不送气，所以气流较弱。

11. ng 我

ng 属于舌面后鼻音。普通话拼音中虽然没有这个声母，但 ng 的发音其实相当于普通话拼音复韵母的韵尾 ng，它们发音时的舌位相同。

ngɑ⁵ 瓦	ngo⁵ 我	ngon¹ 安	ngeo¹ 欧	ngeg¹ 扼

12. h 何

h 属于喉音。发音时口微张开，作呵气样，让气流从口中摩擦而出，声带不颤动。

hɑ¹ 虾	ho⁴ 河	hoi² 海	hêng¹ 香	hɑng⁴ 行

粤语拼音 h 与普通话拼音中的 h 有所不同。普通话拼音中的 h 属于舌面后音，而粤语拼音 h 属于喉音。

13. z 左、j 知

z 和 j 属于舌叶音，不送气。

zɑ¹ 渣	zo² 左	zoi¹ 斋	zung¹ 中	zeng¹ 憎

ji¹ 支	ju¹ 猪	jiu¹ 蕉	jin¹ 煎	jing¹ 蒸

14. c 初、q 雌

c 和 q 属于舌叶音，送气。

cɑ¹ 差	cé¹ 车	cou³ 醋	ceo¹ 秋	cung¹ 涌

qi³ 次	qin¹ 千	qun¹ 穿	qiu⁴ 潮	qing¹ 清

c、q 与 z、j 两者的发音部位和方式相同，但 c、q 需要送气，所以气流较强；而 z、j 不送气，所以气流较弱。

15. s 梳、x 思

s 和 x 属于舌叶音，不送气。

sɑ¹ 沙	sé¹ 些	sou¹ 苏	seo¹ 收	sɑng¹ 生

xi¹ 思	xu¹ 书	xin¹ 先	xiu¹ 烧	xing¹ 星

粤语与普通话比起来，最大的差别是声母中没有翘舌音。在前面关于声母的注释中已说明，粤语中的 z、c、s 与 j、q、x 两组声母的发音是一样的，之所以分为两组，是由于拼写韵母时有不同。z、c、s 一组拼写 ɑ、o、é 及 ɑ、o、e、é、ê、u 等字母开头的韵母，而 j、q、x 一组拼写 i、ü 及 i、ü 字母开头的韵母。

16. gu 姑

gu 属于舌面后音，不送气。它是粤语特有的声母。发音时，双唇收拢成小圆形。

gua¹ 瓜	guai¹ 乖	guei¹ 龟	guong¹ 光	guong² 广

17. ku 箍

ku 属于舌面后音，送气。它也是粤语特有的声母。发音时，双唇收拢成小圆形。

kua¹ 夸	kuei¹ 亏	kuen¹ 昆	kuen⁴ 裙	kuang¹ 筐

ku 需要送气，所以气流较强；而 gu 不送气，所以气流较弱。

18. y 也

y 是舌叶音，不送气。

yi¹ 衣	yu² 鱼	yiu¹ 腰	yen¹ 因	ying¹ 英

y 的发音很像普通话拼音中的 y，但 y 在普通话拼音中只是 i 的变体，不是声母，而在粤语拼音中 y 是一个声母。y 是略带摩擦的舌叶音。在粤语拼音中，凡有 i、ü 元音开头的韵母都用 y 为声母。

19. w 华

w 是舌叶音，不送气。

wa¹ 洼	wu¹ 污	wei¹ 威	wan¹ 弯	wong¹ 汪

w 在粤语拼音中也是作为声母；而在普通话拼音中，w 只是作为 u 的变体。粤语拼音 w 的发音也与普通话拼音中的 w 相似，只是嘴唇收拢较紧。

三、练习

（一）单音比较练习

1. b 与 p（送气与不送气比较）

ba¹ pa¹ 巴—趴	bou³ pou⁵ 布—抱	biu¹ piu¹ 表—飘	bong¹ pong⁴ 帮—旁	bag³ pag³ 伯—拍

2. m 与 f（双唇音与唇齿音比较、送气与不送气比较）

mo¹ fo¹ 摸—科	mui² fui¹ 妹—灰	méi¹ féi¹ 尾—非	men¹ fen¹ 蚊—分	mong¹ fong¹ 芒—芳

3. d 与 t（送气与不送气比较）

da² ta¹ 打—他	dam¹ tam¹ 担—贪	dei¹ tei¹ 低—梯	deng³ teng⁴ 凳—藤	dig¹ tig¹ 的—剔

4. n 与 l（鼻音与非鼻音比较）

lou5 nou5 老—脑	lam4 nam4 蓝—男	léi5 néi5 李—你	ling4 ning4 零—宁	lid6 nib6 列—聂

5. g 与 k（送气与不送气比较）

ga1 ka1 家—卡	géi1 kéi1 机—畸	gêu1 kêu1 居—区	gem1 kem1 金—襟	gêng1 kêng4 姜—强

6. ng 与 h（后鼻音与喉音比较）

ngo5 ho4 我—何	ngon1 hon3 安—看	ngeo4 heo4 牛—喉	ngoi1 hoi2 哀—海	ngab3 hab3 鸭—呷

7. z 与 c（送气与不送气比较）

zé1 cé1 遮—车	zeo1 ceo1 周—秋	zen1 cen1 真—亲	zung1 cung1 钟—葱	zeb1 ceb1 执—辑

8. j 与 q（送气与不送气比较）

ji2 qi2 纸—柿	jim1 qim1 尖—签	jun1 qun1 砖—穿	jing1 qing1 精—青	jid3 qid3 节—切

9. gu 与 ku（送气与不送气比较）

gua1 kua1 瓜—夸	guen1 kuen1 军—坤	guen2 kuen2 滚—捆	guei1 kuei1 龟—亏	guong1 kuong3 光—矿

10. gu 与 g（圆唇与非圆唇比较）

guog3 go3 国—个	guan1 gan1 关—奸	guai1 gai1 乖—街	guong2 gong2 广—港	gued1 ged1 骨—桔

11. ku 与 k（圆唇与非圆唇比较）

kua1 ka1 跨—卡	kuei1 kei1 亏—溪	kuen1 ken4 昆—勤	kuen3 ken5 困—近	kuang1 kong3 筐—矿

12. y 与 c（送气与不送气比较）

cen1 yen1 亲—恩	ceo1 yeo1 秋—忧	cêng1 yêng1 枪—央	ced1 yed1 七—一	cêg3 yêg3 焯—约

13. w 与 c（送气与不送气比较）

wa4 ca4 华—茶	wan1 can1 湾—餐	wai1 cai1 歪—猜	wong4 cong4 黄—床	wad3 cad3 挖—擦

（二）词组比较练习

1.

ngon1 seo2 hon1 seo2 安 守—看 守	do1 yen4 to1 yen4 多 人—拖 人	din6 deng1 tin1 deng1 电 灯 —天 灯

2.

lêu5 hag3 nêu5 hag3 旅 客—女 客	sen1 long4 sen1 nêng4 新 郎—新 娘	sei3 lig6 xi6 lig6 势 力—视 力

3.

bao1 bou2 pao2 bou6 包 保—跑 步	guei1 gued1 gei1 gued1 龟 骨—鸡 骨	yu4 cêng2 yi4 zêng2 鱼 肠—姨 丈

4.

gung1 fu1 dung1 gu1 功 夫—冬 菇	hêng1 gong1 sêng1 dong1 香 江 — 相 当	yêng4 xing4 cêng4 qing4 羊 城—详 情

5.

fo1 hog6 do1 gog3 科 学—多 角	ngei2 sei3 dei2 zei3 矮 细—抵 制	tai3 fun2 dai6 wun2 贷 款—大 碗

6.

dai6 yi6 dei6 yi6 大 二—第 二	ka1 cé1 ga1 zé1 卡 车—家 姐	hung2 gêu6 hou2 guêu6 恐 惧—好 攰

第三讲　粤语拼音的韵母（上）

粤语拼音的韵母一共有 53 个，比普通话拼音的 39 个韵母多出 14 个。粤语拼音的单韵母共有 7 个，比普通话拼音少 3 个。粤语拼音的复韵母共有 10 个，比普通话拼音少 3 个。粤语拼音的鼻音韵母共有 17 个，比普通话拼音多 1 个。虽然粤语拼音的前鼻音韵母和后鼻韵母都比普通话拼音各少 1 个，但其中有普通话拼音所没有的以 m 结尾的双唇鼻韵母 3 个。粤语拼音更有已经在普通话中消失的 17 个塞音韵母，这是粤语拼音韵母与普通话拼音韵母最显著的区别。另外，粤语拼音还有 m、ng 两个自成音节的鼻韵母。

一、粤语韵母发音分类

（1）单韵母：由一个字母构成。

（2）复韵母：由两个字母构成，又分为以 i 结尾的复韵母、以 u 结尾的复韵母两种。

（3）鼻音韵母：又分为以 m 结尾的双唇鼻韵母、以 n 结尾的前鼻韵母、以 ng 结尾的后鼻韵母三种。

（4）塞音韵母：又分为以 b 结尾，由双唇阻断的塞音韵母；以 d 结尾，由舌尖与牙齿配合阻断的塞音韵母；以 g 结尾，由喉咙（或舌根）阻断的塞音韵母三种。

（5）自成音节鼻韵母：m、ng。

二、粤语韵母发音详释

(一) 单韵母

粤语的单韵母共有以下 7 个。

1. ɑ 呀

ɑ 与普通话拼音 ɑ 的发音大体相同，只是比 ɑ 张口稍大。

$bɑ^1$ 巴	$mɑ^1$ 妈	$fɑ^1$ 花	$gɑ^1$ 家	$zɑ^1$ 渣

2. o 柯

o 与普通话拼音 o 的发音大体相同，但比普通话拼音 o 的开口度稍大，舌位更低。

bo^1 波	mo^1 摸	go^1 哥	do^1 多	co^1 初

3. u 乌

u 与普通话拼音 u 的发音大体相同。

fu^1 夫	fu^3 富	gu^1 姑	ku^1 箍	wu^1 污

4. i 衣

i 与普通话拼音 i 的发音方式大体相同。

di^1 啲	ji^1 枝	qi^1 痴	xi^1 师	yi^1 衣

5. ü 于

ü 与普通话拼音 ü 的发音大体相同，但双唇没有发普通话拼音的 ü 时那么突出。ü 与声母 j、q、x、y 相拼时省略两点，写成 ju、qu、xu、yu。

ju^1 猪	qu^3 处	xu^1 书	xu^6 树	yu^2 鱼

6. ê（靴）

ê 是粤语特有的元音，普通话拼音中是没有这个音的。ê 发音关键之处是嘴唇要圆。可先发 é 音，将双唇收圆即可。在粤语中这个音节的字极少。

$dê^2$ 朵	$hê^1$ 靴	$gê^3$ 锯	$lê^1$ 䁾

7. é 诶

é 与普通话拼音的 ê 相同。

$bé^1$ 啤	$fé^1$ 啡	$ké^4$ 骑	$zé^1$ 遮	$cé^1$ 车

（二）复韵母

粤语的复韵母有以下 10 个，分为以 i 结尾的复韵母和以 u 结尾的复韵母两种。

1. 以 i 结尾的复韵母

这组复韵母的发音特点是先发前音，然后轻滑至 i 音结束。

（1）ɑi 挨。

发音时，先发前音 ɑ，然后滑向后音 i。ɑi 与普通话拼音中 ɑi 的发音相近，但其中 ɑ 比普通话拼音 ɑi 中的 ɑ 张口稍大，后音 i 的张口度也较大。

$bɑi^2$ 摆	$pɑi^2$ 牌	$mɑi^5$ 买	$dɑi^3$ 带	$tɑi^3$ 太

（2）ei 矮。

发音时，先发前音 e，然后滑向后音 i。ei 不是普通话拼音中的 ei，普通话拼音中是没有 ei 这个音的。e 与普通话拼音中的 e 发音不同，有点像 ɑ，但张口比 ɑ 小，舌头靠后，发音也比 ɑ 短。

bei^1 跛	pei^1 批	mei^5 米	dei^1 低	gei^1 鸡

（3）éi（非）。

发音时，先发前音 é，然后滑向后音 i。éi 与普通话拼音中 ei 的发音大体相同。

béi[2] 畀	péi[4] 皮	méi[5] 美	déi[6] 地	géi[1] 机

（4）oi 哀。

发音时，先发前音 o，然后滑向后音 i。oi 这个音在普通话拼音中没有，但它与英语 boy 中后面的发音相同。

toi[1] 胎	noi[6] 耐	loi[4] 来	goi[1] 该	zoi[1] 灾

（5）ui 煨。

发音时，先发前音 u，然后滑向后音 i。ui 与普通话拼音 ui 的发音不同，因为普通话拼音 ui 是 uei 的简写，不是真正的 u + i，粤语拼音才是真正的 u + i。

bui[1] 杯	pui[4] 陪	mui[2] 妹	fui[1] 灰	wui[2] 会

2. *以 u 结尾的复韵母*

这组复韵母的发音特点是先发前音，然后轻滑至 u 音结束。

（1）ao 拗。

发音时，先发前音 a，然后滑向后音。ao 的前音 a 比普通话拼音 a 张口稍大，后音其实不是 o，也不纯粹是 u，而是比 u 张口大一点。总的说来，ao 这个音与普通话拼音 ao 发音相近，只要发音时张口稍大一点就可以了。

bao[1] 包	pao[1] 抛	mao[1] 猫	gao[1] 交	cao[1] 抄

（2）eo 欧。

发音时，先发前音 e，然后滑向后音 o。e 如前所述，不是普通话拼音中的 e，而是一个张口较小、发音较短的 a 音，后音不是 o 而是 u，这个 u 张口比 ao 中的 u 要小，比较接近纯粹的 u 音。普通话拼音中没有 eo 这个音，它听起来像是介于 ao 与 ou 的音。

feo[2] 否	deo[2] 抖	teo[1] 偷	ngeo[1] 欧	zeo[1] 州

（3）ou 奥。

发音时，先发前音 o，然后滑向后音 u。ou 这个音与普通话拼音中 ou 的发音大体相同。

bou[1] 煲	pou[5] 抱	mou[2] 帽	dou[1] 都	gou[1] 高

(4) êu（去）。

发音时，先发前音 ê，然后滑向后音 ü。其中的 ê 比单韵母 ê 张口更大，后音其实是 ü 而不是 u。普通话拼音中没有这个韵母，发好这个音的关键是发好 ê。

dêu[1] 堆	têu[1] 推	hêu[3] 去	gêu[1] 居	sêu[1] 衰

(5) iu 妖。

发音时，先发前音 i，然后滑向后音 u。这个音与普通话拼音中的 iu 有点相似，但又不完全相同，普通话拼音中的 iu 是 iou 的简写（但在一些音节，如 xiu、jiu 中 o 的发音很微弱），因此发粤语的 iu 要注意中间不要带这个 o 音。

biu[1] 表	piu[1] 飘	diu[1] 雕	niu[5] 鸟	jiu[1] 蕉

(三) 双唇鼻韵母

粤语拼音的双唇鼻韵母有以下 3 个。这组韵母的要点在于双唇鼻音 m 这个韵尾，因为普通话拼音中没有这个韵尾，发音的关键是发音到最后时一定要合上双唇。

1. ɑm（监）

发音时，先发前音 ɑ，然后滑向双唇鼻音 m。

dɑm[1] 担	tɑm[1] 贪	nɑm[4] 男	gɑm[1] 监	hɑm[4] 咸

2. em 庵

发音时，先发前音 e，然后滑向双唇鼻音 m。

lem[4] 林	gem[1] 金	kem[1] 襟	sem[1] 心	zem[1] 针

3. im 淹

发音时，先发前音 i，然后滑向双唇鼻音 m。im 听起来有点像 in，不同的地方就在于发音到最后要合上双唇。

dim[2] 点	tim[1] 添	jim[1] 尖	gim[1] 兼	yim[4] 盐

(四) 前鼻韵母

粤语拼音的前鼻韵母有以下 7 个。

1. ɑn 晏

发音时，先发前音 ɑ，然后滑向鼻音 n。ɑn 和普通话拼音中 ɑn 的发音大体相同。

bɑn[1] 班	pɑn[1] 攀	mɑn[6] 慢	fɑn[1] 翻	dɑn[1] 单

2. en（恩）

发音时，先发前音 e，然后滑向鼻音 n。和前文带 e 韵母一样，这个 e 不是普通话拼音中的 e，是张口较小、发音较短的 ɑ 音，但它的张口比普通话拼音中的 e 大，舌头靠前一点。en 这个音听起来像介于普通话拼音 ɑn 和 en 之间。

men1 蚊	fen1 分	cen1 亲	guen1 军	yen1 因

3. on 安

发音时，先发前音 o，然后滑向鼻音 n。普通话拼音中没有 on 这个音，它和英语 John 后面的发音大体相同。

gon1 干	ngon1 安	hon1 看	hon3 汉	hon4 寒

4. un 碗

发音时，先发前音 u，然后滑向鼻音 n。un 与普通话拼音的 un 不同，普通话拼音的 un 是 uen 的简写，中间有一个 e 音。而发粤语拼音的 un 时，注意中间不要带 e 音，发完 u 后迅速转向鼻音 n。

bun1 搬	pun1 潘	mun4 门	fun1 欢	gun1 官

5. in 烟

发音时，先发前音 i，然后滑向鼻音 n。in 与普通话拼音中的 in 发音大体相同。

bin1 边	pin1 编	tin1 天	qin1 千	nin4 年

6. ün 冤

发音时，先发前音 ü，然后滑向鼻音 n。ün 与普通话拼音中 ün 的发音大体相同。与 j、q、x、y 相拼时，ü 上两点省略，写成 jun、qun、xun、yun。

dün1 端	gün1 娟	jun1 专	qun1 村	xun1 酸

7. ên（春）

发音时，先发前音 ê，然后滑向鼻音 n。普通话拼音没有与 ên 相对应的韵母。发 ên 和 êu 一样，其中 ê 的张口比单韵母 ê 稍大。

dên1 吨	lên6 论	zên1 樽	cên1 春	sên4 唇

三、练习

(一) n 与 m 结尾的韵母比较（前鼻韵母与双唇鼻韵母）

前鼻韵母与双唇鼻韵母的最大区别在于后者发音到最后一定要合上双唇。

1. an 与 am

dan² dam²	tan¹ tam¹	gan¹ gam¹	han⁴ ham⁴	san¹ sam¹
蛋—胆	摊—贪	间—监	闲—咸	山—三

dan¹ sem¹ dam¹ sem¹	nan⁴ keo⁴ lam⁴ keo⁴	sei¹ san¹ sei² sam¹
丹 心—担 心	难 求—篮 球	西 山—洗 衫

2. en 与 em

ben¹ bem¹	den² dem²	gen¹ gem¹	sen⁶ sem⁶	ngen¹ ngem¹
奔—泵	趸—揼①	斤—金	肾—甚	奀—庵

gen⁶ yed⁶ gem¹ yed⁶	zen¹ xig¹ zem¹ jig¹	zen¹ sen¹ zen¹ sem¹
近 日—今 日	珍 惜—针 织	真 身—真 心

3. in 与 im

din² dim²	tin¹ tim¹	gin¹ gim¹	hin¹ him¹	yin² yim²
典—点	天—添	坚—兼	牵—谦	演—掩

gin³ dou² gim² dou³	xig⁶ yin⁴ xig⁶ yim⁴	hou² tin⁴ hou² tim⁴
见 到—检 到	食 言—食 盐	好 田—好 甜

(二) ao、eo、ou 比较练习

复韵母 ao、eo、ou 三者的发音比较接近，容易混淆。粤语拼音 ao、eo、ou 三个音里，ao 和 ou 两个音在普通话拼音的韵母中也有。而普通话拼音所没有的 eo 的发音则介于 ao 与 ou 之间，因此三者的发音比较接近。其实区分三者的关键是发音的开口度，ao 的开口度最大，唇形偏圆；eo 的开口度较 ao 小一些，唇形不圆，呈扁平状；ou 的开口度最小，唇形是收拢成小圆形。通过以下练习，可以掌握其差别。

1.

mao⁴ meo⁴ mou⁴	gao² geo² gou²	pao² peo² pou⁵	lao⁴ leo⁴ lou⁴	ngao³ ngeo⁴ ngou⁴
矛—谋—毛	饺—狗—稿	跑—剖—抱	捞—刘—卢	拗—牛—熬

2.

hao⁶ heo⁶ hou⁶	zao¹ zeo¹ zou¹	cao¹ ceo¹ cou¹	sao¹ seo¹ sou¹	cao² ceo² cou²
校—后—号	嘲—周—遭	抄—抽—操	梢—收—苏	炒—丑—草

① 揼：动词，把东西用力向下扔的意思。

（三）ai、ei、éi 比较练习

复韵母 ai、ei、éi 三者的发音也比较接近，容易混淆。其实三者发音的最大特点在于有逐步层递之感。ai 的开口度最大，声音发出的位置接近舌根；ei 的开口度小一些，发音的位置主要在舌面；éi 的开口度最小，发音的部位接近舌尖。只要感觉出这种舌头与口腔形成的角度，就能很好地区别三者。通过下面的练习，可以掌握其差别。

1.

bai3 bei3 béi6	pai3 pei1 péi1	mai5 mei5 méi5	fai3 fei3 féi4	dai6 dei6 déi6
拜—闭—痹	派—批—披	买—米—美	快—费—肥	大—第—地

2.

lai6 lei6 léi6	gai1 gei1 géi1	gai3 gei3 géi3	hai4 hei2 héi2	sai2 sei2 séi2
赖—丽—利	街—鸡—机	介—计—记	鞋—喺—起	徙—洗—死

3.

géi1 cêng4 gei1 cêng4	sei3 mei5 méi5 lei6	dai6 yi6 dei6 yi6
机场—鸡场	细米—美丽	大二—第二

4.

léng5 tai1 leo4 tei1	guai1 zei2 guei1 zei2	wai6 yen4 wei5 yen4
领呔—楼梯	乖仔—龟仔	坏人—为人

第四讲　粤语拼音的韵母（下）

一、粤语韵母发音详释

（一）后鼻韵母

粤语拼音的后鼻韵母有以下 7 个。

1. ang 罂

发音时，先发前音 a，然后滑向后鼻音 ng。ang 与普通话拼音的 ang 发音大体相同。

mang² 猛	hang¹ 坑	zang¹ 争	sang¹ 生	lang⁵ 冷

2. eng 莺

发音时，先发前音 e，然后滑向后鼻音 ng。eng 与普通话拼音中 eng 不同，因为粤语中的 e 不同于普通话的 e，是张口较小、发音较短的 a 音，但比普通话拼音中 e 张口要大，因此 eng 的发音像是介于普通话拼音中 ang 和 eng 之间。

peng¹ 烹	deng¹ 灯	geng¹ 羹	ngeng¹ 莺	zeng¹ 憎

3. ing 英

发音时，先发前音 i，然后滑向后鼻音 ng。ing 中的 i 比单韵母 i 张口稍大，因此 ing 不同于普通话拼音中 ing 的发音，像是介于普通话拼音中 ing 和 eng 之间。

bing¹ 冰	ding¹ 丁	ling¹ 拎	ging¹ 京	king¹ 倾

4. ung 瓮

发音时，先发前 u，然后滑向后鼻音 ng。ung 与普通话拼音中 ong 的发音较接近，只是 ung 的张口度稍大。

fung¹ 风	dung¹ 东	tung¹ 通	gung¹ 公	hung¹ 空

5. ong（康）

发音时，先发前音 o，然后滑向后鼻音 ng。ong 与普通话拼音中 ong 的发音完全不同，与普通话拼音中 ong 对应的是 ung。英语单词 long 后面的音与 ong 的发音完全相同。

bong¹ 帮	mong¹ 芒	fong¹ 方	dong¹ 当	gong¹ 江

6. êng（香）

发音时，先发前音 ê，然后滑向后鼻音 ng。êng 是粤语拼音独有的韵母，普通话拼音中没有与之相似的韵母。

lêng4 凉	gêng1 姜	hêng1 香	zêng1 张	cêng1 枪

7. éng（镜）

发音时，先发前音 é，然后滑向后鼻音 ng。éng 也是粤语拼音独有的韵母，在粤语中这个音节的字较少。

béng2 饼	péng4 平①	déng2 顶	géng1 惊	céng2 请

（二）塞音韵母

普通话拼音中没有塞音韵母，粤语则一共有17个。其发音特点是在发出音后，马上利用双唇、舌头和牙齿或喉咙来阻断声音。塞音韵母的声调只有第一声、第三声和第六声三种。

1. 以 b 结尾的塞音韵母

以 b 结尾的这组韵母有以下 3 个，其发音特点是利用双唇造成阻塞。

（1）ab 鸭。

发音时，先发前音 a，然后双唇闭合，堵塞气流，作发 b 状，但之后不爆破。

dab3 答	tab1 塔	lab3 腊	gab3 甲	ngab3 鸭

（2）eb（急）。

发音时，先发前音 e，然后双唇闭合，堵塞气流，作发 b 状，但之后不爆破。eb 的发音与 ab 相近，但张口度比 ab 小，发音较短。

leb1 笠	geb1 急	keb1 级	zeb1 汁	seb1 湿

（3）ib 叶。

发音时，先发前音 i，然后双唇闭合，堵塞气流，作发 b 状，但之后不爆破。

dib6 蝶	tib3 贴	gib3 劫	jib3 接	yib6 页

2. 以 d 结尾的塞音韵母

以 d 结尾的塞音韵母一共有以下 7 个，其发音特点是利用牙齿和舌头结合来造成阻塞。

① 平：发 péng4 音时，是便宜的意思。

（1）ɑd 押。

发音时，先发前音 ɑ，然后舌尖顶住牙床，堵塞气流，作将发 d 状，但之后舌头不离开牙床，不爆破。

bɑd³ 八	fɑd³ 发	ngɑd³ 压	zɑd³ 扎	sɑd³ 杀

（2）ed（不）。

发音时，先发前音 e，然后舌尖顶住牙床，堵塞气流，作将发 d 状，但之后舌头不离开牙床，不爆破。ed 听起来有点像 ɑd，但其实比 ɑd 张口度小而且发音较短。

bed¹ 笔	med¹ 乜	led¹ 甩	ced¹ 七	yed¹ 一

（3）od（渴）。

发音时，先发前音 o，然后舌尖顶住牙床，堵塞气流，作将发 d 状，但之后舌头不离开牙床，不爆破。在粤语中这个音节的字极少。

god³ 葛	god³ 割	hod³ 渴	hod³ 喝

（4）ud 活。

发音时，先发前音 u，然后舌尖顶住牙床，堵塞气流，作将发 d 状，但之后舌头不离开牙床，不爆破。

bud⁶ 拨	mud⁶ 没	fud³ 阔	kud³ 括	wud⁶ 活

（5）id 热。

发音时，先发前音 i，然后舌尖顶住牙床，堵塞气流，作将发 d 状，但之后舌头不离开牙床，不爆破。

bie⁶ 别	gid³ 洁	qid³ 切	xid⁶ 舌	yid⁶ 热

（6）üd 月。

发音时，先发前音 ü，然后舌尖顶住牙床，堵塞气流，作将发 d 状，但之后舌头不离开牙床，不爆破。

düd⁶ 夺	tüd³ 脱	küd³ 缺	xud³ 说	jud⁶ 绝

（7）êd（律）。

发音时，先发前音 ê，然后舌尖顶住牙床，堵塞气流，作将发 d 状，但之后舌头不离开牙床，不爆破。其中 ê 比单韵母 ê 张口度稍大。这个韵母管字很少。

lêd^{6} 律	zêd^{1} 卒	cêd^{1} 出	sêd^{1} 摔	sêd^{1} 恤

3. 以 g 结尾的塞音韵母

以 g 结尾的韵母一共有以下 7 个，其发音特点是利用喉咙（或舌根）来造成阻塞。

（1）ɑg（客）。

发音时，先发前音 ɑ，然后用舌根顶住上腭后部，堵塞气流，作发 g 状，但之后舌根不离开上腭，不爆破。

bɑg^{3} 百	pɑg^{3} 拍	gɑg^{3} 格	ngɑg^{6} 额	hɑg^{3} 客

（2）eg（德）。

发音时，先发前音 e，然后用舌根顶住上腭后部，堵塞气流，作发 g 状，但之后舌根不离开上腭，不爆破。eg 发音与 ɑg 相似，但张口度较小，发音较短。

beg^{1} 北	meg^{1} 唛	deg^{1} 得	heg^{1} 黑	seg^{1} 塞

（3）og 恶。

发音时，先发前音 o，然后用舌根顶住上腭后部，堵塞气流，作发 g 状，但之后舌根不离开上腭，不爆破。

bog^{3} 搏	pog^{3} 扑	fog^{3} 霍	gog^{3} 角	tog^{3} 托

（4）ug 屋。

发音时，先发前音 u，然后用舌根顶住上腭后部，堵塞气流，作发 g 状，但之后舌根不离开上腭，不爆破。

cug^{1} 促	fug^{1} 福	zug^{1} 足	lug^{6} 六	yug^{6} 肉

（5）ig 益。

发音时，先发前音 i，然后用舌根顶住上腭后部，堵塞气流，作发 g 状，但之后舌根不离开上腭，不爆破。

big^{1} 逼	pig^{1} 辟	dig^{1} 的	gig^{1} 激	jig^{1} 积

（6）êg（约）。

发音时，先发前音 ê，然后用舌根顶住上腭后部，堵塞气流，作发 g 状，但之后舌根不离开上腭，不爆破。

sêg^{3} 削	gêg^{3} 脚	zêg^{3} 着	cêg^{3} 卓	yêg^{3} 约

（7）ég（尺）。

发音时，先发前音 é，然后用舌根顶住上腭后部，堵塞气流，作发 g 状，但之后舌根不离开上腭，不爆破。

$t\acute{e}g^3$ 踢	$l\acute{e}g^1$ 叻	$k\acute{e}g^6$ 剧	$h\acute{e}g^3$ 吃	$z\acute{e}g^3$ 只

（三）自成音节鼻韵母

粤语有两个很特殊的韵母，称为自成音节鼻韵母。

1. m 唔

发音时，双唇闭合，让气流从鼻腔呼出。这是一个自成音节的鼻音韵母，不与其他声母相拼。在粤语中 m 这个音节只有一个字“唔”（不），但它很常用。

m^4 唔

2. ng 五

发音时，舌根顶住上腭后部，让气流从鼻腔呼出。ng 也是一个自成音节的鼻音韵母，不与其他声母双拼。在粤语中 ng 这个音节的字极少。

ng^4 吴	ng^5 五	ng^5 午	ng^6 误

二、粤语韵母总结

粤语拼音的韵母与普通话拼音的韵母比较起来既有相同、相似之处，也有完全不同的地方。具体有以下几点：

（1）粤语拼音与普通话拼音韵母相同的有：a 呀、i 衣、u 乌、ü 于、é 诶。

（2）粤语拼音与普通话拼音韵母近似的有：o 柯。

（3）粤语拼音有而普通话拼音没有的韵母是：ê（靴），以 m 唔为韵尾的双唇鼻韵母，以 b、d、g 为韵尾的塞音韵母。

（4）粤语拼音没有而普通话拼音有的韵母是：e、er。

三、练习

（一）n 与 ng 结尾的韵母比较练习（前鼻韵母与后鼻韵母）

前鼻韵母与后鼻韵母的最大区别在于后者要用到舌根，而前者不用。

1. an 与 ang

gan^1 $gang^1$ 间 — 更	man^4 $mang^4$ 蛮 — 盲	han^1 $hang^1$ 悭 — 坑	can^1 $cang^1$ 餐 — 铛	pan^3 $pang^4$ 盼 — 彭

$hung^4$ $ngan^6$ $ging^2$ $ngang^6$ 鸿 雁 — 颈 硬	zan^3 $y\hat{e}ng^4$ $zang^1$ $c\hat{e}ng^4$ 赞 扬 — 争 场	fan^1 $sang^1$ $hang^4$ san^1 翻 生 — 行 山

2. en 与 eng

den2　deng2	pen3　peng1	men1　meng1	gen1　geng1	guen1　gueng1
趸—等	喷—烹	蚊—掹	巾—羹	军—轰

wong4 ngen1　wong4 ngeng1	zen1 xig1　zeng1 hen6	cen1 sang1　ceng1 sem1
黄炃—黄莺	珍惜—憎恨	陈生—层深

3. on 与 ong

gon3　gong3	hon3　hong3	ngon3　ngong4	gon1　gong1	hon4　hong4
干—降	看—炕	案—昂	肝—江	寒—行

gon2 lou6　gong2 lou5	gon1 hon5　gong1 ho4	hon1 seo2　hong1 zong1
赶路—讲老	干旱—江河	看守—康庄

4. in 与 ing

bin1　bing1	pin3　ping1	min6　ming6	hin1　hing1	lin6　ling6
边—冰	骗—拼	面—命	掀—兴	练—令

pin3 min6　ping1 ming6	sêu2 bin1　sêu2 bing1	nin4 ling4　ling4 qin4
片面—拼命	水边—水兵	年龄—零钱

5. ên 与 êng

lên6　lêng6	zên1　zêng1	cên2　cêng2	sên1　sêng1	yên6　yêng6
论—谅	遵—将	蠢—抢	询—伤	润—样

cên1 sên1　cêng2 cêng1	sên3 yem6　sêng5 yem6	hoi1 zên1　hoi1 zêng1
春笋—抢枪	信任—上任	开樽—开张

（二）m 与 ng 比较练习（双唇鼻韵母与后鼻韵母）

双唇鼻韵母与后鼻韵母的最大区别是前者发音到最后要合上双唇，而后者用到舌根且不需要合上双唇。

1. am 与 ang

ham4　hang4	gam1　gang1	ngam1　ngang1	zam1　zang1	cam2　cang2
咸—行	监—更	啱—罂	簪—争	惨—橙

cen3 sam1　cen4 sang1	tin1 lam4　tin1 lang5	dai6 ham3　dai6 hang1
衬衫—陈生	天蓝—天冷	大喊—大坑

2. em 与 eng

lem4　neng4	gem1　geng1	hem2　heng2	zem1　zeng1	sem1　seng1
林—能	柑—羹	砍—肯	针—憎	心—生

sem1 cem4 sem1 ceng4 深沉—深层	yung5 gem2 sem1 geng2 勇敢—心梗	sêu2 bem1 beng1 cung4 水泵—蹦床

3. im 与 ing

tim4 ting4 甜—停	qim1 qing1 签—清	him3 hing3 欠—庆	nim4 ning4 黏—宁	yim6 ying6 艳—认

tou2 yim3 dab3 ying3 讨厌—答应	dim2 teo4 ding2 teo4 点头—顶头	sen1 yim4 cen1 ying4 新盐—亲迎

（三）塞音韵母比较练习

1. ab 鸭、ad 押、ag（客）比较练习

mad3 mag3 抹—擘	dab6 dad6 踏—达	tab3 tad3 塔—遢	bad3 bag3 八—百	hab6 hag3 峡—吓

gab3 gad6 gag3 甲—甲—格	ngab3 ngad3 ngag6 鸭—押—额	zab6 zad6 zag6 习—由—择	lab6 lad6 lag3 腊—辣—嘞	cab3 cad3 cag3 插—刷—拆

2. eb（急）、ed（不）、eg（德）比较练习

bed1 beg1 不—北	med6 meg6 袜—墨	geb1 ged1 急—吉	ceb1 ceg1 辑—测	yeb6 yed6 入—日

deb1 ded6 deg1 耷—突—得	leb6 led1 leg6 立—甩—肋	heb1 hed1 heg1 洽—乞—黑	zeb1 zed1 zeg1 执—质—侧	seb1 sed1 seg1 湿—室—塞

3. ib 叶、id 热、ig 益比较练习

bid1 big1 必—逼	mid6 mig6 灭—觅	tib3 tig1 贴—剔	hib3 hid3 怯—歇	qib3 qid3 妾—切

dib6 did6 dig6 蝶—秩—敌	lib6 lid6 lig6 猎—烈—力	gib3 gid3 gig1 涩—洁—激	jib3 jid3 jig1 接—节—职	yib6 yid6 yig6 叶—热—液

4. êd（律）、êg（约）、ég（尺）比较练习

sêd6 zêd1 术—捽	yêg6 gêg3 药—脚	zêg3 kêg3 着—却	ség6 dég6 石—粜	kég6 tég3 屐—踢

dêd1 dêg3 dég6 咄—剁—笛	lêd6 lêg6 lég6 律—略—沥	zêd1 zêg6 zég6 卒—着—席	cêd1 cêg3 cég3 出—卓—尺	sêd1 sêg3 ség6 率—削—石

5. 恶 og、屋 ug 比较练习

bog6 bug6 薄—仆	mog6 mug6 幕—木	fog3 fug6 霍—服	dog6 dug6 踱—读	log6 lug6 落—六

gog³ gug¹ 角—菊	ngog⁶ ngug¹ 乐—屋	hog⁶ hug⁶ 学—酷	zog³ zug¹ 作—祝	sog³ sug¹ 索—叔

6. üd 月、id 热比较练习

düd⁶ did³ 夺—跌	lüd⁶ lid⁶ 劣—裂	küd³ kid³ 决—揭	hüd³ hid³ 血—歇	xud³ xid⁶ 雪—舌

bid¹ düd⁶ tüd³ jid³ 必夺—脱节	lid⁶ küd³ küd³ lid⁶ 列缺—决裂	mid⁶ jud⁶ yid⁶ hüd³ 灭绝—热血

（四）韵母比较练习

1.

dan¹ sen¹ dan¹ sem¹ 单身—丹心	dam¹ sem¹ dan¹ sem¹ 担心—丹参	yiu³ deng² yiu³ dan² 要等—要蛋

2.

qin¹ sam¹ qin¹ san¹ 千三—千山	gao² dim⁶ gao² din⁶ 搞掂—搞电	cêu⁴ sam¹ cêu⁴ sang¹ 除衫—徐生

3.

géi¹ yug⁶ gei¹ yug⁶ 肌肉—鸡肉	seb¹ sen¹ sed¹ sen¹ 湿身—失身	lan⁴ pou² nam⁴ pou² 兰圃—南浦

4.

nam⁴ zei² lan⁶ zei² 男仔—烂仔	ség⁶ xi⁶ xig⁶ ji² 硕士—食指	hed¹ yi¹ heg¹ yi¹ 乞儿—黑衣

第五讲　系边个（是谁）

一、新单词

	普通话	粤语口语		普通话	粤语口语
1	sêu4 na5 go3 谁、哪个	bin1 go3 边个	19	父亲	fu6 cen1 父亲
2	zé5 go3 这个	néi1 go3 呢个	20	母亲	mou5 cen1 母亲
3	na5 go3 那个	go2 go3 嗰个	21	爸爸	ba4 ba1 a3 ba4 爸爸、阿爸
4	ngo5 mun4 我们	ngo5 déi6 我哋	22	妈妈	ma4 ma1 a3 ma1 妈妈、阿妈
5	yen4 ga1 bid6 yen4 人家、别人	yen4 déi6 人哋	23	哥哥	go4 go1 dai6 lou2 哥哥、大佬
6	自己	ji6 géi2 自己	24	姐姐	zé4 zé1 ga1 zé1 姐姐、家姐
7	老师	lou5 xi1 老师	25	弟弟	sei3 lou2 dei4 dei2 细佬、弟弟
8	同学	tung4 hog6 同学	26	妹妹	mui4 mui2 a3 mui2 妹妹、阿妹
9	同事	tung4 xi6 同事	27	dig1 的	gé3 嘅
10	朋友	peng4 yeo5 朋友	28	xi6 是	hei6 系
11	学生	hog6 sang1 学生	29	dou1 xi6 都是	dou1 hei6 都系
12	男生	nam4 seng1 男生	30	wan4 xi6 还是	zung6 hei6 仲系
13	女生	nêu5 seng1 女生	31	ya5 xi6 也是	yeo6 hei6 又系
14	nam4 hai4 ji2 男孩子	nam4 zei2 男仔	32	zeo6 xi6 就是	zeo6 hei6 就系
15	nêu5 hai4 ji2 女孩子	nêu5 zei2 女仔	33	wo4 gen1 和、同、跟	tung4 同
16	xiu2 hai4 ji2 小孩子	sei3 lou6 zei2 细路仔	34	lin4 tung4 连同	tung4 mai4 同埋
17	男人	nam4 yen2 男人	35	dung1 sei1 东西	yé5 嘢
18	女人	nêu5 yen2 女人	36	sem6 mo1 什么	med1 med1 yé5 乜、乜嘢

二、词语解释

（一）呢个 néi¹ go³、嗰个 go² go³

粤语口语的“呢个”“嗰个”分别对应普通话的“这个”“那个”。普通话在说“这个”“那个”的时候，可以省略“个”字，单独说成“这”“那”。但粤语在说“呢个”“嗰个”的时候，不能单独说成“呢”“嗰”，而是要完整使用“呢个”“嗰个”。例如：

（1）呢个系乜嘢？（这是什么？）

（2）嗰个系乜嘢？（那是什么？）

（二）哋 déi⁶

粤语口语的“哋”只能放在“我”“你”“佢”“人”之后，除此之外，不能放在其他名词之后。如果要表示复数，只能用书面语“们 mun⁴”。例如，只能说“学生们”“老师们”“朋友们”，不能说“学生哋”“老师哋”“朋友哋”。

（三）粤语“爸爸”“妈妈”的其他习惯称呼

粤语日常口语称呼“爸爸”习惯说“老窦 lou⁵ deo⁶”，称呼“妈妈”可以说“老母 lou⁵ mou²”。“母”从第五声改发第二声。要注意的是，一般用这两种称呼的语气会比较随便，甚至有时会带有轻视的意思，要慎用。尤其是“老母”一词，可以指称自己的母亲，但不能指称别人的母亲，粤语口语的“你老母”含有骂人的意思，是不礼貌的表达。

另外，受英语影响，现在也习惯称妈妈为“妈咪 mɑ¹ mi⁴”，称爸爸为“爹地 dé¹ di⁴”。

（四）细 sei³

粤语口语的“细”是“小”的意思，是“大”的反义词。例如：细佬（弟弟，与“大佬”相对），细妹（小妹，与“大妹”相对），细路仔（小孩子，与“成年人、大人”相对）。

（五）同 tung⁴、同埋 tung⁴ mɑi⁴

粤语的“同”相当于普通话的“和”。粤语的“同埋”则表示“连同……一起”的意思。例如：

（1）我同佢。（我和他。）　　　我同埋佢。（我连同他一起。）

（2）老师同学生。（老师和学生。）　　老师同埋学生。（老师连同学生一起。）

（六）乜嘢 med¹ yé⁵、咩 mé¹

粤语单独一个“乜”是“什么”的意思，单独一个“嘢”是“东西”的意思。“乜嘢”是“什么”或“什么东西”的意思。“乜嘢”可以合音读作“咩 mé¹”。“咩”可以放在句末做语气词，表示反诘的语气。

“好嘢”在不同句子中的意思：

（1）呢个系好嘢。（这个是好东西。）

（2）好嘢！（欢呼或赞叹的意思。相当于“好样的！”“太好了！”“真棒啊！”的意思。）

（3）大佬好嘢！（哥哥好样的！哥哥真棒啊！）

(4) 你好嘢!(威胁警告的意思。相当于"你有种!""你小心点!")

三、粤语语气词

粤语的语气词极为丰富。以下是粤语口语中常用的几个语气词。

(一) 嘛 ma^3

粤语语气词"嘛 ma^3"一般放在疑问句末，与表示肯定的词语配合，表达询问的语气，相当于普通话疑问语气词"吗"。例如：

(1) 你就系佢大佬嘛?(你就是他哥哥吗?)

(2) 佢系你哋老师嘛?(他是你们老师吗?)

(二) 呀 a^3

粤语语气词"呀 a^3"一般放在疑问句末，与表示疑问的词语配合，表达疑问的语气。相当于普通话疑问语气词"啊"或者"呀"。例如：

(1) 佢系边个呀?(他是谁呀?)

(2) 呢个系乜嘢呀?(这是什么啊?)

(三) 呢 $né^1$

"呢"做指示代词读"$néi^1$"，做语气词读 $né^1$。粤语语气词"呢 $né^1$"一般放在疑问句末，表示询问的语气，相当于普通话"呢"。例如：

(1) 佢系唔系你哋同事呢?(他是不是你们同事呢?)

(2) 嗰个男仔系唔系你细佬呢?(那个男孩子是不是你弟弟呢?)

四、拓展

(一)"生"的两种读法

$seng^1$：男生，女生，生活，生产，生词，生物，生理，生死，生殖，生效，生涯，生态，生动，新生，医生，书生，花生，招生，卫生，产生，出生，谋生，寄生，陌生，平生，丧生，活生生，生老病死，节外生枝，无中生有，乐极生悲 两读、相同：生前，生日，生育，学生 两读、相异：生气（活力），生人（出生），生意（生机），生性好动	$sang^1$：生鲜，生菜，生猛，生仔（生孩子），生病，生虫，生猪，生铁，生锈，生手，生擒，生硬，生疏，先生，后生，亲生，天生，鱼生，放生，执生（见机行事），粗生粗长 两读、相同：生前，生日，生育，学生 两读、相异：生气（不愉快），生人（不认识的人），生意（买卖），生性（懂事）

(二)"人"的两种读法

yen^4：客人，老人，亲人，夫人，情人，恋人，工人，衰人（坏人），汉人，成人，敌人，为人，激人（气人），惊人，闹人（骂人），人言可畏，人去楼空 两读、相异：一个人（人数是一个），伊人 两读、相同：主人	yen^2：男人，女人，小人，中间人，单企人（单人旁），做丑人（做挨骂的） 两读、相异：一个人^2（单独一个，强调"少"），捉伊人^1（捉迷藏） 两读、相同：主人

五、练习

（一）句子练习

（1）同学们，你们好！
（2）朋友们，大家晚上好！
（3）我妈妈和她妈妈是亲姐妹。
（4）那个男生就是她的男朋友。
（5）我和我弟弟都是他的学生。
（6）那个老人是我同事的父亲。
（7）这个女孩是那个男孩的姐姐。
（8）那个东西是人家的，不是我的。
（9）这个是他自己的东西，不是别人的。
（10）他们是我的同学，我们还是好朋友。
（11）这个男孩和那个女孩都是我同事的小孩。
（12）我和她哥哥是同事，那个女生也是我同事。
（13）他的爸爸和妈妈都是很好的老师，他自己也是老师。

（二）对话练习

（1）甲：请问，那个客人是谁啊？
乙：她就是我们老师的母亲。
（2）甲：这是什么啊？
乙：这是我朋友的东西。
（3）甲：他是你弟弟吗？
乙：不是，他是我哥哥，我是他弟弟。
（4）甲：她们是你什么人啊？
乙：她们都是我姐姐。这是我大姐姐，那是我小姐姐。
（5）甲：她问，这是什么意思呢？
乙：就是谢谢你的意思。

六、答案

（一）句子练习

（1）同学们，你哋好！
（2）朋友们，大家晚上好！
（3）我妈妈同佢妈妈系亲姐妹。
（4）嗰个男生就系佢嘅男朋友。
（5）我同埋我细佬都系佢嘅学生。
（6）嗰个老人系我同事嘅父亲。
（7）呢个女仔系嗰个男仔嘅家姐。

(8) 嗰个嘢系人哋嘅，唔系我嘅。
(9) 呢个系佢自己嘅嘢，唔系人哋嘅。
(10) 佢哋系我嘅同学，我哋仲系好朋友。
(11) 呢个男仔同嗰个女仔都系我同事嘅细路仔。
(12) 我同佢大佬系同事，嗰个女生又系我同事。
(13) 佢嘅爸爸同埋妈妈都系好好嘅老师，佢自己都系老师。

(二) 对话练习

(1) 甲：唔该，嗰个客人系边个呀?
　　乙：佢就系我哋老师嘅母亲。
(2) 甲：呢个系乜嘢呀?
　　乙：呢个系我朋友嘅嘢。
(3) 甲：佢系你细佬嘛?
　　乙：唔系，佢系我大佬，我系佢细佬。
(4) 甲：佢哋系你乜嘢人呀?
　　乙：佢哋都系我家姐。呢个系我大家姐，嗰个系我细家姐。
(5) 甲：佢问，呢个系乜嘢意思呢?
　　乙：就系多谢你嘅意思。

第六讲　点称呼（怎么称呼）

一、新单词

	普通话	粤语口语		普通话	粤语口语
1	zem2 yêng6 怎样	dim2 dim2 yêng2 点、点样	19	张	zêng1 张
2	zé5 sé1 这些	néi1 di1 呢啲	20	黄	wong4 黄
3	na5 sé1 那些	go2 di1 嗰啲	21	何	ho4 何
4	称呼	qing1 fu1 称呼	22	周	zeo1 周
5	叫	giu3 叫	23	华	wa4 华
6	姓名	xing3 ming4 姓名	24	聪明	cung1 ming4 聪明
7	ming4 ji6 名字	méng2 名	25	伟杰	wei5 gid6 伟杰
8	贵	guei3 贵	26	静	jing6 静
9	先生	xin1 sang1 先生	27	玲	ling4 玲
10	小姐	xiu2 zé2 小姐	28	婷	ting4 婷
11	女士	nêu5 xi6 女士	29	英	ying1 英
12	太太	tai3 tai2 太太	30	敏	men5 敏
13	阿姨	a3 yi1 阿姨	31	美丽	méi5 lei6 美丽
14	老太太	a3 po4 阿婆	32	位	wei2 位
15	叔叔	a3 sug1 阿叔	33	可以	ho2 yi5 可以
16	yé4 老大爷	a3 bag3 阿伯	34	neng4 行、能	deg1 得
17	李	léi5 李	35	有	yeo5 有
18	陈	cen4 陈	36	mud3 yeo5 没有	mou5 冇

二、词语解释

（一）点 dim^2

粤语口语疑问词“点 dim^2”或“点样 dim^2 $yêng^2$”，是普通话“怎么”“怎样”“怎么样”的意思。“点”或“点样”放在句子前面构成疑问句。例如：

（1）你点呀？（你怎么样啊？）

（2）我点称呼佢呀？（我怎么称呼他呢？）

（3）佢哋太客气，我哋点好意思呀？（他们太客气，我们怎么好意思呢？）

（二）“啲 di^1”和“呢啲 $néi^1$ di^1”“嗰啲 go^2 di^1”

粤语口语的“啲”，相当于普通话的“些”“点”的意思。例如：

（1）老啲。（老点，老些。）

（2）好啲。（好点，好些。）

（3）慢啲。（慢点，慢些。）

粤语口语的“呢啲”“嗰啲”对应普通话的“这些”“那些”。普通话在说“这些”“那些”的时候，可以省略“些”字，单独说成“这”“那”。粤语在说“呢啲”“嗰啲”的时候，可以省略“呢”“嗰”，单独说成“啲”。例如：

（1）啲嘢系乜嘢？（这些东西是什么？）

（2）啲人系乜人？（那些人是什么人？）

（3）啲嘢唔好，我唔要嘞。（这些东西不好，我不要了。）

（三）嘞 la^3

粤语语气词“嘞”一般放在陈述句末，或表示肯定的语气，或表示动作已完成、事情已发生，相当于普通话的语气词“了$_2$”。例如：

（1）唔该晒你！再见嘞！（非常感谢你！再见了！）

（2）我唔客气嘞。（我不客气了。）

（3）佢就系我哋老师嘞。（他就是我们老师了。）

三、粤语的通用称呼

（一）先生 xin^1 $sang^1$

粤语使用“先生”一词与普通话有相同之处，也有不同之处。其使用于以下三个方面：

1. 称呼成年男性

“先生”是一种礼貌的、通用的称呼，专门用于称呼成年男性，尤其适合在正式社交场合使用，所以是适用范围最广、最正式的称呼。其方式有：

（1）姓氏 + 先生，例如：李先生，陈先生。

（2）姓氏 + 生，例如：李生、陈生。

在日常生活中，粤语更习惯使用第二种方式。

2. 称呼教师

普通话目前习惯使用“老师”称呼教师，而广府地区一直保持用“先生”称呼教师这一传统，尤其在港澳地区。

3. 指丈夫

粤语还用“先生”代指“丈夫”。有以下两种情况：

（1）提到自己丈夫时使用，例如：我先生……

（2）提到别人丈夫时使用，例如：你先生……佢先生……李小姐嘅先生……

可见，使用“先生”时，并不是直接把丈夫叫作“先生”，而是代指。粤语用“先生”代指自己或对方的“丈夫”，比“老公”的叫法显得更正式、客气和文雅。

（二）小姐 xiu^2 $zé^2$

粤语的“小姐”是对女性的称呼，适用于以下两方面：

（1）称呼年轻女性和未婚女性。

（2）称呼婚姻不明的成年女性。

在广府地区，采用“姓氏＋小姐”称呼女性，是最礼貌、得体、正式的称呼，例如：张小姐、何小姐。在实际中，即使明知对方已婚，也少用“×太太”或“×女士”这些方式。因此，“小姐”一词已经不限于年龄和婚否，成为对女性最通用、最受欢迎的称呼。

（三）太太 tai^3 tai^2

粤语的“太太”一词与普通话一样，主要称呼已婚女性。但具体使用时有一些差别：

（1）单独使用，例如：太太。

（2）“夫姓＋太太”，例如：李太太（称呼李先生妻子），陈太太（称呼陈先生妻子）。

（3）“夫姓＋太^2”，例如：李太，陈太。

称呼已婚女性，在正式的场合中，习惯用“夫姓＋太太”的方式来称呼；而在日常生活中，更习惯用“夫姓＋太”的方式来称呼，甚至在一些正式的场合也会使用后一种方式。粤语用“太太”代指自己或对方的“妻子”，比“老婆”的叫法显得更正式、客气和文雅。

（四）女士 $nêu^5$ xi^6

与普通话一样，“女士”在粤语中也是对成年女性的通用称呼。

“女士”较“小姐”“太太”更为正式，适用范围更广泛。但“女士”使用的概率远低于后者，因为现实中更倾向于使用“小姐”一词。

与普通话一样，“女士”相对的“男士”一词，不能用“姓氏＋男士”的方式来直接称呼对方。例如，我们可以直接称呼李姓女子为“李女士”，但不能直接称呼李姓男子为“李男士”。只有加上指示代词时，两者的使用方式才相同，例如，“呢位女士（这位女士）”“呢位男士（这位男士）”，“嗰位女士（那位女士）”“嗰位男士（那位男士）”。

（五）阿 a^3＋名字

用“阿”为词头来构成称呼，是粤语最常用的称呼方式之一。这种称呼方式男女通用，一般加名字中的最后一个字。例如：阿明、阿华、阿丽、阿静等。

另外还有与普通话相同的“老＋姓”“小＋姓”这两种称呼方式。要注意的是，用这两种方式称呼的时候，如果姓氏是第四声，要改发第二声。例如，小陈 cen^2，小黄 $wong^2$，老何 ho^2。

（六）阿姨 $ɑ^3$ yi^1、阿婆 $ɑ^3$ po^4、阿叔 $ɑ^3$ sug^1、阿伯 $ɑ^3$ $bɑg^3$

这几种称呼也是广府在日常生活中常用的通用称呼，主要用于称呼家庭成员之外的男性和女性。阿姨称呼中老年女性，阿婆称呼老年女性；阿叔称呼中老年男性，阿伯称呼老年男性。粤语的“阿爷”专指祖父。目前使用这种称呼的原则是选用明显低于其年龄的称呼。

四、拓展

（一）“样”的两种读法

$yêng^6$：样子，样本，样板，样品，怎样，样样得（样样行） 两读、相异：花样年华（青春年华）	$yêng^2$：鞋样，图样，货样，模样，衰样（坏样子），点样（怎样） 两读、相异：花样（花招）

（二）“名”的两种读法

$ming^4$：名字，名称，名片，名次，名单，名誉，姓名，罪名，著名，名不符实，冒名顶替，大名鼎鼎，一文不名 两读、相同：联名，冠名，闻名，挂名，提名，题名，署名，除名	$méng^2$：名（名字），人名，花名（绰号），书名，大名，乳名，艺名，同名，出名（著名），签名，全名，取名，改名 两读、相同：联名，冠名，闻名，挂名，提名，题名，署名，除名

五、练习

（一）句子练习

（1）女士们、先生们，你们好！

（2）李先生、黄小姐，早上好！

（3）你们可以见那位老大爷了。

（4）老何和小陈都是我同事。

（5）这位女士是何阿姨的妹妹。

（6）他们就是张先生和张太太了。

（7）那个老太太就是张先生的母亲。

（8）阿婷是个又聪明又安静的学生。

（9）周敏是李华的太太，也是我的同学。

（10）她不是老师。你叫她阿英就行了。

（11）这些东西都是阿玲的，那些东西是李太太的。

（12）那位男士是我哥哥伟杰。他和阿明是好朋友。

（13）那个大叔姓陈，他有哥哥，有弟弟，没有姐姐和妹妹。

（14）她的名字叫美丽，你可以叫她阿美，也可以叫她阿丽。
（15）那些东西不怎么样，又贵又不好！你可以问我爷爷。

（二）对话练习

（1）甲：你好！请问，我怎么称呼你啊？
乙：我姓陈。请问你贵姓？
甲：陈先生，你好！我叫李玲。你叫我小李就行了。
乙：小李，你好！
（2）甲：那个女人是谁？是你同事吗？
乙：她是阿华的女朋友，不是我同事。
甲：阿华的女朋友姓什么，叫什么名字啊？
乙：她叫周玲，阿华叫她阿玲。
（3）甲：请问，哪位是张伟杰先生？
乙：那位就是了。
甲：张先生这个人怎么样呢？
乙：张先生是个很好的人。
（4）甲：那个老大爷是谁啊？
乙：他是我们老师的先生。
甲：你们怎么称呼他啊？
乙：他姓何。我们大家叫他何叔。
（5）甲：阿聪，这个小朋友叫什么名字啊？
乙：他叫张杰。
甲：他妈妈、爸爸是哪个啊？
乙：他妈妈就是黄敏老师，他爸爸就是张华老师。

六、答案

（一）句子练习

（1）女士们、先生们，你哋好！
（2）李生、黄小姐，早晨！
（3）你哋可以见嗰位阿伯嘞。
（4）老何同小陈都系我同事。
（5）呢位女士系何阿姨嘅妹妹。
（6）佢哋就系张生同张太嘞。
（7）嗰个阿婆就系张生嘅母亲。
（8）阿婷系个又聪明又安静嘅学生。
（9）周敏系李华嘅太太，又系我嘅同学。
（10）佢唔系老师。你叫佢阿英就得嘞。
（11）呢啲嘢都系阿玲嘅，嗰啲嘢系李太嘅。

(12) 嗰个男士系我哥哥伟杰。佢同阿明系好朋友。

(13) 嗰个阿叔姓陈，佢有大佬，有细佬，冇家姐同妹妹。

(14) 佢嘅名叫美丽，你可以叫佢阿美，又可以叫佢阿丽。

(15) 嗰啲嘢唔点样，又贵又唔好！你可以问我阿爷。

(二) 对话练习

(1) 甲：你好！唔该，我点称呼你呀？

乙：我姓陈。请问你贵姓？

甲：陈生，你好！我叫李玲。你叫我小李就得嘞。

乙：小李，你好！

(2) 甲：嗰个女人系边个？系你同事嘛？

乙：佢系阿华嘅女朋友，唔系我同事。

甲：阿华女朋友姓乜嘢，叫乜嘢名呀？

乙：佢叫周玲，阿华叫佢阿玲。

(3) 甲：唔该，边位系张伟杰先生？

乙：嗰位就系嘞。

甲：张生呢个人点样呢？

乙：张生系个好好嘅人。

(4) 甲：嗰个阿伯系边个呀？

乙：佢系我哋老师嘅先生。

甲：你哋点称呼佢呀？

乙：佢姓何。我哋大家叫佢何叔。

(5) 甲：阿聪，呢个小朋友叫乜嘢名呀？

乙：佢叫张杰。

甲：佢妈妈、爸爸系边个呀？

乙：佢妈妈就系黄敏老师，佢爸爸就系张华老师。

第七讲　几多（多少）

一、新单词

	普通话	粤语口语		普通话	粤语口语
1	gɑ1 家	ngug1 kéi2 屋 企	19	do1 xiu2 多 少	géi2 do1 几 多
2	hai4 jĭ2 yi4 nêu5 孩 子、儿 女	zei2 nêu2 仔 女	20	一（1）	yed1 一（1）
3	yi4 ji2 儿 子	zei2 仔	21	二（2）	yi6 二（2）
4	nêu5 yi4 女 儿	nêu2 女	22	三（3）	sɑm1 三（3）
5	nin4 qing1 yen4 年 青 人、男青年	heo6 sɑng1 zei2 后 生 仔	23	四（4）	séi3 四（4）
6	女青年	heo6 sɑng1 nêu2 后 生 女	24	五（5）	ng5 五（5）
7	帅哥	léng3 zei2 靓 仔	25	六（6）	lug6 六（6）
8	美女	léng3 nêu2 靓 女	26	七（7）	ced1 七（7）
9	服务员	fug6 mou6 yun4 服 务 员	27	八（8）	bɑd3 八（8）
10	ying6 xig1 dung2 wui5 认 识、懂、会	xig1 xig1 deg1 识、识 得	28	九（9）	geo2 九（9）
11	ji1 dou3 知 道	ji1 知	29	十（10）	seb6 十（10）
12	héi2 fun1 héi2 ngoi3 喜 欢、喜 爱	zung1 yi3 中 意	30	零（0）	ling4 零（0）
13	tou2 yim3 讨 厌	zeng1 憎	31	两	lêng5 两
14	neng4 gon3 能 干、棒	lég1 叻	32	百	bɑg3 百
15	高	gou1 高	33	千	qin1 千
16	矮	ngei2 矮	34	万	mɑn6 万
17	瘦	seo3 瘦	35	亿	yig1 亿
18	bun6 yeo4 néi6 胖、油 腻	féi4 肥	36	岁	sêu3 岁

二、词语解释

（一）仔 zei²

粤语口语的“仔”原意是普通话“儿子”的意思，但“仔”的使用非常灵活，有多种意思和用法，甚至不限于表示男性或雄性。具体来说有以下几个意思：

1. 儿子

例如：我个仔（我儿子），佢哋个仔（他们的儿子）。

2. 孩子

例如：生仔（生孩子），湊仔（带孩子），仔养仔（孩子养孩子。自己的孩子养的是他自己的孩子）。

3. 年少者或年轻人的意思，与表示成年、年老的“佬”相对

例如：男仔（男孩，男生），女仔（女孩，女生），后生仔（年轻人，小伙子）。

4. 用于小的事物的名称，具有小或者小而可爱的意思

例如：猪仔（小猪），狗仔（小狗），银仔（硬币），刀仔（小刀），铺头仔（小商店），公仔（布偶玩具），等等。

5. “名字＋仔”构成对男子的称呼

用“仔”作词尾来构成称呼，是粤语最常用的称呼方式之一。这种称呼方式一般用于男性，一般是名字中的最后一个字加上“仔”，类似普通话“小＋名字最后一字”的用法。例如：明仔（小明，阿明）、华仔（小华，阿华）、杰仔（小杰，阿杰）、文仔（小文，阿文）等。

（二）后生 heo⁶ sang¹

粤语口语的“后生”是普通话“年轻”的意思，也有“年轻人”的意思。“后生仔”用来通称年轻人，或专指男青年；“后生女”专门指女青年。

（三）靓 léng³

粤语口语“靓”的原意是普通话“漂亮 piu³ lêng⁶”“好看”的意思。所以，“靓仔”相当于普通话“帅哥”的意思，“靓女”相当于普通话“美女”的意思。“靓仔”“靓女”是比较随意、非正式的称呼，主要称呼年轻人，在正式、庄重的场合要慎用此称呼。

（四）肥 féi⁴

粤语口语“肥”跟普通话的用法差别较大。

第一，普通话“肥”一般用在动物方面，用在人物方面要用“胖”；而粤语口语没有“胖”一词，所以无论人物还是动物，一概用“肥”。例如：

（1）呢个细路仔好肥。（这个小孩子好胖。）

（2）呢只狗仔好肥。（这只小狗好肥。）

（3）呢只猪仔好肥。（这只小猪好肥。）

（4）呢块地好肥。（这块地好肥。）

第二，粤语口语的“肥”字，还有普通话没有的“油腻”的意思。例如：

（1）呢啲餸好肥。（这些菜好油腻。）

（2）啲汤好肥。（这汤好油腻。）

（3）呢只碗好肥。（这只碗好油腻。）

（4）张枱好肥。（这张桌子好油腻。）

（五）几 géi²

粤语口语的“几”“几多”，原意是普通话疑问词“多少”的意思，在疑问句中表示疑问。例如：

（1）你有几多朋友？（你有多少朋友？）

（2）你有几个大佬？（你有几个哥哥？）

（3）佢有几高呀？（他有多高啊？）

（4）呢个小朋友几岁呀？（这个小朋友多少岁啊？）

粤语的“几”如果不是用于疑问句中，则构成形容词句型，有时在形容词后加上“下 hɑ⁵”，相当于普通话“挺＋形容词＋的”的形容词句型。试比较下面的例句：

（1）佢几好嘛？（他还好吧？他挺好的吧？） 佢几好下。（他挺好的。）

（2）阿华几高呀？（阿华多高啊？） 阿华几高下。（阿华挺高的。）

（3）佢几大呀？（他多大啊？） 佢几大下。（他挺大的了。）

（4）啲嘢有几贵？（这东西有多贵？） 啲嘢几贵下！（这东西挺贵的！）

粤语的“几”也与普通话一样，用来表示概数。例如：

（1）我识得佢几年嘞。（我认识他几年了。）

（2）嗰个后生仔廿几岁嘞。（那个年轻人二十几岁了。）

（3）嗰几个人系学生。（那几个人是学生。）

（4）佢有几个家姐。（他有几个姐姐。）

三、粤语数字的习惯读法

粤语数字有不少习惯读法，这种习惯读法也是简单的读法，使用于实际生活中。

（一）21～29的习惯读法

21～29的正式读法为：yi⁶ seb⁶ yed¹～yi⁶ seb⁶ geo²。但是，它们还有习惯的、简便的读法。汉语的“廿”，粤语读成“yɑ⁶”，意思是“20”。所以，21～29我们可以简便地读作：yɑ⁶ yed¹～yɑ⁶ geo²。

要注意的是，无论普通话还是粤语，“廿”都不能单独使用，必须与“1”至“9”的数字搭配使用。我们在说“20”的时候，也不能直接说“廿 yɑ⁶”，它必须与量词或名词搭配，例如：廿岁（20岁）、廿年（20年）、廿个（20个）等。

（二）31～39的习惯读法

31～39的正式读法为：sɑm¹ seb⁶ yed¹～sɑm¹ seb⁶ geo²。但是，它们还有习惯的、简便的读法。汉语的“卅”，粤语读成“sɑ¹”，意思是“30”，所以，31～39也有简便读法。不过，我们在读31～39的数字时，不能像21～29那样简化，而是要把31～39前的“30”的发音连读作“sɑ¹ ɑ⁶”。31～39我们可以简便地读作：sɑ¹ ɑ⁶ yed¹～sɑ¹ ɑ⁶ geo²。

要注意的是，无论普通话还是粤语，“卅”都不能单独使用，必须与“1”至“9”的数字搭配使用。我们在说“30”的时候，也不能说成“卅 sɑ^{1}”，它必须与量词或名词搭配，例如：卅岁（30 岁）、卅年（30 年）、卅个（30 个）等。要注意，“卅”在运用时都要读成“sɑ^{1} ɑ^{6}”，而不是“sɑ^{1}”

（三）41～99 的习惯读法

之前，我们说过 31～39 前面的“30”可以简便地读作“sɑ^{1} ɑ^{6}”，其实等于是把“30”后的“10”的发音简读作“ɑ^{6}”。这种“10”的简便读法适用于从“41～49”“51～59”“61～69”“71～79”“81～89”和“91～99”。所以，除了 40、50、60、70、80 和 90 读法不变之外，41～99 读作：séi^{3} ɑ^{6} yed^{1}～geo^{2} ɑ^{6} geo^{2}。

（四）其他数字的习惯读法

（1）当百位数为“1”，个位数为“0”的时候，可省略“1”，直接说“百”。

例如，110 读成“bɑg^{3} yed^{1}”，120 读成“bɑg^{3} yi^{6}”，如此类推，190 读成“bɑg^{3} geo^{2}”。

（2）当千位数为“1”，十位数和个位数都为“0”的时候，可省略“1”，直接说“千”。

例如，1 100 读成“qin^{1} yed^{1}”，1 200 读成“qin^{1} yi^{6}”，如此类推，1 900 读成“qin^{1} geo^{2}”。

（3）当万位数为“1”，百位数、十位数和个位数都为“0”的时候，可省略“1”，直接说“万”。

例如，11 000 读成“mɑn^{6} yed^{1}”，12 000 读成“mɑn^{6} yi^{6}”，如此类推，19 000 读成“mɑn^{6} geo^{2}”。

以上三种情况说明，普通话读数的时候可以省略 110～190 的“十”，说成“一百一”至“一百九”；可以省略 1 100～1 900 的“百”，说成“一千一”至“一千九”；可以省略 11 000～19 000 的“千”，说成“一万一”至“一万九”。而粤语不仅可以这样省略，还可以省略“一”，简单说成“百一”至“百九”，“千一”至“千九”，“万一”至“万九”。

四、拓展

（一）“女”的两种读法

nêu^{5}：女性，女士，女子，女仔（女孩子），女王，女神，女童，女婴，女生，女眷，女伴，女婿，女仆，女奴，女贼，女权，女声，女红，女排，妇女，儿女，少女，处女，美女，女青年，女流之辈	nêu^{2}：女（女儿），仔女（儿女，孩子），乖女（听话的女儿，乖乖女），孙女，舞女，修女，追女仔（交女朋友），黄花闺女

（二）“道”的两种读法

dou^{3}：知道	dou^{6}：道路，道理，道教，道观，道歉，道喜，医道，无道，行人道

（三）“青”的两种读法

qing[1]：青年，青春，青天，青山，青葱，青蛙，青铜，青史，青楼，青衣，青霉素，老中青，青红皂白，青黄不接，青梅竹马，青出于蓝，平步青云	céng[1]：青色，青翠，青绿，青石，青苔，青筋，青草，青菜，青蒜，青苗，青梅，青睐，青眼，杀青，采青，踏青，擒青（急吼吼）、惊青（惊慌），标青（出众），青面獠牙，面青口唇白

五、练习

（一）请用粤语最简单的方式说出下面的数字

110	360	990	3 600
120	480	1 300	13 000
150	570	1 600	15 000
180	640	1 800	16 000
190	880	2 100	19 000

（二）句子练习

（1）那106个年轻人个个都很棒！
（2）李老师和高老师都很年轻。
（3）他40几岁了，不年轻了。
（4）我不认识那位先生。
（5）那个帅哥是阿丽的哥哥。
（6）你问阿丽没用的，不要问她了。
（7）阿玲什么都懂，你可以问她。
（8）我们还是问阿玲好一点。
（9）服务员挺多的，有美女也有帅哥。
（10）周先生和周太太都不喜欢儿子的女朋友。
（11）我妈妈有几千个学生，我认识没几个。
（12）我们有58个同学，男生31个，女生27个。
（13）这是我自己的女儿，那是我哥哥的儿子。
（14）那个女青年叫阿婷，她是我妹妹的同学。
（15）我认识那两个女孩子，一个是阿静，一个是阿美。

（三）对话练习

（1）甲：你认不认识这个是什么字？
　　乙：这个是“靓”字，“漂亮”的意思。
（2）甲：陈先生、陈太太有没有孩子呢？
　　乙：没有。他们没要孩子，他们不喜欢小孩子。
（3）甲：你们两个谁大一点，谁小一点啊？

乙：我大一点。我是哥哥，他是弟弟。
甲：你们几岁啊？
乙：我 15 岁，我弟弟 13 岁。我妈妈 39 岁，我爸爸 42 岁。
甲：我没问你父母多少岁！
（4）甲：阿青，你认识何小姐吗？
乙：认识她有五年多了。
甲：你知道何小姐这人怎样啊？
乙：何小姐年轻漂亮，又聪明又能干。大家都喜欢她。
甲：陈小姐呢？她怎么样？
乙：很多人讨厌她。我不知道大家讨厌她什么。
（5）甲：你知不知道他们是谁家的小孩子啊？
乙：那个瘦瘦的男孩是李小姐的儿子，那个有点胖的男孩是张先生的儿子。
甲：还有那两个女孩子呢？
乙：那两个女孩，高一点的是何先生的女儿，矮一点的是阿英的女儿。

六、答案

（一）（略）

（二）句子练习

（1）嗰 106 个后生个个都好叻！
（2）李老师同高老师都好后生。
（3）佢 40 几岁嘞，唔后生嘞。
（4）我唔识得嗰位先生。
（5）嗰个靓仔系阿丽个大佬。
（6）你问阿丽冇用嘅，唔好问佢嘞。
（7）阿玲乜嘢都识，你可以问佢。
（8）我哋仲系问阿玲好啲。
（9）服务员几多下，有靓女又有靓仔。
（10）周生同周太都唔中意个仔嘅女朋友。
（11）我妈妈有几千个学生，我识得有几个。
（12）我哋有 58 个同学，男生 31 个，女生 27 个。
（13）呢个系我自己个女，嗰个系我大佬个仔。
（14）嗰个后生女叫阿婷，佢系我妹妹嘅同学。
（15）我识得嗰两个女仔，一个系阿静，一个系阿美。

（三）对话练习

（1）甲：你识唔识得呢个系乜嘢字？
乙：呢个系“靓”字，“漂亮”嘅意思。
（2）甲：陈生、陈太有冇仔女呢？

乙：冇。佢哋冇要细路仔，佢哋唔中意细路仔。

（3）甲：你哋两个边个大一啲，边个细一啲呀？

乙：我大一啲。我系大佬，佢系细佬。

甲：你哋几岁呀？

乙：我 15 岁，我细佬 13 岁。我妈妈 39 岁，我爸爸 42 岁。

甲：我冇问你父母几岁！

（4）甲：阿青，你识得何小姐嘛？

乙：识得佢有五年几嘞。

甲：你知道何小姐个人点样呀？

乙：何小姐后生靓女，又聪明又叻。大家都中意佢。

甲：陈小姐呢？佢点样？

乙：好多人憎佢。我唔知大家憎佢乜嘢。

（5）甲：你知唔知佢哋系边个屋企嘅细路仔呀？

乙：嗰个瘦瘦嘅男仔系李小姐个仔，嗰个有啲肥嘅男仔系张生个仔。

甲：仲有嗰两个女仔呢？

乙：嗰两个女仔，高一啲嘅系何生个女，矮一啲嘅系阿英个女。

第八讲　喺边度（在哪里）

一、新单词

	普通话	粤语口语		普通话	粤语口语
1	na^5 lêu^5 déi^6 fong^1 哪里，什么地方	bin^1 dou^6 边度	19	办公室	ban^6 gung^1 sed^1 办公室
2	zé^5 lêu^5 这里	néi^1 dou^6 呢度	20	宿舍	sug^1 sé^3 宿舍
3	na^5 lêu^5 那里	go^2 dou^6 嗰度	21	饭堂	fan^6 tong^4 饭堂
4	zoi^6 在	hei^2 喺	22	图书馆	tou^4 xu^1 gun^2 图书馆
5	cung^4 loi^4 从……来	hei^2 léi^4/lei^4 喺……嚟	23	体育场	tei^2 yug^6 céng^4 体育场
6	到……去	dou^3 hêu^3 到……去	24	私人公司	xi^1 yen^4 gung^1 xi^1 私人公司
7	出外	cêd^1 ngoi^6 出外	25	银行	ngen^4 hong$^{4/2}$ 银行
8	居住	gêu^1 ju^6 居住	26	邮局	yeo^6 gug$^{6/2}$ 邮局
9	中国	zung^1 guog^3 中国	27	医院	yi^1 yun^2 医院
10	北京	beg^1 ging^1 北京	28	公园	gung^1 yun^2 公园
11	上海	sêng^6 hoi^2 上海	29	电影院	din^6 ying^2 yun^2 电影院
12	广东省	guong^2 dung^1 sang^2 广东省	30	网吧	mong^5 ba^1 网吧
13	广州	guong^2 zeo^1 广州	31	饭店	fan^6 dim^3 饭店
14	香港	hêng^1 gong^2 香港	32	餐厅	can^1 téng^1 餐厅
15	澳门	ou^3 mun$^{4/2}$ 澳门	33	酒吧	zeo^2 ba^1 酒吧
16	学校	hog^6 hao^6 学校	34	咖啡店	ga^3 fé^1 dim^3 咖啡店
17	教学楼	gao^3 hog^6 leo$^{4/2}$ 教学楼	35	商店	sêng^1 dim^3 pou^3 teo^2 商店、铺头
18	课室	fo^3 sed^1 课室	36	超市	qiu^1 xi^5 超市

二、词语解释

（一）呢度 néi^{1} dou^{6}、嗰度 go^{2} dou^{6}

粤语口语的“呢度”“嗰度”分别对应普通话的“这里”“那里”。在使用中，普通话可以省略“里”，说成“这儿”“那儿”，但粤语不能省略“度”，而是要完整使用“呢度”“嗰度”。就是说，普通话可以省略“这”“那”后面的“里”，但粤语不能省略“呢”“嗰”后面的“度”。例如：

（1）唔该，李老师喺唔喺度？（请问，李老师在不在？）

（2）嗰度系边度？（那儿是什么地方？）

（3）唔该，呢度系唔系教师宿舍？（请问，这儿是不是教师宿舍？）

（4）你要去边度？（你要去哪儿？）

粤语“喺”之后的“呢度”“嗰度”，一般可以简化成“度”。就是说，普通话不能省略“这里”“那里”前面的“这”“那”，但粤语能省略“呢度”“嗰度”前面的“呢”“嗰”。例如：

（1）阿华喺老师办公室度。（阿华在老师办公室那儿。）

（2）佢喺度。（他在这儿。）

（3）阿婷喺屋企度。（阿婷在家那儿。）

（4）阿杰喺爸爸公司度。（阿杰在爸爸公司那儿。）

（二）边 bin^{1}

粤语口语的“边 bin^{1}”发第一声，相当于普通话“哪里”的意思。但是，如果“边 bin^{6}”发第六声，就相当于普通话的“面”“边”等意思。例如，边^{1}边^{6}（哪面、哪边），里边（里面、里边），后边（后面、后边），外边（外面、外边）。普通话“外面、外边”的意思，粤语口语更习惯说“出边”。

（三）㗎 ga^{3}

“㗎”是“嘅呀”的合音，放在疑问句末，表示疑问语气，相当于普通话的“的呢”“的啊”“的呀”。例如：

（1）你喺唔喺课室度㗎？（你在不在课室的啊？）

（2）你仲去唔去广州㗎？（你还去不去广州的呢？）

（3）呢啲嘢系唔系你㗎？（这些东西是不是你的呀？）

（4）佢系边度嚟㗎？（他是什么地方来的呢？）

三、粤语句型

（一）动词 + 咗 zo^{2}

这一句型表示行为动作的完成或结果。

普通话句型	粤语句型
动词 + $了_1$	动词 + 咗

说明：粤语的“咗”一般放在动词之后，相当于普通话的“$了_1$”。普通话的“了”字用法分为“$了_1$”和“$了_2$”。“$了_1$”一般放在动词之后，“$了_2$”一般放在名词之后或句末。粤语的“咗”对应普通话的“$了_1$”，粤语的“嘞”对应普通话的“$了_2$”。例如：

（1）阿静嚟咗老师办公室嘞。（阿静来了老师办公室了。）

（2）我去咗阿玲屋企嘞。（我去了阿玲家了。）

（3）佢喺上海嚟咗广州嘞。（他从上海来了广州了。）

（4）佢走咗去个仔度嘞。（他跑去了儿子那里了。）

（二）动词＋到 dou²

这一句型表示行为动作的结果或行为动作具有的能力。

普通话句型	粤语句型
动词＋得到（得了）；能＋动词＋到	动词＋到

粤语“到”发第三声，一般放在表示地点的名词的前面。这个放在动词后面的“到”发第二声。例如：

（1）我见到佢。（我见得到他。我能见到他。）

（2）我请到张生嚟。（我请得到张先生来。我能请到张先生来。）

（3）我去到广州嘞。（我去得了广州了。我能去广州了。）

（4）呢度到到饭堂嘅。（这里到得了饭堂的。这里能到饭堂的。）

四、拓展

（一）“楼”的两种读法

leo⁴：楼房，楼台，楼体，楼层，楼道，楼梯，楼板，城楼，门楼，高楼大厦，亭台楼阁，楼堂馆所，更上一层楼 两读、相同：楼价，大楼，茶楼，酒楼，律师楼（律师事务所） 两读、相异：五层楼（广州著名古代建筑）	leo²：五楼，阁楼，洋楼，骑楼，买楼（买房子） 两读、相同：楼价，大楼，茶楼，酒楼，律师楼（律师事务所） 两读、相异：五层楼（楼房有五层）

（二）“舍”的两种读法

sé³：宿舍，旅舍，舍弟，退避三舍	sé²：舍得，舍身，舍弃，舍近求远，四舍五入

（三）“堂”的两种读法

tong⁴：堂屋，堂主，食堂，饭堂，大堂，公堂，会堂，课堂，名堂，当堂（当场），落堂（下课），堂兄弟 两读、相同：教堂，学堂，祠堂，善堂，令堂，同仁堂	tong²：企堂（跑堂） 两读、相同：教堂，学堂，祠堂，善堂，令堂，同仁堂

（四）“场”的两种读法

cêng⁴：场所，场馆，场合，场面，广场，操场，市场，机场，农场，商场，战场，会场，考场，入场，退场，捧场，开场，冷场，临场，现场，当场，立场，下场（后果），圆场、打圆场，逢场作戏 两读、相同：排场，讲排场	cêng²：东校场（广州越秀区地名），校场路 两读、相同：排场，讲排场

（五）“局”的两种读法

gug⁶：局势，局长，局限，局促，局部，局面，全局，平局，骗局，大局，当局，定局，饭局，格局，困局，政局，布局 两读、相同：邮局、工商局、税务局	gug²： 两读、相同：邮局，工商局，税务局

（六）“园”的两种读法

yun⁴：园丁，园林，田园，家园，乐园，校园，菜园，果园，植物园，科技园，春色满园，花园酒店 两读、相同：花园，园长，动物园	yun²：公园，幼儿园，幼稚园，北园酒家，南园酒家 两读、相同：花园，园长，动物园

五、练习

（一）句子练习

（1）我和同学在电影院这里。
（2）图书馆在这儿，体育场在那儿。
（3）我和张小姐在酒店的商店这儿。
（4）姐姐和妈妈在公园的咖啡店。
（5）何老师和学生在体育馆里面。
（6）这里就是外国学生就餐的饭堂。
（7）阿华没去酒吧，他去了学校外面的网吧。
（8）办公楼不在这里，在教学楼的后面。
（9）那家私人公司不在上海，是在北京。
（10）我没在学校的学生宿舍住，我住在家里。
（11）我们学校里面有医院、超市，学校外面有银行、邮局。
（12）广州市在中国的广东省，在广州市居住的人有1 300多万。
（13）我们学校有三个学生饭堂，两个教工餐厅。校外还有几家私人饭店。
（14）阿聪很自私，阿聪的弟弟就对人很好，大家都讨厌阿聪，喜欢他弟弟。
（15）陈先生是我们公司的上司，他是香港人，他太太是澳门人。他们有两个儿子。

（二）对话练习

（1）甲：阿丽，李老师叫你去她办公室。
　　乙：她办公室在哪里？怎么走？

甲：在教学楼302室。走那边去。

乙：谢谢你！

（2）甲：高先生是不是中国人啊？

乙：不是。他是外国人。

甲：他是哪个国家的呢？

乙：他是美国人，他太太是英国人。他们在中国住了十年了。

（3）甲：你从什么地方来广州的啊？

乙：我从北京来。

甲：你家在北京吗？

乙：不是，我家在上海。我学校在北京。

（4）甲：阿静，你有没有走啊？

乙：没有，我还在课室，走不了。

甲：黄老师也在课室吗？

乙：黄老师不在，她出外了。不知道她去了哪。

（5）甲：你去了哪里了？

乙：我来了阿玲家。

甲：我也要去阿玲家。

乙：你不要来了。我和阿玲要出去了。

六、答案

（一）句子练习

（1）我同同学喺电影院呢度。

（2）图书馆喺呢度，体育场喺嗰度。

（3）我同张小姐喺酒店嘅商店呢度。

（4）家姐同妈妈喺公园嘅咖啡店（度）。

（5）何老师同学生喺体育馆里边。

（6）呢度就系外国学生就餐嘅饭堂。

（7）阿华冇去酒吧，佢去咗学校出边嘅网吧。

（8）办公楼唔喺呢度，喺教学楼嘅后边。

（9）嗰家私人公司唔喺上海，系喺北京。

（10）我冇喺学校嘅学生宿舍住，我住喺屋企（度）。

（11）我哋学校里边有医院、超市，学校出边有银行、邮局。

（12）广州市喺中国嘅广东省，喺广州市居住嘅人有1 300几万。

（13）我哋学校有三个学生饭堂，两个教工餐厅。校外仲有几家私人饭店。

（14）阿聪好自私，阿聪个细佬就对人好好。大家都憎阿聪，中意佢细佬。

（15）陈生系我哋公司嘅上司，佢系香港人，佢太太系澳门人。佢哋有两个仔。

（二）对话练习

（1）甲：阿丽，李老师叫你去佢办公室。

乙：佢办公室喺边度？点行？
甲：喺教学楼302室。行嗰边去。
乙：唔该你！

（2）甲：高生系唔系中国人呀？
乙：唔系。佢系外国人。
甲：佢系边个国家㗎？
乙：佢系美国人，佢太太系英国人。佢哋喺中国住咗十年嘞。

（3）甲：你喺边度嚟广州㗎？
乙：我喺北京嚟。
甲：你屋企喺北京嘛？
乙：唔系，我屋企喺上海。我学校喺北京。

（4）甲：阿静，你有冇走呀？
乙：冇，我仲喺课室度，走唔到。
甲：黄老师又喺课室嘛？
乙：黄老师唔喺度，佢出外嘞。唔知佢去咗边度。

（5）甲：你去咗边度嘞？
乙：我嚟咗阿玲屋企。
甲：我又要去阿玲屋企。
乙：你唔好嚟嘞。我同阿玲要出去嘞。

第九讲　着乜嘢（穿什么）

一、新单词

	普通话	粤语口语		普通话	粤语口语
1	yi¹ fug⁶ 衣 服	sam¹ 衫	19	长	cêng⁴ 长
2	ngoi⁶ yi¹ 外 衣	min² sam¹ 面 衫	20	短	dün² 短
3	noi⁶ yi¹ 内 衣	dei² sam¹ 底 衫	21	厚	heo⁵ 厚
4	cen³ yi¹ 衬 衣	sêd¹ sam¹ 恤 衫	22	薄	bog⁶ 薄
5	裤子	fu³ 裤	23	qun¹ 穿	zêg³ 着
6	裙子	kuen⁴ 裙	24	tüd³ 脱	cêu⁴ 除
7	袜子	med⁶ 袜	25	zao² 找	wen² 揾
8	鞋子	hai⁴ 鞋	26	cêu² na⁴ 取、拿	lo² 攞
9	拖鞋	to¹ hai² 拖 鞋	27	keb¹ 给	béi² 畀
10	皮带	péi⁴ dai² 皮 带	28	送	sung³ 送
11	袋子	doi² seo² doi² 袋，手 袋	29	打	da² 打
12	qin⁴ bao¹ 钱 包	ngen⁴ bao¹ ho⁴ bao¹ 银 包、荷 包	30	件	gin⁶ 件
13	眼镜	ngan⁵ géng² 眼 镜	31	条	tiu⁴ 条
14	bed¹ géi³ bun² 笔 记 本	bed¹ géi³ bou² 笔 记 簿	32	sêng¹ 双	dêu³ 对
15	电脑	din⁶ nou⁵ 电 脑	33	套	tou³ 套
16	电话	din⁶ wa² 电 话	34	只	zég³ 只
17	手机	seo² géi¹ 手 机	35	支	ji¹ 支
18	手表	seo² biu¹ 手 表	36	toi⁴ ga³ lêng⁶ 台、架、辆	bou⁶ 部

二、词语解释

（一）衬 cen[3]

粤语口语的“衬”有以下两种特别意思：

1. 老衬

粤语口语的“老衬”是被骗而像傻瓜的意思。例如：成个老衬噉。（整一个笨蛋似的。）做咗老衬。（被骗了；上当了。被耍了。）

2. 相搭，相配

“搭配”一词，普通话组词习惯用“搭”，粤语习惯用“衬”。例如：好衬。（很搭，很配。）唔衬。（不搭，不配。）

（二）拖手仔 to[1] seo[2] zei[2]

粤语口语“拖手”即普通话“牵手”的意思。“拖手仔”有两个意思；一是指小朋友小手牵小手；二是“谈恋爱”的诙谐说法。

三、粤语句型

（一）动词＋嚟 gen[2]

这一句型表示动作行为正在进行。

普通话句型	粤语句型
正在＋动词	动词＋嚟

说明：粤语的“嚟”相当于普通话的“正在”的意思。与普通话不同的是，粤语的“嚟”是放在动词之后，而不是动词之前。因此，在动宾结构中，粤语要把“嚟”放在动宾结构的动词之后。例如：

（1）我打嚟电话。（我正在打电话。）

（2）佢揾嚟衫着。（她正在找衣服穿。）

（3）佢除嚟鞋。（他正在脱鞋子。）

（4）妈妈去嚟上海。（妈妈正在去上海。）

（二）动词＋住 ju[6]

这一句型表示动作行为的持续或状态。

普通话句型	粤语句型
动词＋着 zhe	动词＋住

粤语的“住”一般不对应普通话的“住”，而是对应普通话的“着 zhe”。例如：

（1）张老师住住学生宿舍。（张老师住着学生宿舍。）

（2）阿丽教住嗰个外国学生中文。（阿丽教着那个外国学生中文。）

（3）小朋友跟着老师行。（小朋友跟着老师走。）

（4）佢着住阿杰件衫。（他穿着阿杰的衣服。）

（三）畀 béi² +宾语（物）+宾语（人）

这一句型又叫双宾语句型，“畀”相当于普通话的“给”。这个粤语句型与普通话的差别很大。当用粤语的“畀”做谓语动词，且后面带有两个宾语的时候，这两个宾语的位置，粤语与普通话正好相反。粤语把表示“物”的宾语放在前面，表示“人”的宾语放在后面。

普通话句型	粤语句型
给+宾语（人）+宾语（物）	畀+宾语（物）+宾语（人）

例如：

（1）唔该，畀对拖鞋我。（劳驾，给我一双拖鞋。）

（2）我畀咗只手表细佬。（我给了弟弟一块手表。）

（3）阿玲畀咗啲钱妈妈。（阿玲给了妈妈一点钱。）

（4）老师畀咗本书阿明。（老师给了阿明一本书。）

四、粤语量词的习惯用法

（一）粤语可以用量词直接修饰名词

粤语的“呢”“嗰”即普通话的指示代词“这”“那”。“呢”可以组成“呢个”（这个）、“呢啲”（这些），“嗰”可以组成“嗰个”（那个）、“嗰啲”（那些）。粤语的量词可直接加在名词之前做句子成分，并且不需要加指示代词或数词限定，起类似于英语中的冠词“the”的语法作用。例如：

（1）部电脑好贵。（这电脑很贵。）

（2）件衫好靓。（这衣服很漂亮。）

（3）个课室好大。（这课室很大。）

（4）个男仔好细。（那男孩很小。）

（二）粤语可以用不确定数量词直接修饰名词

不具体数词“啲”（些、点）、不确定数词“几”即不确定数量词，粤语可以用它们修饰名词。例如：

（1）啲衫系唔系你㗎？（这些衣服是不是你的呢？）

（2）啲袜系边个㗎？（这些袜子是谁的呢？）

（3）几部手机都系我嘅。（这几部手机都是我的。）

（4）几条裤都系佢嘅。（这几条裤子都是他的。）

另外，在某些特定情况下，普通话不需要用指示代词加不定量词来修饰名词，但在粤语口语使用中也会加上不定量词“啲”，这相当于“啲”可以单独作为名词定语。例如：

（1）啲嘢去咗边？（东西哪儿去了？）

（2）啲衫好靓。（衣服很漂亮。）

（3）啲钱畀咗爸爸嘞。（钱给了爸爸了。）

（4）啲人走晒去边？（人都跑哪儿去了？）

（三）粤语可以用量词替代助词“嘅”

粤语的量词可以放在人称代词和名词之间，代替助词“嘅”。粤语的“嘅”即普通话的指属助词“的”，一般在句子中做限定性定语，例如，“我嘅家姐”（我的姐姐）、“老师嘅仔”（老师的儿子）、“佢嘅表”（他的手表）。粤语习惯用量词替代“嘅”，其实这样的量词已经不是单纯的量词，在句子中起的仍然是“嘅”的作用。例如：

（1）佢条裙喺度。（她的裙子在这。）

（2）我部手机冇电嘞。（我的手机没电了。）

（3）你个荷包我畀咗佢。（你的钱包我给了他。）

（4）佢只手攞住只袋。（他的手拿着袋子。）

五、拓展

（一）“面”的两种读法

min^6：面孔，面貌，面色，面霜，面具，面子，面巾（洗脸毛巾），洗面（洗脸），面谈，面对，面试，面包，面条，白面，面粉，面积，面阻阻（对人不友好的样子），面红耳赤，面无人色，表面 两读、相异：面板（擀面板）	min^2：面衫（外衣），面裤（外裤），面料（外层布料），封面，冇面（没面子），反面 两读、相异：面板（外层板材）

（二）“带”的两种读法

dai^3：带领，带动，带路，带球，带头，带刺，带兵，带病，佩带，面带笑容，拖泥带水，带鱼，带子（扇贝） 两读、相异：白带（女性身体的白色黏液）	dai^2：带（带子），皮带，表带，鞋带，裤头带（裤腰带），录音带，录像带 两读、相异：白带（白色的带子）

（三）“袋”的两种读法

doi^6：袋（装），袋鼠，袋装，一袋米，袋装米，袋好啲钱（把钱装好） 两读、相同：米袋，麻袋，脑袋	doi^2：袋（袋子），袋仔（小袋子），手袋（手提包），布袋，纸袋，衫袋（衣袋），裤袋，书袋，沙袋（沙包），胶袋（塑料袋），旅行袋 两读、相同：米袋，麻袋，脑袋

（四）“银”的两种读法

$ngen^4$：银行，银钱，银纸（钱），银圆，银币，银匠，银杏，银发，银婚，银白色，银河系	$ngen^2$：银（白银），白银，钱银（钱财、金钱）

（五）“表”的两种读法

biu^2：表扬，表彰，表演，表现，表白，表明，表达，表态，表示，表述，表露，表情，表率，表象，表层，表面，代表，表亲，表哥，表弟，表姐，表妹，表姨，表叔 两读、相异：仪表（着装打扮）	biu^1：手表，腕表，咪表（计价器），水表，电表，表链（表带），表壳 两读、相异：仪表（表盘）

（六）“长”的四种读法

$c\hat{e}ng^4$：长短，长寿，长城，长江，长征，长跑，长处，长裤，长裙，咁长（这么长），长袖善舞，长生不老，好长 $c\hat{e}ng^1$：咁长（就这么短），咁长长（就这么短） $c\hat{e}ng^2$：咁长（才这么短）	$z\hat{e}ng^2$：省长，市长，司长，校长，院长，店长，场长，队长，班长，长老，助长，成长

（七）“套”的两种读法

tou^3：套装，套裙，套头，套娃，套房，套间，套餐，套路，套色，客套，圈套，老套（旧办法），套牢，套用，套现，一套书 两读、相同：被套，外套，手套，封套，书套	tou^2：老套（陈旧的一套） 两读、相同：被套，外套，手套，封套，书套

六、练习

（一）句子练习

（1）我在银行，正在取钱。
（2）李太太正在找儿子的内衣裤，不知他脱到哪儿去了。
（3）妈妈拿着手机，正在跟爸爸打电话。
（4）阿杰穿着哥哥的衬衣和皮鞋。
（5）张先生带着太太、孩子去了广州了。
（6）妈妈手拿着一条漂亮裙子，是妹妹送给她的。
（7）阿伟的钱包一点钱都没了，妈妈给了他一点钱。
（8）阿静这台笔记本电脑很贵，是父母送给她的。
（9）我给了弟弟五本书、三本本子和两支笔。
（10）阿明去了学校，他带了书包和一套课本，没带眼镜和手表。
（11）那双厚的拖鞋是小陈的，薄的拖鞋是小黄的。
（12）这双短袜子不是阿英的，阿英那双是长的。
（13）阿华穿的长裤没有裤袋，也没有皮带。
（14）他不记得邮局怎么走了。
（15）同学们记着，这里就是饭堂。

（二）对话练习

（1）甲：这条是不是裤子啊？是用来打底穿吗？

乙：这条不是裤子，也不是裙子，叫裙裤。不是打底裤，可以穿外面的。

（2）甲：这个是什么来的呢？

乙：这是周小姐的袋子。

（3）甲：这手表是谁的呢？

乙：是阿玲的，她生日男朋友送给她的。

（4）甲：他去上海带了什么衣服？

乙：带了两件外套，一条短裤，一条长裙，两双鞋，四套内衣。

甲：他没带手机。

乙：带了。他带了两台手机，还带了台电脑。

（5）甲：请问，你在找哪个？

乙：我要找钱小姐。她在吗？

甲：钱小姐不在，她去了北京。你找她有什么事吗？

乙：没什么要紧事。谢谢你！再见。

甲：不用客气！慢走。

七、答案

（一）句子练习

（1）我喺银行，攞嚟钱。

（2）李太揾嚟个仔啲底衫裤，唔知佢除咗去边度。

（3）妈妈攞住部手机，同爸爸打嚟电话。

（4）阿杰着住大佬件恤衫同埋对皮鞋。

（5）张生带住太太、仔女去咗广州嘞。

（6）妈妈只手拿住条靓裙，系妹妹送畀佢嘅。

（7）阿伟个银包一啲钱都冇嘞，妈妈畀咗一啲钱佢。

（8）阿静呢部笔记本电脑好贵，系父母送畀佢嘅。

（9）我畀咗五本书、三本簿同两支笔细佬。

（10）阿明去咗学校，佢带咗书包同一套课本，冇带眼镜同手表。

（11）对厚嘅拖鞋系小陈嘅，对薄嘅拖鞋系小黄嘅。

（12）呢对短袜唔系阿英嘅，阿英嗰对系长嘅。

（13）阿华着条长裤冇裤袋，都冇皮带。

（14）佢唔记得邮局点行嘞。

（15）同学们记住，呢度就系饭堂。

（二）对话练习

（1）甲：呢条系唔系裤呀？系用嚟打底着嘛？

乙：呢条唔系裤，又唔系裙，叫裙裤。唔系打底裤，可以着出边嘅。

（2）甲：呢个系乜嘢嚟㗎？

乙：呢个系周小姐个袋。

（3）甲：只手表系边个㗎？

乙：系阿玲嘅，佢生日男朋友送畀佢嘅。

（4）甲：佢去上海带咗乜嘢衫？

乙：带咗两件外套，一条短裤，一条长裙，两对鞋，四套底衫。

甲：佢冇带手机。

乙：带咗。佢带咗两部手机，仲带咗部电脑。

（5）甲：唔该，你喺度揾边个？

乙：我要揾钱小姐。佢喺度嘛？

甲：钱小姐唔喺度，佢去咗北京。你揾佢有乜嘢事嘛？

乙：冇乜嘢紧要事。唔该你！再见。

甲：唔使客气！慢慢行。

第十讲　买乜嘢（买什么）

一、新单词

	普通话	粤语口语		普通话	粤语口语
1	买东西	mai5 yé5 买 嘢	19	卷纸	gün2 ji2 卷 纸
2	购物	keo3 med6 购 物	20	现金	yin6 gem1 现 金
3	guang6 gai1 逛 街	hang4 gai1 行 街	21	fu6 fun2 gig3 zêng3 付 款、结 账	mai4 dan1 埋 单
4	怎么卖	dim2 mai6 点 卖	22	cad3 ka1 刷 卡	lug1 ka1 辘 卡
5	多少钱	géi2 qin2 几 钱	23	pin4 yi4 便 宜	péng4 平
6	杯子	bui1 杯	24	jing3 kog3 heb6 xig1 正 确、对、合 适	ngam1 啱
7	ping4 瓶 子	zên1 樽	25	错	co3 错
8	碗	wun2 碗	26	fai3 tün4 块、团	geo6 嚿
9	碟	dib6 碟	27	种	zung2 种
10	筷子	fai3 ji2 筷 子	28	元	yun4 元
11	tiu4 geng1 勺子、调 羹	qi4 geng1 匙 羹	29	块、块钱	men1 文
12	毛巾	mou4 gen1 毛 巾	30	gog3 mou4 角、毛	hou4 hou4 ji2 毫、毫 子
13	牙刷	nga4 cad2 牙 刷	31	分、分钱	fen1 fen1 qin4 分、分 钱
14	牙膏	nga4 gou1 牙 膏	32	hon3 看	tei2 睇
15	洗洁精	sei2 gid3 jing1 洗 洁 精	33	试	xi3 试
16	féi4 zou6 肥 皂	fan1 gan2 番 枧	34	想	sêng2 想
17	沐浴露	mug6 yug6 lou6 沐 浴 露	35	hung1 有 空	deg1 han4 得 闲
18	sei2 fad3 sêu2 洗 发 水	sei2 teo4 sêu2 洗 头 水	36	héi2 一起	yed1 cei4 一 齐

二、词语解释

（一）啱 ngam[1]

粤语口语“啱”及组成的词语有以下多种意思：

1. 啱：对，正确

例如：

（1）你走得啱。（你走得对。）

（2）你揾啱咗人。（你找对了人。）

（3）你唔见佢系你嘅唔啱。（你不见他是你的不对。）

2. 啱：合适，适合

例如：

（1）条裤啱长。（裤子长度合适。）

（2）本书啱小朋友睇。（这书适合小朋友看。）

（3）呢件衫唔啱你着。（这件衣服你穿不合适。）

3. 啱：正好，正巧

例如：

（1）好啱，我又系啱到。（很巧，我也是正好到。）

（2）好啱，又见到佢。（很巧，又见到他。）

4. 啱啱：刚刚

例如：

（1）佢啱啱行开咗。（他刚刚走开了。）

（2）我啱啱嚟到图书馆。（我刚刚来到图书馆。）

5. 啱好：正好，刚好

例如：

（1）我啱好要去学校。（我正好要去学校。）

（2）我啱好要去揾佢。（我刚好要去找他。）

6. 啱先：刚才

例如：

（1）我啱先喺饭堂。（我刚才在饭堂。）

（2）我啱先去咗超市买嘢。（我刚才去了超市买东西。）

（二）行街 hang[4] gai[1]、出街 cêd[1] gai[1]、去街 hêu[3] gai[1]

粤语口语的“行街”相当于普通话“逛街”的意思；“出街”相当于普通话“出门”“出去”的意思；“去街”相当于普通话“上街”的意思。例如：

（1）佢去咗行街。（她去逛街了。）

（2）佢出咗街。（她出门了。她出去街上了。）

（3）佢啱先去咗街。（她刚才上街了。）

（三）啦 la[1]

粤语语气词“啦”用于祈使句末，表示请求语气，有时含有催促的意思，相当于普通话的“吧”“嘛”。例如：

（1）行啦！（走吧！）

（2）我哋去睇电影啦。（我们去看电影吧。）

（3）唔好行咁快啦！（不要走这么快嘛！）

三、粤语句型

（一）粤语动词句型：动词+下 ha^5

这一句型表示行为的短暂性和尝试性。

普通话句型	粤语句型
动词+下	动词+下

粤语的“下”由原来的第六声改为发第五声，是“一下”的省略，相当于普通话的“一下”“一会儿”的意思，用法与普通话相似。例如：

（1）行一下路。（走一会儿路。）

（2）睇下啦。（看一下吧。）

（3）去揾下啦。（去找一下吧。）

（二）形容词比较句型

普通话句型	粤语句型
A+比+B+形容词	A+形容词+过 guo^3 +B

例如：

（1）我大过佢。（我比他大。）

（2）呢件衫靓过嗰件衫。（这件衣服比那件漂亮。）

（3）张老师后生过何老师。（张老师比何老师年轻。）

四、粤语货币数字的习惯读法

粤语数字之后有货币单位名称时有习惯的读法。

（一）1.10元~1.90元的读法

当价钱的小数点前的数字为“1”、小数点后第二位数为“0”的时候，粤语习惯把“1”省略不读。所以，在读1.10元~1.90元的时候，粤语的正式读法是“yed^1 men^1 yed^1 hou^4 ~ yed^1 men^1 geo^2 hou^4”，除此之外，还可以简便地读作“个一 go^3 yed^1 ~ 个九 go^3 geo^2”。这种简化的方式是把“yed^1 men^1”换成“go^3”。“1.50元”可以简便读作“个半 go^3 bun^3”。

另外，粤语口语在说“100文”以内的数字时，基本上把“文”换成“个 go^3”。例如，“2.50元”说成“两个半”，“6.80元”说成“六个八 lug^6 go^3 bad^3”，“12.70元”说成“十二个七 seb^6 yi^6 go^3 ced^1”，“23.40”元说成“ya^6 sam^1 go^3 $séi^3$”，“32.90元”说成“sa^1 a^6 yi^6 go^3 geo^2”，“68.80元”说成“lug^6 a^6 bad^3 go^3 bad^3”。如果是“100文”以上的

数字，多数情况仍然使用“文”。

我们也可以看到，这种省略了“毫 hou^4”字的前提是“分”位的数字为“0”，如果是“32.98 元”，“分”位的数字是“8”而不是“0”，我们就要读成“sɑ^1 ɑ^6 yi^6 go^3 geo^2 hou^4 bɑd^3”。

（二）1 元～10 元的读法

粤语口语习惯把货币单位的“元 yun^4”说成“文 men^1”，所以，1 元～10 元，粤语的正式说法是 1 文 yed^1 men^1～10 文 seb^6 men^1。除此外，粤语还有以下传统说法：

（1）1 文鸡～10 文鸡（yed^1 men^1 gei^1～seb^6 men^1 gei^1）。粤语的“鸡”含有“小”“少”的意思，所以在说 10 元以内的价钱时，会在后面加上“鸡”字。

（2）1 个银钱～10 个银钱（yed^1 go^3 ngen^4 qin^2～seb^6 go^3 ngen^4 qin^2）。

（三）20 元和 30 元的读法

粤语的 20 元，除了正式读作“20 文 yi^6 seb^6 men^1”，还习惯简便地读作“廿文 yɑ^6 men^1”。粤语的 30 元除了正式读作“30 文 sɑm^1 seb^6 men^1”，还习惯简便地读作“卅文 sɑ^1 ɑ^6 men^1”。

五、拓展

（一）“行”的五种读法

heng^4：行政，行程，行贿，五行，风行，执行，运行，发行，步行，行人道，排行榜，言行举止 两读、相同：行走 heng^6：品行，操行，修行，道行，罪行，兽行	hɑng^4：行路（走路），行街（逛街），行差踏错（走邪路） 两读、相同：行走
hong^4：行列，行业，改行，行会，行货（大路货），一行行 两读、相同：银行，外行	hong^2：商行，洋行，车行，金行，行货（正路货），修车行，十三行 两读、相同：银行，外行

（二）“钱”的两种读法

qin^4：钱财，钱币，钱包，钱庄，金钱，铜钱，本钱，纸钱，榆钱（榆荚），有钱有势，欠债还钱 两读、相同：饭钱，车钱，零钱，赏钱，工钱 两读、相异：几钱（重多少钱）	qin^2：钱（钱币），有钱（没钱），洗钱（洗黑钱），畀钱（给钱），使钱（用钱），钱银（金钱），两个银钱（两块钱），使黑钱（行贿），赚大钱 两读、相同：饭钱，车钱，零钱，赏钱，工钱 两读、相异：几钱（多少钱）

（三）“刷”的两种读法

cɑd^3：刷牙，刷鞋（刷鞋子；拍马屁），刷新，刷分，刷卡 两读、相异：刷毛（刷毛发）	cɑd^2：刷（刷子），牙刷，鞋刷，衫刷（衣刷），毛刷 两读、相异：刷毛（刷子上的毛）

（四）“文”的三种读法

men⁴：文化，文明，文艺，文豪，文章，文字，文采，文雅，文件，斯文，天文，不取分文 两读、相同：语文，散文，论文，中文，外文	men¹：文（元），三文鸡（三块钱） men²： 两读、相同：语文，散文，论文，中文，外文

（五）“平”的两种读法

ping⁴：平安，平静，平淡，平稳，平凡，平庸，平坦，平复，平等，平摊，平房，平台，平原，平时，平生，平方，平反，平伏，水平，公平，风平浪静	péng⁴：平（便宜），好平（很便宜），平嘢（便宜的东西），平货（便宜货）

（六）“看”的两种读法

hon³：看见，看望，看重	hon¹：看守，看护，看守所

六、练习

（一）句子练习

（1）阿丽，你有空吗？我们一起去逛街吧！
（2）我跟我父母一起去购物广场买东西，妈妈想买一瓶香水。
（3）那种大毛巾 40 块钱一条，小方巾 15 块钱一条。
（4）劳驾，我想试一下那条裤子好不好穿。
（5）这种是二合一的洗发水，不适合我。
（6）这小朋友不会用筷子，请给他个勺子吧！
（7）李小姐，好巧啊！又在这里见到你。
（8）阿美是对的，你看错了人，那个男生不是阿杰。
（9）我不喜欢用肥皂，喜欢用香皂。我洗内衣裤都用香皂。
（10）他买了大大小小很多碗碟，花了几百块钱。
（11）试试用这种洗洁精洗碗吧，很好用。
（12）这瓶是沐浴露，不过，也可以用来洗头发。
（13）这种拖鞋比那种拖鞋贵一点，比那种拖鞋好穿很多。
（14）他买的这种咖啡杯比酒杯还贵，他钱包、银行卡的钱一下就没了。
（15）陈先生在超市跟家人买了毛巾、牙刷和牙膏，还买了一条 20 卷的卷纸。

（二）对话练习

（1）甲：请问，这笔怎么卖啊？
乙：这种笔短点的 1 块 5 一支，长点的 2 块 5 一支。还有便宜点的 5 毛钱一支，贵一点的 10 块钱一支。看看你想买哪些吧。
甲：我买两支长的，一支 10 块钱的。给你 15 块钱。对吗？
乙：对的。谢谢！

（2）甲：你好！请问你想买些什么啊？
乙：劳驾，我想看看那条裙子。
甲：是长的那条还是短的那条？
乙：长的。
甲：好的，我拿给你试试。……你穿这条裙子很好看啊！
乙：这条裙子怎么卖？
甲：360块。你喜欢就买吧！
乙：贵了点。能便宜点吗？280块吧，可以吗？
甲：好吧，就280块吧。

（3）甲：劳驾，我们要结账。
乙：请问，你们是给现金还是刷卡？
甲：刷卡。可以吗？
乙：可以。请问，你们哪位付款？
甲：我来。多少钱？
乙：832元。谢谢！

七、答案

（一）句子练习

（1）阿丽，你得闲嘛？我哋一齐去行街啦！
（2）我同我父母一齐去购物广场买嘢，妈妈想买樽香水。
（3）嗰种大毛巾40文一条，细方巾15文一条。
（4）唔该，我想试下嗰条裤好唔好着。
（5）呢种系二合一嘅洗头水，唔啱我。
（6）个小朋友唔识用筷子，唔该畀只匙羹佢啦！
（7）李小姐，好啱啊！又喺呢度见到你。
（8）阿美系啱嘅，你睇错咗人，嗰个男仔唔系阿杰。
（9）我唔中意用番枧，中意用香枧。我洗底衫裤都用香枧。
（10）佢买咗大大细细好多碗碟，使咗几百文。
（11）试下用呢种洗洁精洗碗啦，好好用。
（12）呢樽系沐浴露，不过，都可以用嚟洗头发。
（13）呢种拖鞋贵过嗰种拖鞋一啲，好着过嗰种拖鞋好多。
（14）佢买嘅呢种咖啡杯仲贵过酒杯，佢荷包、银行卡啲钱一下就冇嘞。
（15）陈生喺超市同屋企人买咗毛巾、牙刷同埋牙膏，仲买咗一条20卷嘅卷纸。

（二）对话练习

（1）甲：唔该，啲笔点卖呀？
乙：呢种笔短啲嘅个半一支，长啲嘅两个半一支。仲有平啲嘅五毫子一支，贵啲嘅10文鸡一支。睇下你想买边啲啦。

甲：我买两支长嘅，一支10文鸡嘅。畀你15文。啱嘛？

乙：啱嘅。多谢！

（2）甲：你好！请问你想买啲乜嘢呀？

乙：唔该，我想睇下嗰条裙。

甲：系长嗰条定系短嗰条？

乙：长嘅。

甲：好嘅，我攞畀你试下。……你着呢条裙好好睇呀！

乙：呢条裙点卖？

甲：360文。你中意就买啦！

乙：贵咗啲。平啲得嘛？280文啦，得嘛？

甲：好啦，就280文啦。

（3）甲：唔该，我哋要埋单。

乙：唔该，你哋系畀现金定系辘卡？

甲：辘卡。得嘛？

乙：得。唔该，你哋边位埋单？

甲：我嚟。几钱？

乙：832文。多谢哂！

第十一讲　做乜嘢（做什么）

一、新单词

	普通话	粤语口语		普通话	粤语口语
1	工作	gung^1 zog^3 工 作	19	hod^3 喝	yem^2 饮
2	zou^6 xi^6 gon^3 wud^6 做 事、干 活	zou^6 yé^5 做 嘢	20	zeo^2 lou^6 走 路	hang^4 lou^6 行 路
3	学习	hog^6 zab^6 学 习	21	hoi^1 cé^1 开 车	za^1 cé^1 揸 车
4	读书	dug^6 xu^1 读 书	22	co^5 cé^1 坐 车	dab^3 cé^1 搭 车
5	fan^2 wui^4 返 回	fan^1 返	23	liu^4 tin^1 聊 天	king^1 gei^2 倾 偈
6	sêng^5 ban^1 上 班	fan^1 gung^1 返 工	24	xud^3 说	gong^2 wa^6 讲、话
7	ha^6 ban^1 下 班	log^6 ban^1 seo^1 gung^1 落 班、收 工	25	xud^3 wa^6 说 话	gong^2 wa^6 gong^2 yé^5 讲 话、讲 嘢
8	上学	fan^1 hog^6 返 学	26	hao^2 lêu^6 sêng^2 考 虑、想	lem^2 谂
9	放学	fong^3 hog^6 放 学	27	yud^6 yu^5 粤 语	bag^6 wa^2 白 话
10	上课	sêng^5 fo^3 上 课	28	快	fai^3 cêu^3 快 脆
11	下课	log^6 fo^3 log^6 tong^4 落课、落 堂	29	man^5 晚	ngan^3 晏
12	sêu^6 gao^3 睡 觉	fen^3 gao^3 瞓 觉	30	远	yun^5 远
13	héi^2 cong^4 起 床、起来	héi^2 sen^1 起 身	31	gen^6 近	ken^5 近
14	sei^2 cou^3 洗 澡	cung^1 lêng^4 冲 凉	32	准时	zên^2 xi^4 准 时
15	sei^2 lim^5 洗 脸	sei^2 min^6 洗 面	33	迟到	qi^4 dou^3 迟 到
16	刷牙	cad^3 nga^4 刷 牙	34	今天	gem^1 yed^6 今 日
17	seo^3 heo^2 漱 口	long^2 heo^2 啷 口	35	每次	mui^5 qi^3 每 次
18	hég^3 吃	xig^6 食	36	这么，那么	gem^3 咁

二、词语解释

（一）喺度 $hei^2\ dou^6$

（1）粤语口语的“喺”相当于普通话“在”的意思。如果“喺”在名词性词语前面，就可以直接说“喺”。例如：喺屋企（在家），喺课室（在课室）。如果“喺”在动词性词语前面，就要说成“喺度”。例如：喺度食饭（在吃饭），喺度做嘢（在干活、在做事）。

（2）在祈使句中表达命令的语气时，粤语可以使用“动词+喺度”的句型，相当于普通话的“动词+着”的句型。例如：

①瞓喺度！唔好起身！（躺着！别起来！）

②唔好行，坐喺度！（不要走，坐着！）

③唔好攞只杯，放喺度！（不要拿杯子，放着！）

（二）返 $fan^{1/2}$

粤语口语的“返”相当于普通话“回”“返回”的意思。“返”有两个读音，发第一声属于白读，发第二声属于文读。有的单词用白读，例如，返屋企（回家），返广州（回广州），返学校（回学校、返校），返学（上学），返工（上班）。有的单词用文读，例如：返国。

（三）落 log^6

粤语口语的“落”相当于普通话的“下”，与“上”相反。例如：落课（下课），落楼（下楼），落床（下床），落车（下车），落客（客人下车），落船（下船），落机（下飞机），落电梯（下电梯），落货（卸货），落雨（下雨），落雪（下雪），落冰雹（下冰雹）；坐落去（坐下去），瞓落去（躺下去），睇落去（看上去）。

（四）瞓 fen^3

粤语口语的“瞓”相当于普通话的“睡”和“躺”两个意思。例如：

（1）瞓觉啦，早唞！（睡觉吧，晚安！）

（2）唔讲嘞，我要瞓嘞。（不说了，我要睡了。）

（3）佢瞓喺床度。（他躺在床上。）

（4）佢瞓喺地度。（他躺在地上。）

（五）起身 $héi^2\ sen^1$

粤语口语的“起身”除了相当于普通话“起床”的意思外，还有“起来”的意思。例如：坐起身（坐起来），走起身（跑起来），行起身（走起来），谂起身（想起来），着起身（穿起来）。

（六）想 $sêng^2$、谂 lem^2

粤语口语的“谂”含有“想念”的意思，所以，有时候可与“想”替换使用。但是，因为“想”有“希望”的意思，“谂”有“考虑”的意思，所以两者又有区别。例如：

（1）我想返屋企。（我想回家。）

（2）我冇谂过返屋企。（我没有考虑回家。）
（3）我想瞓觉嘞。（我想睡觉了。）
（4）唔好谂住瞓觉。（别想着睡觉。）
（5）我想去北京。（我想去北京。）
（6）我谂住去北京啲事。（我考虑着去北京的事。）

三、粤语句型

（一）……未 méi⁶

粤语口语的“未”相当于普通话的“没”。例如，未食饭（没吃饭），未返学（没上学）等。“未”可以放在表示肯定的判断句尾，这个句子就成为疑问句。例如：
（1）你食咗饭未？（你吃了饭没？你吃了饭吗？）
（2）你谂好未？（你想好没？你考虑好了吗？）
（3）你畀返本书阿丽未？（你把书还给阿丽了吗？）

（二）“咁”与形容词搭配构成的句型

“咁”相当于普通话的“这么”“那么”的意思。
1. 咁+形容词

普通话句型	粤语句型
这么、那么+形容词	咁+形容词

例如：
（1）件衫咁长！（这衣服那么长！）
（2）间学校咁细！（这学校这么小！）
2. 几咁+形容词

普通话句型	粤语句型
多么+形容词	几咁+形容词

这个句型与第一个的差别是把“咁”变成“几咁”。“几咁”相当于普通话“多么”的意思。这个句型最后一般会用感叹词“呀”，所以一般有明显感叹的语气。例如：
（1）件衫几咁长呀！（这衣服多么长啊！）
（2）间学校几咁细呀！（这学校多么小啊！）

（三）好似……咁+形容词

普通话句型	粤语句型
好像……这么、那么+形容词	好似 hou² qi⁵……咁+形容词

这个句型加上了用于比况的词语“好似”，相当于普通话“好像”。例如：
（1）呢个女仔好似佢妈妈咁靓！（这个女孩好像她妈妈那么漂亮！）
（2）呢间酒店好似屋企咁舒适！（这间酒店好像家那么舒适！）

四、拓展

（一）“返”的两种读法

fan[1]：返学（上学），返屋企（回家），返嚟（回来） 两读、相异：返工（上班）	fan[2]：返程，返航，返回，返还，返聘，返家，返修，返潮，返利，往返，遣返，返老还童，一去不返，流连忘返 两读、相异：返工（因质量不符合要求重做）

（二）“觉”的两种读法

gao[3]：午觉，瞓觉（睡觉），瞓晏觉（睡午觉），瞓大觉（睡大觉），大觉瞓（睡长觉），一觉醒嚟（一觉醒来）	gog[3]：觉察，觉悟，觉醒，觉得，知觉，感觉，视觉，听觉，嗅觉，触觉，直觉，自觉，不知不觉

（三）“话”的两种读法

wa[6]：说话，听话，讲话，话语，话咗佢两句（说了他两句），唔话得（说不得；没得说） 两读、相同：话题，对话，谈话，闲话	wa[2]：话（语言），话剧，白话，笑话，电话，会话，神话，童话，客套话，广州话，客家话，北方话 两读、相同：话题，对话，谈话，闲话

（四）“上”的两种读法

sêng[6]：上帝，上司，上级，上腭，上天，上层，上等，上升，上进，上午，上昼，早上，楼上，马上，府上，以上 两读、相异：上任（上一届），上下（上面和下面），上面（上边）	sêng[5]：上学，上班，上课，上车，上楼，上门，上网，上当，上火，睇上（看中），放上枱（放上桌子），后来居上 两读、相异：上任（担任），上下（左右），七情上面（面部表情丰富）

五、练习

（一）句子练习

（1）我弟弟正在香港大学读书。我姐姐在广州大学图书馆工作，她没有读大学。

（2）我的身体不能喝酒，我也不喜欢喝咖啡，你给我一杯水就行了。

（3）妈妈说：“阿明，你还没起床？快起来吧，上学要迟到了。”

（4）阿丽在私人公司工作，从家到公司很远。她和三个同事一起请了个司机送他们上班。

（5）黄先生的儿子每天自己一个人走路上学，放学自己一个人走路回家。

（6）小华的学校很近，不过他还小，不认得上学的路，爸爸还要天天送他上学。

（7）李先生正在来广州的路上。他不是坐车，是自己开车，不过，他走错了路。

（8）今天周老师没有准时下课，下课晚了一点，阿伟回家也晚了。

（9）金老师今天没空，他的课不上了。阿静今天不用一大早起床去学校了。
（10）阿玲不喜欢跟同学逛街买东西，她喜欢下了课就去图书馆看书。
（11）爸爸正在中国大酒店跟朋友吃饭。他们每次吃了饭还要喝咖啡聊天。
（12）姐姐下班没回家，她跟男朋友去中华广场吃饭、看电影，今晚要晚点回家。
（13）阿英回家洗了澡，洗了头，还洗了衣服。接着，她在看书。
（14）妈妈教孩子，早上起床跟晚上睡觉都要记得漱口刷牙。
（15）他做事做得这么唔好！一件事都没做对！你说说他吧！

（二）对话练习

（1）甲：阿聪，大哥呢？
乙：他在那儿，正在跟朋友打电话，说去广州的事。你找大哥有事吗？
甲：我想问问大哥，他去广州是坐车还是自己开车？他想好没？
乙：还没有。大哥说他要再考虑一下。

（2）甲：刚才那个漂亮女孩是谁啊？
乙：她是李太太的女儿。
甲：李小姐工作没？在哪里工作？
乙：工作了，她在上海工作。今天刚从上海回来看她父母。

（3）甲：请问，你说的是什么话？
乙：我说的是广州话。
甲：就是香港人、澳门人说的粤语吗？
乙：是的。广州话又叫粤语、广东话和白话。

（4）甲：你今天去了哪里？
乙：我今天去了老师办公室。
甲：你去老师办公室干什么？
乙：张老师找我聊下周去上海的事。

六、答案

（一）句子练习

（1）我细佬喺香港大学读嘢书。我家姐喺广州大学图书馆做嘢，佢冇读大学。
（2）我个身体唔饮得酒，我又唔中意饮咖啡，你畀杯水我就得嘞。
（3）妈妈话："阿明，你仲未起身？快脆啲起身啦，返学要迟到嘞。"
（4）阿丽喺私人公司做嘢，从屋企到公司好远。佢同三个同事一齐请咗个司机送佢哋返工。
（5）黄生个仔日日自己一个人行路返学，放学自己一个人行路返屋企。
（6）华仔间学校好近，不过佢仲细，唔认到返学条路，爸爸仲要日日送佢返学。
（7）李生喺嚟嚟广州条路上。佢唔系搭车，系自己揸车，不过，佢行错咗路。
（8）今日周老师冇准时落课，落课晏咗啲，阿伟返屋企都晏咗。
（9）金老师今日唔得闲，佢门课唔上嘞。阿静今日唔使一大早起身去学校嘞。

（10）阿玲唔中意同同学行街买嘢，佢中意落咗课就去图书馆睇书。
（11）爸爸喺中国大酒店同朋友食嚟饭。佢哋每次食咗饭仲要饮咖啡倾偈。
（12）家姐落班冇返屋企，佢同男朋友去中华广场食饭、睇电影，今晚要晏啲返屋企。
（13）阿英返屋企冲咗凉，洗咗头，仲洗咗衫。跟住，佢喺度睇书。
（14）妈妈教仔女，早上起身同埋晚上瞓觉都要记得啷口刷牙。
（15）佢做嘢做得咁唔好！一件事都冇做啱！你话下佢啦！

（二）对话练习

（1）甲：阿聪，大佬呢？

乙：佢喺嗰度，同朋友打嚟电话，讲去广州啲嘢。你揾大佬有事嘛？

甲：我想问下大佬，佢去广州系搭车仲系自己揸车？佢谂好未？

乙：仲未。大佬话佢要再谂下。

（2）甲：啱先嗰个靓女系边个呀？

乙：佢系李太个女。

甲：李小姐做嘢未？喺边度做嘢？

乙：做咗嘢嘞，佢喺上海做嘢。今日啱啱喺上海返嚟睇佢父母。

（3）甲：唔该，你讲嘅系乜嘢话？

乙：我讲嘅系广州话。

甲：就系香港人、澳门人讲嘅粤语嘛？

乙：系嘅。广州话又叫粤语、广东话同白话。

（4）甲：你今日去咗边度？

乙：我今日去咗老师办公室度。

甲：你去老师办公室做乜嘢？

乙：张老师揾我倾下周去上海啲事。

第十二讲　几时（什么时候）

一、新单词

	普通话	粤语口语		普通话	粤语口语
1	wei6 sem6 mo1 为什么	dim2 gai2 点解	19	zung1 ng5 中午	ngan3 zeo3 晏昼
2	xi4 heo6 什么时候	géi2 xi4 几时	20	man5 sêng6 晚上	man5 (teo4) heg1 晚（头）黑
3	geo2 xi4 gan3 多久、多长时间	géi2 noi6 几耐	21	夜晚	yé6 man5 夜晚
4	几点钟	géi2 dim2 zung1 几点钟	22	zog6 tin1 昨天	kem4 yed6 cem4 yed6 琴日、寻日
5	xiu2 xi4 小时	zung1 (teo4) 钟（头）	23	ming4 tin1 明天	ting1 yed6 听日
6	到时间	geo3 zung1 够钟	24	多少号	géi2 hou6 几号
7	没到时间	méi6 geo3 zung1 未够钟	25	星期	xing1 kéi4 星期
8	yin6 zoi6 现在	yi4/1 ga1 而家	26	礼拜	lei5 bai3 礼拜
9	mug6 qin4 目前	ga1 zen2 家阵	27	月份	yud6 fen6 月份
10	zêu3 gen6 最近	gen6 pai2/4 近排	28	玩	wan2 玩
11	前段时间	qin4 pai2 前排	29	白云山	bag6 wen4 san1 白云山
12	这段时间	néi1 pai4 呢排	30	越秀区	yud6 seo3 kêu1 越秀区
13	那段时间	go2 pai4 嗰排	31	荔枝湾涌	lei6 ji1 wan1 cung1 荔枝湾涌
14	ma5 sêng6 leb6 heg1 马上、立刻	jig1 heg1 即刻	32	天河城	tin1 ho4 xing4 天河城
15	等一下、待会儿	deng2 zen4 等阵	33	珠江新城	ju1 gong1 sen1 xing4 珠江新城
16	一下子、一会儿	yed1 zen4 gan1 一阵间	34	六榕寺花塔	lug6 yung4 ji2 fa1 tab3 六榕寺花塔
17	zou2 sêng6 早上	jiu1 (teo4) zou2 朝（头）早	35	人民桥	yen4 men4 kiu4 人民桥
18	sêng6 ng5 上午	sêng6 zeo3 上昼	36	coi4 zoi3 才、再	xin1 ji3 先至

二、词语解释

（一）晏 ngan³、夜 yé⁶

粤语口语的“晏”和“夜”都有普通话“晚”的意思。但在具体使用上，白天时候的“晚”一般用“晏”，晚上时候的“晚”多数用“夜”。例如：

（1）咁晏都唔起身！你今日唔使返工？（这么晚都不起床！你今天不用上班？）

（2）一点几嘞，阿丽咁晏仲未食中午饭。（一点多了，阿丽这么晚还没吃午饭。）

（3）你咁夜仲唔瞓？瞓啦，听朝仲要早起。（你这么晚还不睡？睡吧，明早还要早起。）

（4）十一点几嘞，你咁夜仲未返屋企？（十一点多了，你这么晚还没回家？）

（二）听日 ting¹ yed⁶

粤语口语的“听日”即普通话“明天”的意思。“听”指“明”，仅仅取其同音，没有实意。例如，听日（明天），听朝（明早），听晚（明晚）。

三、粤语时间表达的习惯

（一）×个字 go³ ji⁶

粤语习惯把时钟的 12 个刻度叫作“字 ji⁶”。一个刻度为 5 分钟，也就是“一个字”。一个小时有“12 个字”。粤语口语在表达时间的时候，习惯用“个字”来代替“分钟”，例如，“10 分钟”说成“2 个字”，“35 分钟”说成“7 个字”。当然，如果是“30 分钟”的话，粤语会和普通话一样习惯说成“半 bun³”，而不是“6 个字”。例如，“7：30”说成“7 点半”。

普通话句型	粤语句型
时针数字 + 点 + 分针数字 + 分	时针数字 + 点 + 时钟刻度 + 个字

例如：

1	普通话说法	现在 3 点 25 分。
2	粤语对应式（书面语）	现在 3 点 25 分。
3	粤语习惯式（口语）	而家 3 点 5 个字。
4	粤语习惯简化式（口语）	而家 3 点 5。

注意：如果前面有具体的时针数字，就可以用粤语习惯简化式，即可以省略分针数字后面的“个字”；如果没有的话，分针数字后面的“个字”则不能省略。

（二）差 zang¹

粤语的“差”有几个读音，例如，差错的“差”读作“ca¹”，出差的“差”读作“cai¹”，参差的“差”读作“qi¹”，而在表示时间差少时，则读作“zang¹”，有的写作“争”。

当时钟的分针接近“12”的刻度时，粤语口语会改用“差 zang¹”来表示。例如，差 2 个字 8 点（差 10 分钟 8 点），差 3 个字 10 点（差 15 分钟 8 点）等。

普通话句型	粤语句型
差+分针数字+分（钟）+时针的下一个数字+点	差+分针刻度余数+个字+时针的下一个数字+点

例如：

1	普通话说法	现在差5分（钟）6点。
2	粤语对应式（书面语）	现在差5分（钟）6点。
3	粤语习惯式（口语）	而家差5分钟6点。
4	粤语习惯简化式（口语）	而家差1个字6点。

注意：在带“差”的句型中，里面的“个字”不能省略。“时针的下一个数字”是指时针即将正对的数字。因此，我们可以把“……个字”称为增加的表达方式（简称“增加式”），把“差……个字”称为减少的表达方式（简称“减少式”）。例如：

1	普通话说法	现在5点55分。
2	粤语对应式（书面语）	现在5点55分。
3	粤语习惯增加式（口语）	而家5点 11个字。
4	普通话说法	现在差5分（钟）6点。
5	粤语习惯减少式（口语）	而家差5分钟 6点。
6	粤语习惯减少式的简化式（口语）	而家差1个字6点。

（三）“增加式”和“减少式”的其他用法

当分针不是指在具体的刻度数字上，而是在两个刻度数字之间的时候，粤语口语仍然可以用“增加式”或“减少式”来表达。

1. 增加式句型：分针数字+个几字 go^{3} géi^{2} ji^{6}+时针的下一个数字+点

例如：

1	普通话说法	现在8点47分。
2	粤语对应式（书面语）	现在8点47分。
3	粤语习惯增加式（口语）	而家8点9个几字。

注意：粤语这里的“几”字相当于普通话的“多”的意思。“分针数字”是指刚刚过去的分针数字，而不是即将到达的分针数字。

2. 减少式句型：差+分针数字+个几字+时针的下一个数字+点

注意：这里的“分针数字”也是指刚刚过去的分针数字，不是即将到达的分针数字。例如：

1	普通话说法	现在差13分钟9点。（现在8点47分。）
2	粤语对应式（书面语）	现在差13分钟9点。
3	粤语习惯增加式（口语）	而家8点9个几字。
4	粤语习惯减少式（口语）	而家差2个几字9点。

四、拓展

（一）“耐”的三种读法

noi^6：好耐（很久），耐力，耐心，耐性，耐用，能耐，几耐（挺久的），唔耐烦（不耐烦），耐唔中（有时候），耐人寻味	noi^1：有几耐（没多久），未有耐（还早着呢） noi^2：咁耐（才这么久），有几耐（没多久），未有耐（还早着），耐唔耐（隔不多久、隔三岔五）

（二）“近”的两种读法

gen^6：近日，近期，近代，近况，近亲，近身，近郊，近旁，近视，近似，亲近，平易近人，年近三十，近朱者赤，近墨者黑，近水楼台，远近驰名 两读、相异：最近（指时间）	ken^5：近路，近道，近距离，从远到近，离得好近 两读、相异：最近（指空间）

（三）“排”的两种读法

pai^4：排球，排队，排版，排污，排列，排名，排放，排除，排演，排挤，排斥，排骨，木排，安排，呢排（这些天），有一排（有一段时间），有排等（要等好一段时间，有你等的），一排树 两读、相同：前一排（前段时间） 两读、相异：前排（前面一排）	pai^2：肉排（多肉的排骨），猪排（猪扒），牛排（牛扒），近排（最近这几天） 两读、相同：前一排（前段时间） 两读、相异：前排（前些天）

（四）“阵”的两种读法：

zen^6：阵营，阵线，阵法，阵脚，阵容，阵痛，阵亡，阵雨，怯阵，上阵，方阵，列阵，兵阵，压阵，大阵仗，打头阵，排兵布阵，严阵以待 两读、相同：一阵（一会儿），家阵（这会儿），嗰阵（那个时候），阵阵（每每），等阵（等会儿），等阵间（等会儿）	zen^2： 两读、相同：一阵（一会儿），家阵（这会儿），嗰阵（那个时候），阵阵（每每），等阵（等会儿），等阵间（等会儿）

（五）“间”的两种读法

gan^3：间日（隔天），间色，间谍，间断，间隔，间接，间距，间隙，间歇，间尺（尺子），间中（间或），时间，离间，无间道，间奏曲，亲密无间 两读、相同：其间	gan^1：年间，日间，晚间，夜间，瞬间，人间，世间，阴间，民间，外间（外界），中间，空间，区间，房间，套间，单间，内间，腰间，山间，田间，席间，车间，课间，之间，一间房（一间房子） 两读、相同：其间

（六）“份”的两种读法

fen^6：一份饭，一式两份，备份，省份，戏份，分外，分内，份额，份子，身份证，睇喺你份上（看在你份儿上）	fen^2：身份，夹份（凑份子），孖份（两人合伙），有你份（没你的份儿）

（七）“玩”的四种读法

wun^2：古玩 wun^6：玩弄，玩意，玩偶，玩耍，玩味，玩忽职守，玩物丧志，吃喝玩乐，游山玩水 两读、相同：玩具	wan^2：玩完，玩牌（打扑克），玩火、玩法，贪玩，开玩笑，咪玩我（别耍我），有咩玩头（有什么好玩的） wan^4：开玩笑 两读、相同：玩具

（八）“城”的三种读法

$xing^4$：城市，城门，城楼，城墙，长城，山城，羊城，紫禁城，众志成城 两读、相同：省城、县城	séng^2：城，入城（进城），出城 séng^4： 两读、相同：省城，县城

（九）“桥”的两种读法

kiu^4：桥牌，桥梁，桥洞，桥架，天桥，吊桥，浮桥，拱桥，过桥，建桥，路桥	kiu^2：度桥（琢磨点子），好桥（好主意），屎桥（馊主意）

五、练习

（一）句子练习

（1）现在5点过了十几分钟，为什么黄先生还没来？他什么时候来？我们已经等了他很久了。

（2）我现在在家，正在跟朋友聊天，等一下和阿华去荔枝湾涌玩。你和我们一起去吧！

（3）我们每个星期一晚上学习粤语，6点半开始上课，7点50分下课，学一个多小时。

（4）阿玲今早6点15分就起床了，6点45分就去上班了，比平时早了很多。

（5）前一段时间公司很多事做，连吃饭都没时间。那段时间天天中午2点钟才吃午饭。

（6）我最近正在学粤语。我很喜欢粤语，想要学下去。我学粤语比阿华晚，不过比他学得好。

（7）妈妈5月8号过生日，她今年80岁了，不过，没多少白头发。

（8）阿丽和妹妹每人买了一份生日礼物送给妈妈。阿丽送花，妹妹送香水。妈妈非常喜欢。

（9）时钟的一个刻度就是5分钟，粤语叫它“1个字”。粤语说的“3个字”就是15分钟。

（10）张先生要我们在广州塔等他，说马上到。我们等了他 20 分钟了，他还没到。

（11）今天是 2016 年 8 月 21 号星期日。阿杰昨天周六也要上班，今天周日不用上班。

（12）阿明昨天起床晚了，上学迟到了。他跟老师说："明天我不迟到！"

（13）阿英每个礼拜天都喜欢带家里人去白云山走一走，玩一玩。

（14）我们班同学今天上午去越秀山，然后去吃午饭。吃完午饭才去北京路逛街，下午还要去珠江新城逛一会儿。晚上吃完晚饭再去花城广场看看广州塔。

（15）广州是一个不夜城。每个夜晚，人们在商场超市逛街购物，在餐厅饭店吃饭聊天。过了 11 点，你可以看到马路上还有很多车。

（二）对话练习

（1）甲：英国现在是几点钟？中国跟英国的时间差几个小时？
乙：现在中国是早上 8 点钟，英国是晚上 12 点钟。中国比英国快 8 个小时。
甲：你那边现在很晚了，你快点睡觉吧！晚安！
乙：我马上就睡了。晚安！

（2）甲：你到时间下课没？
乙：我 4 点半下课，现在还没到时间，还差 10 分钟。
甲：我现在在学校大门等你。
乙：知道了。我一下课就马上出来。

（3）甲：你上班是坐车还是自己开车？
乙：开车上班，开了 3 年了。
甲：自己开车去上班要多长时间？
乙：以前路不好走要 45 分钟，现在路好走了，半个小时就行了。

（4）甲：刘小姐，为什么这么久没见到金小姐啊？
乙：金小姐 6 月份去了香港，是为了学白话。她想在那里学习 4 个星期的时间。
甲：她下个月几号回北京？
乙：好像说 7 月 10 号才回北京。

（5）甲：钱小姐，钟先生叫你马上去一下他办公室。
乙：钟先生有什么事呢？
甲：不好意思！钟先生没说。
乙：麻烦你跟他说，我 5 分钟后就过去，请他等一下。

（6）甲：阿玲，你这个广州人，跟我这个外地人说说，广州有什么地方好玩啊？
乙：你可以去广州老城区看看，再去广州新城区走走。
甲：老城区是越秀区和荔湾区，新城区是天河区和海珠区吗？
乙：海珠区也是老城区，还有白云区。看新城区去天河城广场和珠江新城。
甲：著名的广州塔就在珠江新城吗？
乙：不是。广州塔在海珠区。不过，在珠江新城江边看广州塔更好看。
甲：老城区有什么地方好看？
乙：越秀区有越秀公园，小北路和大北路都有大门。
甲：好像六榕寺也在越秀区。我住海珠区，怎么去六榕寺？

乙：是的。六榕寺还有著名的六榕寺花塔。你从海珠区走海珠桥去最近。

甲：我为什么不能走人民桥？

乙：从海珠区走人民桥，到的是荔湾区，不是越秀区。你也可以走人民桥，先去荔湾区的荔枝湾涌玩，再去越秀区玩。

甲：我买东西去什么地方好呢？

乙：你可以去老商业街，北京路和上下九路。也可以去新商业街，在天河城和珠江新城。

六、答案

（一）句子练习

（1）而家5点过咗两个几字，点解黄生仲未嚟？佢几时嚟？我哋已经等咗佢好耐嘞。

（2）我而家喺屋企，同朋友倾嚟偈，等一阵同阿华去荔枝湾涌玩。你同埋我哋一齐去啦！

（3）我哋每个星期一晚黑学习粤语，6点半开始上课，7点10个字落课，学一个几钟头。

（4）阿玲今朝6点3个字就起身嘞，6点9就去返工嘞，早过平时好多。

（5）前排公司好多嘢做，连食饭都冇时间。嗰排日日晏昼两点钟先至食晏。

（6）我近排学嚟粤语。我中意学粤语，想要学落去。我学粤语晏过阿华，不过学得好过佢。

（7）妈妈5月8号过生日，佢今年80岁嘞，不过，冇几多白头发。

（8）阿丽同妹妹每人买咗份生日礼物送畀妈妈。阿丽送花，妹妹送香水。妈妈好中意。

（9）时钟嘅一个刻度即系5分钟，粤语叫佢"1个字"。粤语讲嘅"3个字"即系15分钟。

（10）张生要我哋喺广州塔等佢，话即刻到。我哋等咗佢4个字嘞，佢仲未到。

（11）今日系2016年8月21号星期日。阿杰寻日周六都要返工，今日周日唔使返工。

（12）阿明寻日起身晏咗，返学迟到咗。佢同老师讲："听日我唔迟到！"

（13）阿英每个礼拜日都中意带屋企人去白云山行下，玩下。

（14）我哋班同学今日上昼去越秀山，然之后去食晏。食完晏先至去北京路行街，下昼仲要去珠江新城行一阵间。晚黑食咗晚饭再去花城广场睇下广州塔。

（15）广州系一个不夜城。每个夜晚，人们喺商场超市行街购物，喺餐厅饭店食饭倾偈。过咗11点，你可以睇到马路上仲有好多车。

（二）对话练习

（1）甲：英国而家系几点钟？中国同英国嘅时间差几个钟头？

乙：而家中国系朝早8点钟，英国系晚黑12点钟。中国快过英国8个钟头。

甲：你嗰边而家好夜嘞，你快啲瞓觉啦。早唞！

乙：我即刻就瞓嘞。早唞！

（2）甲：你够钟落课未？

乙：我 4 点半落课，家阵仲未够钟，仲差两个字。

甲：我而家喺学校大门等你。

乙：知嘞。我一落课就即刻出嚟。

（3）甲：你返工系搭车仲系自己揸车？

乙：揸车返工，揸咗 3 年嘞。

甲：自己揸车去返工要几耐时间？

乙：以前条路唔好行要 9 个字，而家条路好行咗，半个钟头就得嘞。

（4）甲：刘小姐，点解咁耐冇见到金小姐呀？

乙：金小姐 6 月份去咗香港，系为咗学白话。佢谂住喺嗰度学习 4 个礼拜嘅时间。

甲：佢下个月几号返北京？

乙：好似话 7 月 10 号先至返北京。

（5）甲：钱小姐，钟生叫你即刻去下佢办公室。

乙：钟生有乜嘢事呢？

甲：唔好意思！钟生冇讲。

乙：唔该你同佢讲，我过 1 个字就过去，唔该佢等一阵。

（6）甲：阿玲，你呢个广州人，同我呢个外地人讲下，广州有边度好玩呀？

乙：你可以去广州老城区睇下，再去广州新城区行下。

甲：老城区系越秀区同荔湾区，新城区系天河区同海珠区嘛？

乙：海珠区都系老城区，仲有白云区。睇新城区去天河城广场同珠江新城。

甲：出名嘅广州塔就喺珠江新城度嘛？

乙：唔系。广州塔喺海珠区。不过，喺珠江新城江边度睇广州塔仲好睇。

甲：老城区有乜嘢地方好睇？

乙：越秀区有越秀公园，小北路同大北路都有大门。

甲：好似六榕寺都喺越秀区。我住海珠区，点去六榕寺？

乙：系嘅。六榕寺仲有出名嘅六榕寺花塔。你喺海珠区行海珠桥去最近。

甲：我点解唔行得人民桥？

乙：喺海珠区行人民桥，到嘅系荔湾区，唔系越秀区。你都可以行人民桥，先去荔湾区嘅荔枝湾涌玩，再去越秀区玩。

甲：我买嘢去边度好呢？

乙：你可以去老商业街，北京路同上下九路。又可以去新商业街，喺天河城同珠江新城。

第十三讲　食乜嘢（吃什么）

一、新单词

	普通话	粤语口语		普通话	粤语口语
1	面条	min^6 tiu^2 面 条	19	箱	sêng^1 箱
2	米粉	mei^5 fen^2 米 粉	20	cug^1 ba^2 束、把	zad^3 扎
3	鱼片粥	yu^4 pin^2 zug^1 鱼 片 粥	21	片	pin$^{3/2}$ 片
4	猪肉	ju^1 yug^6 猪 肉	22	煮饭	ju^2 fan^6 煮 饭
5	鸡蛋	gei^1 dan^2 鸡 蛋	23	coi^3 做 菜	jing^2 sung^3 整 餸
6	蛋糕	dan^6 gou^1 蛋 糕	24	煲老火汤	bou^1 lou^5 fo^2 tong^1 煲 老 火 汤
7	牛奶	ngeo^4 nai^5 牛 奶	25	zam^6 leb^6 站 立	kéi^5 企
8	红茶	hung^4 ca^4 红 茶	26	tong^2 躺 下,睡下	fen^3 dei^1 瞓 低
9	饮料	yem^2 liu^2 饮 料	27	排队	pai^4 dêu^2 排 队
10	苹果	ping^4 guo^2 苹 果	28	cab^3 dêu^2 插 队	da^2 jim^1 打 尖
11	梨子	léi^2 梨	29	seo^1 seb^6 收 拾	zeb^1 seb^6 zeb^1 执 拾、执
12	橙子	cang^2 橙	30	gim^2 捡	zeb^1 执
13	香蕉	hêng^1 jiu^1 香 蕉	31	扔	diu^6 丢
14	垃圾	lab^6 sab^3 垃 圾	32	倒	dou^2 dou^3 倒（掉）、倒（退）
15	两	lêng^2 两（量词）	33	休息	yeo^1 xig^1 休 息
16	克	heg^1 克	34	放假	fong^3 ga^3 放 假
17	公斤	gung^1 gen^1 公 斤	35	hin^1 gua^3 dim^3 géi^3 牵 挂、惦 记	gua^3 ju^6 挂 住
18	堆	dêu^1 堆	36	gou^1 hing^3 高 兴	hoi^1 sem^1 开 心

二、词语解释

（一）煲 bou¹

粤语口语的“煲”可做名词，也可做动词。名词“煲”相当于普通话的“汤锅”或“饭锅”。例如，电饭煲（电饭锅）。动词“煲”相当于普通话“煮”的意思。例如，煲饭（煮饭），煲汤（熬汤），煲老火汤（长时间熬汤）。“老火汤”是广府饮食中的一种汤食，一般是用多种食材，经一两个小时熬制而成。而“煲电话粥”指长时间用电话聊天。

（二）挂 gua³

粤语口语的“挂”含有普通话两个意思：一是悬挂。例如，件衫挂喺嗰度（衣服挂在那儿）。二是记挂、惦记。例如，我好挂住佢（我很记挂他/我很惦记他）。

三、粤语句型

（一）动词＋低 dei¹

这一句型表示行为的趋向。

普通话句型	粤语句型
动词＋下	动词＋低

粤语的“低”多数时候对应普通话的“下”，有时候对应“倒”。例如：

（1）佢瞓低咗。（他睡下了。他躺下了。他躺倒了。）

（2）请你坐低！（请你坐下！）

（3）放低书。（放下书。）

（4）收低钱。（收下钱。）

（二）动词＋晒 sai³

普通话句型	粤语句型
全＋动词＋光、完	动词＋晒

粤语的“晒”放在动词之后，相当于普通话的“全”“光”“完”的意思，用来表示东西净尽、事情完毕，所称的范围都包括在内之义。例如：

（1）啲书我睇晒嘞。（这些书我全看完了。）

（2）我啲钱畀晒佢嘞。（我的钱全给他了。）

（3）学生放晒假嘞。（学生全部放假了。）

（4）佢食晒啲饭嘞。（他把饭全吃光了。）

如果“咗”可以换成“完 yün⁴”“晒 sai³”或“完晒”，相当于普通话的“完”“光”的意思。

（1）我做完嘢嘞。我做晒嘢嘞。我做完晒嘢嘞（我干完活了。我把活全部干光了。）

（2）我洗完面嘞。我洗晒面嘞。我洗完晒面嘞。（我洗完脸了。）

（3）佢食完饭嘞。佢食晒饭嘞。佢食完晒饭嘞。（他吃完饭了。）

（4）人都走晒嘞。（人都走光了。）

（三）动词+得 deg¹

普通话句型	粤语句型
能+动词	动词+得

粤语的“得”含有行、可以、能够等意思。由动词加上“得”构成的词语，表示具备某种能力。例如：

（1）食得饮得瞓得。（能吃能喝能睡。）

（2）着得用得洗得。（能穿能用能洗。）

（3）佢身体唔错，好打得。（他身体不错，很能打。）

（4）小朋友做错事唔打得，要慢慢教佢。（小朋友做错事不能打，要慢慢教他。）

四、拓展

1.“条”的两种读法

tiu⁴：一条裤，条友（那小子、那家伙），条理，条件，条约，条款，条文，条纹，条幅，条形，条目，条码，教条，线条 两读、相同：头条新闻	tiu²：雪条（冰棍儿），油条，薯条（土豆条），布条，金条，纸条 两读、相同：头条（指新闻）

2.“鱼”的两种读法

yu⁴：鱼肉，鱼皮，鱼丸，鱼生，打鱼	yu²：鱼，生鱼，大头鱼，三文鱼，淡水鱼，咸水鱼（海鱼），炒鱿鱼（解雇）

3.“片”的两种读法

pin³：片面，片段，片区，分片，片时，片刻，两片药，打成一片，片言只语，打低一大片（打倒一大片）	pin²：影片，相片（照片），唱片，名片，底片，拍片，片约，片场，片名，片头，片尾，片花，片剂，片状，纸片，尿片，胶片，药片，弹片，薄片，鱼片，肉片，切片

4.“蛋”的两种读法

dɑn⁶：鸡蛋花，蛋糕，蛋清	dɑn²：鸡蛋，鸭蛋，鱼蛋，蛋黄，蛋白，零蛋，笨蛋，食鸭蛋（得零分），破蛋（突破零分）

5.“料”的两种读法

liu⁶：料理，料想，料酒，照料，预料，料事如神	liu²：有料（有学问，有水平），冇料（没学问，没水平），来料，双料，材料，塑料，燃料，资料，饮料，调味料，备料

6.“梨”的两种读法

léi⁴：雪梨，梨花	léi²：梨（梨子）

7. “两”的两种读法

lêng⁵：两份，两个，两位，两边，两地，两行，两条，两面派，两相情愿，两全其美，两面三刀	lêng²：二两，斤两，一两金（一两金子），半斤八两，十六两秤

8. “企”的两种读法

kéi⁵：企求，企望，企盼，企图，企业，企划，企稳（站稳），企鹅，企起身（站起来），企喺度（站着，站在那）	kéi²：屋企（家），返屋企（回家）

9. “队”的两种读法

dêu⁶：一队人马，队伍，队列 两读、相同：球队，队员，队友，队旗，队歌，队服，队徽，队形，队报，少先队，消防队	dêu²：排队 两读、相同：球队，队员，队友，队旗，队歌，队服，队徽，队形，队报，少先队，消防队

10. “假”的两种读法

ga³：假期，假日，寒假，暑假，请假，婚假，放假，节假日	ga²：假话，假象，假如，假装，真假，造假，假公济私，假手于人

五、练习

（一）句子练习

（1）你别起来，给我躺下！

（2）大家在超市买东西结账都排队，就是他在插队。

（3）不要睡了，起来喝点水、洗洗脸就去上学吧。

（4）妈妈叫弟弟下楼倒垃圾，他惦记着玩，忘记这事了。

（5）这个礼拜天别顾着玩电脑了，收拾一下你床上的衣服吧。

（6）我明天休息，这次没空跟你逛街买东西了，我想和孩子去公园玩。

（7）阿伟，请你站起来，不要坐下去！阿丽，你可以坐下了。

（8）妹妹扔了一件衣服，妈妈捡了回来，说：“这么好的衣服，为什么要扔掉？”

（9）我知道爸爸不喜欢吃面，喜欢吃粉。我买了一箱广西米粉给爸爸，爸爸很高兴。

（10）阿聪早餐喜欢吃面包、鸡蛋和牛奶，他爸爸喜欢吃汤面，他妈妈喜欢吃鱼片粥。

（11）他很多水果都不喜欢吃，就是喜欢吃橙子。他每天吃完晚饭都要吃一个橙子。

（12）那个小伙子刚才买了好多水果。他买了 8 个苹果，6 个梨，5 斤荔枝，还有 3 斤香蕉。

（13）广州人喜欢用猪肉、鱼头煮汤，没有人用牛肉煮汤的。牛肉不适合煮汤，适合做菜。

（14）一公斤就是两市斤，500 克就是一市斤，1 000 克就是一公斤。一两就是 50 克。

（15）妈妈一不用上班就会在家买菜做饭给我们吃。妈妈做的饭好好吃，我好惦记妈妈做的菜啊！

（二）对话练习

（1）甲：你今年假期去哪里玩啊？

乙：哪都去不了了。我今年的假期全没了。

甲：为什么全没了呢？

乙：我5月回上海看父母，住了20天，假期用光了。

甲：你父母好久没见到你了。这次见到你，他们很高兴吧？

乙：是啊，他们很高兴。

（2）甲：姐姐，明天妈妈生日，我们怎么跟她过呢？

乙：妈妈喜欢吃鱼生，我们就带她去珠江新城那家饭店吃鱼生。妈妈会很高兴的。

甲：好呀！你买一把花，我来买蛋糕和苹果。明晚七点半，可以吗？

乙：可以。明天晚上七点半我们和爸爸妈妈一起吃饭。

（3）甲：黄太太，你女儿阿婷在家做不做家务啊？

乙：做呀，我和她爸爸下班晚，家里的事她差不多全做了。

甲：她会买菜做饭吗？

乙：会呀。她很小我就教她买菜做饭了。

甲：你女儿这么能干，好棒呀！我女儿阿珍这么大都不喜欢煮饭，不过她喜欢洗碗。

乙：阿珍喜欢洗碗正合适你了，你正好不喜欢洗碗。

（4）甲：先生，请问您要喝点什么啊？

乙：这里有什么喝的呢？

甲：有酒、茶和咖啡。

乙：有什么酒？

甲：有白酒和红酒。

乙：我要一杯红酒，一杯红茶，还要四片面包。

甲：我们这里有白面包和黑面包。你要哪种？

乙：我两种都试一试。两片白面包，两片黑面包吧。

甲：好的。您要一杯红酒，一杯红茶，两片白面包，两片黑面包。对吗？

乙：是的，就这些。请问，洗手间在哪里啊？

甲：洗手间要走过去那边。

乙：谢谢！

（5）甲：妈妈，我回来了！

乙：快点放下书包，洗洗手，喝点水。妈妈马上做饭了。

甲：妈妈，我今晚不想吃饭。

乙：你想吃什么？妈妈煲了老火汤。

甲：我什么都不想吃，就想喝汤。

乙：就只是喝汤不行的，妈妈煮点面给你吃吧，好吗？

甲：好吧，我吃点面吧。

六、答案

（一）句子练习

（1）你唔好起身住，同我瞓低！

（2）大家喺超市买嘢埋单都喺度排队，就系佢喺度打尖。

（3）唔好瞓喺度嘞，起身饮啲水、洗下块面就去返学啦。

（4）妈妈叫细佬落楼倒垃圾，佢挂住玩，唔记得件事嘞。

（5）呢个礼拜日唔好挂住玩电脑嘞，执下你张床啲衫啦。

（6）我听日休息，今次唔得闲同你行街买嘢嘞，我想同仔女去公园玩。

（7）阿伟，唔该你企起身，唔好坐落去！（唔好坐低！）阿丽，你可以坐低嘞。

（8）妹妹丢咗一件衫，妈妈执咗返嚟，话："咁好件衫，点解要丢？"

（9）我知道爸爸唔中意食面，中意食粉。我买咗箱广西米粉畀爸爸，爸爸好开心。

（10）阿聪早餐中意食面包、鸡蛋同埋牛奶，佢爸爸中意食汤面，佢妈妈中意食鱼片粥。

（11）佢好多生果都唔中意食，就系中意食橙。佢日日食完晚饭都要食一个橙。

（12）嗰个后生仔啱先买咗好多生果。佢买咗 8 个苹果，6 个梨，5 斤荔枝，仲有 3 斤香蕉。

（13）广州人中意用猪肉、鱼头煮汤，冇人用牛肉煮汤嘅。牛肉唔啱煮汤，啱整餸。

（14）一公斤就系两市斤，500 克就系一市斤，1 000 克就系一公斤。一两就系 50 克。

（15）妈妈一唔使返工就会喺屋企买餸煮饭畀我哋食。妈妈煮啲饭好好食，我好挂住妈妈整啲餸呀！

（二）对话练习

（1）甲：你今年假期去边度玩呀？

乙：边度都去唔到嘞。我今年啲假期冇晒嘞。

甲：点解冇晒嘅？

乙：我 5 月返上海睇父母，住咗廿日，假期用晒嘞。

甲：你父母好耐冇见到你嘞。今次见到你，佢哋好开心啦？

乙：系呀，佢哋好开心。

（2）甲：家姐，听日妈妈生日，我哋点同佢过呢？

乙：妈妈中意食鱼生，我哋就带佢去珠江新城嗰家饭店食鱼生。妈妈会好开心嘅。

甲：好呀！你买扎花，我嚟买蛋糕同苹果。听晚七点半，得嘛？

乙：得，听晚七点半我哋同爸爸妈妈一齐食饭。

（3）甲：黄太，你个女阿婷喺屋企做唔做家务呀？

乙：做呀，我同佢爸爸落班晏，屋企啲嘢佢差唔多做晒嘞。

甲：佢识买餸煮饭嘛？

乙：识呀。佢好细个我就教佢买餸煮饭嘞。

甲：你个女咁做得，好叻呀！我个女阿珍咁大都唔中意煮饭，不过佢中意洗碗。
乙：阿珍中意洗碗啱晒你啦，你咁啱唔中意洗碗。

（4）甲：先生，请问你要饮啲乜嘢呀？
乙：呢度有乜嘢饮㗎？
甲：有酒、茶同埋咖啡。
乙：有乜嘢酒？
甲：有白酒同红酒。
乙：我要一杯红酒，一杯红茶，仲要四片面包。
甲：我哋呢度有白面包同黑面包。你要边种？
乙：我两种都试下。两片白面包，两片黑面包啦。
甲：好嘅。你要一杯红酒，一杯红茶，两片白面包，两片黑面包。啱嘛？
乙：系嘅，就呢啲。唔该，洗手间喺边度呀？
甲：洗手间要行过去嗰边。
乙：唔该！

（5）甲：妈咪，我返嚟嘞！
乙：快啲放低书包，洗下手，饮啲水。妈咪即刻煮饭嘞。
甲：妈咪，我今晚唔想食饭。
乙：你想食乜嘢？妈咪煲咗老火汤。
甲：我乜嘢都唔想食，就想饮汤。
乙：就系饮汤唔得嘅，妈咪煮啲面畀你食啦，好嘛？
甲：好啦，我食啲面啦。

第十四讲　个人点（那人怎样）

一、新单词

	普通话	粤语口语		普通话	粤语口语
1	高大	dai6 zég3 大 只	19	容易	yung4 yi6 容 易
2	瘦小	ngen1 ngen1 sei3 奀、奀 细	20	艰难	gan1 nan4 艰 难
3	ken4 fen5 勤快、勤 奋	ken4 lig6 勤 力	21	干净	gon1 zéng6 干 净
4	lan5 do6 懒 惰	lan5 懒	22	zong1 脏	wu1 zou1 lad6 tad3 污 糟、邋 遢
5	ceo2 丑、难看	yug6 xun1 肉 酸	23	sang1 héi3 生 气	neo1 嬲
6	臭	ceo3 臭	24	dam1 sem1 担 心	yeo1 忧
7	jing1 ming4 聪明、精 明	zéng1 精	25	gu3 yi3 故 意	deg6 deng1 jun1 deng1 特 登、专 登
8	蠢、笨、傻	cên2 ben6 so4 蠢、笨、傻	26	ban6 to5 办 妥、搞好	gao2 dim6 搞 掂
9	乖、听话	guai1 téng1 wa6 乖、听 话	27	tiu1 xun2 挑 选	gan2 拣
10	tiu3 wan4 péi4 跳 皮、顽 皮	ngen6 péi4 韧 皮	28	笑	xiu3 笑
11	和气	wo4 héi3 和 气	29	hug1 哭	ham3 喊
12	péi4 héi3 脾 气 好	nem4 xin6 腍 善	30	以为	yi5 wei4 以 为
13	hung1 凶	ngog3 恶	31	bong1 帮	ban1 班
14	jing2 gid3 整 洁、整齐	kéi5 léi5 企 理	32	因为	yen1 wei6 因 为
15	混乱	wen6 lün6 混 乱	33	所以	so2 yi5 所 以
16	舒服	xu1 fug6 舒 服	34	虽然	sêu1 yin4 虽 然
17	辛苦	sen1 fu2 辛 苦	35	dan6 xi6 但 是	dan6 hei6 但 系
18	lou4 lêu6 劳 累	gui6 攰	36	然后	yin4 ji1 hou6 然 之 后

二、词语解释

1. 跳皮 tiu^3 péi^{4}和百厌 bag^3 yim^3

粤语表示一个人（主要指儿童）调皮捣蛋的意思，除了说“韧皮”之外，还可以说“跳皮”“百厌”。

2. 成 xing^{4}与整 jing^2

普通话“整”构成的名词性词语，粤语口语基本要说成“成”。例如：成日（整天），成晚（整晚），成个人（整个人），成个班同学（整个班同学）。

3. 帮手 bong^1 seo^{2}和快手 fai^3 seo^2

粤语口语的“帮手”是普通话“帮忙”的意思。例如：我去帮佢手。（我去帮他忙。）我唔想帮手。（我不想帮忙。）

粤语“快手”是普通话“动作快”的意思。例如：佢做嘢好快手。（他干活动作快。）你快手啲啦！（你动作快点吧。）

4. 生得 sang^1 deg^1……

粤语口语的“生得……”相当于普通话的“长得……”。例如：生得好高大。（长得很高大。长得块头很大。）妹妹生得靓过家姐。（妹妹比姐姐长得漂亮。）

三、粤语形容词的常用句型（上）

（一）表示程度略深的句型

以下几个句型都是表示程度轻微，或者稍微超过标准。

1. 有啲＋形容词

普通话句型	粤语句型
有点、有些＋形容词	有啲＋形容词

例如：

（1）件衫有啲长。（这衣服有点长。）

（2）部手机有啲大。（这手机有点大。）

（3）落课有啲晏。（下课有点晚。）

2. 形容词重叠＋地（déi^2）

普通话句型	粤语句型
（无）	形容词重叠＋地

例如：

（1）件衫长长地。（这衣服有点长。）

（2）部手机大大地。（这手机有点大。）

（3）落课晏晏地。（下课有点晚。）

注意：在两个重叠的形容词中，如果原声调非第一声调的话，一般前一个形容词读原来的声调，后一个形容词改为发第二声调或第一声调。

3. 形容词 + 咗啲

普通话句型	粤语句型
形容词 + 了点、了些	形容词 + 咗啲

例如：

（1）件衫长咗啲。（这衣服长了点。）

（2）部手机大咗啲。（这手机大了点。）

（3）落课晏咗啲。（下课晚了点。）

4. 形容词 + 咗少少

普通话句型	粤语句型
形容词 + 了点、了些	形容词 + 咗少少

例如：

（1）件衫长咗少少。（这衣服长了点。）

（2）部手机大咗少少。（这手机大了点。）

（3）落课晏咗少少。（下课晚了点。）

5. 有少少 + 形容词

普通话句型	粤语句型
有点点 + 形容词	有少少 + 形容词

例如：

（1）件衫有少少长。（这衣服有点点长。）

（2）部手机有少少大。（这手机有点点大。）

（3）落课有少少晏。（下课有点点晚。）

总之，粤语“咗啲”的“啲”也可以换成“少少”，变成“形容词 + 少少”，或者说成“有少少 + 形容词”。例如：普通话“有点快”，粤语口语说成“快咗啲”“快咗少少”“有少少快”。

6. 几 + 形容词 + 下 $hɑ^5$

普通话句型	粤语句型
挺 + 形容词 + 的	几 + 形容词 + 下 $hɑ^5$

例如：

（1）件衫几长下。（这衣服挺长的。）

（2）部手机几大下。（这手机挺大的。）

（3）落课几晏下。（下课挺晚的。）

（二）表示程度深的句型

以下几个句型都是表示程度明显超过标准，甚至接近极限。

1. 好+形容词

普通话句型	粤语句型
很、非常+形容词	好+形容词

例如：

（1）件衫好长。（这衣服很长。）

（2）部手机好大。（这手机很大。）

（3）落课好晏。（下课很晚。）

2. 仲+形容词

普通话句型	粤语句型
更、更加+形容词	仲+形容词

例如：

（1）件衫仲长。（这衣服更长。）

（2）部手机仲大。（这手机更大。）

（3）落课仲晏。（下课更晚。）

3. 太+形容词

普通话句型	粤语句型
太+形容词	太+形容词

例如：

（1）件衫太长。（这衣服太长。）

（2）部手机太大。（这手机太大。）

（3）落课太晏。（下课太晚。）

4. 至 ji^3 +形容词

普通话句型	粤语句型
最 zêu^3 +形容词	至 ji^3 +形容词

例如：

（1）件衫至长。（这衣服最长。）

（2）部手机至大。（这手机最大。）

（3）落课至晏。（下课最晚。）

当然，现在粤语用“最”也很常见。

5. 零舍 ling^4 sé^3 +形容词

普通话句型	粤语句型
特别 deg^6 bid^6、尤其 you^4 kéi^4 +形容词	零舍 ling^4 sé^3 +形容词

例如：

（1）件衫零舍长。（这衣服特别长。）

（2）部手机零舍大。（这手机特别大。）

（3）落课零舍晏。（下课特别晚。）

6. 咁 + 形容词

普通话句型	粤语句型
这么、那么 + 形容词	咁 + 形容词

例如：

（1）件衫咁长。（这衣服这么长。）

（2）部手机咁大。（这手机这么大。）

（3）落班咁晏。（下班这么晚。）

四、拓展

1. “精”的两种读法

jing[1]：精华，精髓，精神，精细，精读，精工，精光，精简，精巧，精确，精微，精炼，精力，精气，精致，精心，精兵，精美，精明，精密，精耕细作，精雕细刻，精卫填海，养精蓄锐	zéng[1]：精（机灵，取巧），好精（非常精明），精叻（精明，有能耐），精仔（机灵鬼）

2. “净”的两种读法

jing[6]：净重，净值，净利，净水器，净手器，净系（只是）	zéng[6]：干净

五、练习

（一）句子练习

（1）阿美虽然今年二十岁了，但是长得像个小孩子，她笑起来特别可爱。

（2）阿明这人小气、脾气很臭，一点小事都特别容易生气，搞得大家都讨厌他。

（3）阿伟这人干活很懒，好像蠢蠢的。但是，他吃东西就很精明，一点都不傻。

（4）同样的一件衣服，阿婷穿起来很漂亮，阿丽胖了点，穿起来就很难看。

（5）老师教小朋友：“吃饭前，要把小手洗干净。听到吗？看看谁洗得最干净。”

（6）那个小男孩很不听话，太调皮了！妈妈一收拾好东西，他就故意搞得又脏又乱。

（7）看金老师的样子以为他挺凶的，其实他这人脾气很好，对学生很和气，一点都不凶。

（8）陈先生的大儿子长得瘦瘦小小，挺像他的；小儿子就长得很高大，像他太太。

（9）爸爸工作挺辛苦的，他上班的地方挺远的，来回要三个小时。他每天回到家都很累。

（10）阿玲去北京路的广百公司帮妈妈买衣服，她细心挑选，买到了妈妈喜欢的衣服。

（11）我们宿舍的同学都爱干净，大家把宿舍收拾得干净整洁，住得很舒服。

（12）这帮年轻人很不错，非常勤快，做事又快又好。就是阿敏不行，做事又笨又慢。

（13）大家叫阿杰做最艰难那件事，阿杰一下就全搞好了，他还说：“不难呀，挺容易的。"

(14) 昨晚下课后，一大帮同学在课室吃东西，走的时候没倒垃圾，所以今天课室有点臭。

(15) 阿静才十岁，在学校是个聪明的好学生，学习很好；在家是个勤快的乖乖女，喜欢帮父母做家务。但是阿静最近身体不大舒服，父母有点担心她的身体。

(二) 对话练习

(1) 甲：阿敏，你女儿怎么样啊？找到工作没啊？

乙：谢谢你关心！她正在找，还没找到。听说你儿子找到好工作了。

甲：他七月份找了份工作，做了一个月就不干了。

乙：为什么啊？

甲：因为他说在那里干活很辛苦，工资又低，所以不想干。

乙：那他现在没工作？

甲：他在家休息了一个月，现在找到第二份工作，正在做。

乙：这么快又找到工作！是不是你们帮他找的呢？

甲：我们哪帮得了他啊？都是他自己办妥的。

乙：男孩找工作就是比女孩容易。女孩找工作艰难很多，我女儿找了这么久都没找到。他们班没找到工作的女同学比男同学多很多。

甲：你不用担心的，你女儿这么棒，很快就会找到好工作的。

乙：谢谢你！

(2) 老师：婷婷，你因为什么事哭啊？

婷婷：聪聪弄到我的手，我不想跟他玩了。

老师：聪聪，你为什么弄到婷婷的手啊？

聪聪：我不是故意的，我不小心才弄到她。

老师：聪聪，你跟婷婷说对不起吧。

聪聪：婷婷，对不起。你不要生气了，你笑一下吧！

婷婷：好吧。我不生气了。

老师：你们都很乖！高高兴兴去玩吧！

(3) 甲：你昨天去哪里了？整天都没见到你。

乙：昨天和阿玲先去喝茶，然后去珠江新城那边逛街。你看，我昨天买了一堆裙子。

甲：你又乱花钱了！

乙：没花多少钱，都是很便宜的。

甲：你以为吧！告诉我，花了多少钱？

乙：五条裙子才一千多块。你说我穿哪条最好看？

甲：你都试一下，穿给我看看吧。

乙：这条长裙怎么样？

甲：裙子太长了，你不够高，穿太长的裙子一点都不好看。

乙：米白色这条呢？

甲：这米白裙子也不太合适你。

乙：还有红色、橙色和黑色的呢？

甲：红色的红得很难看。你还是穿橙色和黑色的特别漂亮。

六、答案

（一）句子练习

（1）阿美虽然今年廿岁嘞，但系生得似个细路仔，佢笑起身零舍可爱。

（2）阿明个人小气、脾气好臭，一啲小事都零舍容易发嬲，搞到大家都憎佢。

（3）阿伟个人做嘢好懒，好似蠢蠢地。但系，佢食嘢就好精，一啲都唔傻。

（4）同样嘅一件衫，阿婷着起身好靓，阿丽太肥嘞，着起身就好肉酸。

（5）老师教小朋友："食饭前，要洗干净只手仔。听到未？睇下边个洗得最干净。"

（6）嗰个男仔好唔听话，太韧皮嘞！妈妈一执好啲嘢，佢就专登搞到又邋遢又乱。

（7）睇金老师个样以为佢几恶下，其实佢个人脾气好好，对学生好和气，一啲都唔恶。

（8）陈生个大仔生得奀奀细细，几似佢嘅；个细仔就生得好高大，似佢太太。

（9）爸爸做嘢几辛苦下，佢返工嗰度几远下，来回要三个钟。佢日日返到屋企都好攰。

（10）阿玲去北京路间广百公司帮妈妈买衫，佢细心拣，买到咗妈妈中意件衫。

（11）我哋宿舍啲同学都爱干净，大家执到间宿舍干净企理，住得好舒服。

（12）呢班后生好唔错，好勤力，做嘢又快又好。就系阿敏唔得，做嘢又笨又慢。

（13）大家叫阿杰做最艰难嗰件事，阿杰一下就搞掂晒，佢仲话："唔难呀，几容易下。"

（14）琴晚落课后，一大班同学喺课室度食嘢，走嗰时冇倒垃圾，所以今日间课室有啲臭。

（15）阿静先至十岁，喺学校系个聪明嘅好学生，学习好好；喺屋企系个勤力嘅乖乖女，中意帮父母做家务。但系阿静呢排身体唔系几舒服，父母有啲担心佢个身体。

（二）对话练习

（1）甲：阿敏，你个女点呀？揾到嘢做未呀？

乙：你有心！佢揾嚟，仲未揾到。听讲你个仔揾到份好工嘞。

甲：佢七月份揾咗份工，做咗一个月就冇做嘞。

乙：点解呀？

甲：因为佢话喺嗰度做嘢好辛苦，人工又低，所以唔想做。

乙：佢而家有嘢做？

甲：佢喺屋企唞咗一个月，而家揾到第二份嘢，做嚟。

乙：咁快又揾到嘢做！系唔系你哋帮佢揾㗎？

甲：我哋边度帮到佢呀？都系佢自己搞掂嘅。

乙：男仔揾嘢做就系容易过女仔。女仔揾嘢做艰难好多，我个女揾咗咁耐都未揾到。佢哋班未揾到工嘅女同学多过男同学好多。

甲：你唔使忧嘅，你个女咁叻，好快就会揾到份好工嘅。

乙：多谢你！

（2）老师：婷婷，你因乜嘢事喊呀？

婷婷：聪聪整到我只手，我唔想同佢玩嘞。

老师：聪聪，你点解整到婷婷只手呀？

聪聪：我唔系专登㗎，我唔小心先至整到佢。

老师：聪聪，你同婷婷讲对唔住啦。

聪聪：婷婷，对唔住。你唔好嬲啦，你笑下啦！

婷婷：好啦。我唔嬲嘞。

老师：你哋都好乖！开开心心去玩啦！

（3）甲：你寻日去咗边度？成日都见唔到你。

乙：寻日同阿玲先去饮茶，然之后去珠江新城度行街。你睇，我琴日买咗一堆裙。

甲：你又乱使钱嘞！

乙：冇使几多钱，都系好平嘅。

甲：你以为啦！话我知，使咗几钱？

乙：五条裙先至千几文。你话我着边条最好睇？

甲：你都试下，着畀我睇下啦。

乙：呢条长裙点样？

甲：条裙太长嘞，你唔够高，着太长啲裙一啲都唔好睇。

乙：米白色呢条呢？

甲：条米白色裙都唔系几啱你。

乙：仲有红色、橙色同黑色嘅呢？

甲：红色条红得好肉酸。你仲系着橙色同埋黑色嘅零舍靓。

第十五讲　啲嘢点（那东西怎样）

一、新单词

	普通话	粤语口语		普通话	粤语口语
1	旧	geo6 旧	19	déi6 dou6 jing3 zung1 地 道、正 宗	zéng3 正
2	松	sung1 松	20	yung2 zei1 拥 挤	big1 逼
3	hing1 轻	héng1 轻	21	ming4 lêng6 明 亮、亮堂	guong1 mang5 光 猛
4	重	cung5 重	22	阴暗	yem1 ngem3 阴 暗
5	软	yun5 软	23	房屋	fong4 ngug1 房 屋
6	硬	ngang6 硬	24	房子、屋子	ngug1 屋
7	fun1 宽	fud3 阔	25	fong4 gan1 房 间	fong2 房
8	窄	zag3 窄	26	wu6 窗子、窗 户	cêng1 heo2 窗 口
9	粗	cou1 粗	27	墙壁	cêng4 big1 墙 壁
10	细	yeo3 幼	28	楼梯	leo4 tei1 楼 梯
11	深	sem1 深	29	ding2 ceng4 顶 层	déng2 ceng4 顶 层
12	浅	qin2 浅	30	鲜艳	xin1 yim6 鲜 艳
13	圆	yun4 圆	31	ngan4 xig1 xig1 coi2 颜 色、色 彩	xig1 sêu2 色 水
14	wai6 坏	sêu1 衰	32	绿	lug6 绿
15	po3 破	lan6 烂	33	蓝	lam4 蓝
16	贵重	guei3 zung6 贵 重	34	栋	dung6 栋
17	gid3 sed6 结 实	sed6 zéng6 实 郑	35	do2 朵	dê2 朵
18	yed1 bun1 一 般	ma4 ma2 ma4 ma2 déi2 麻 麻、麻 麻 地	36	这样、那样	gem2 噉

二、词语解释

1. 旧年 geo^{6} nin^{2}、旧阵时 geo^{6} zen^{6} xi$^{4/2}$

粤语口语的“旧年”就是普通话“去年”的意思，“年”从第四声改发第二声。粤语口语的“旧阵时”就是普通话“过去”的意思，“时”可以发第四声或第二声。

2. 细个 sei^{3} go^{3}

粤语口语的“细个”相当于普通话两个意思。一是，个头很小。例如，呢啲苹果好细个。（这些苹果很小。）二是，年纪小。例如，佢好细个，先至3岁。（他年纪很小，才3岁。）粤语口语的“细个嗰时”是普通话“小的时候”的意思，“自细……”就是普通话“从小……”的意思。

三、粤语形容词的常用句型（下）

（一）表示程度大大超过标准的句型

以下几个句型都是表示程度大大超过标准，或者达到了极限。它们往往采用形容词之后加补语的结构。

1. 形容词＋得滞 deg^{1} zei^{6}

普通话句型	粤语句型
形容词＋得很；太＋形容词	形容词＋得滞

例如：

（1）件衫长得滞。（这衣服长得很。）

（2）间屋细得滞。（房子小得很。）

（3）落课晏得滞。（下课晚得很。）

2. 形容词＋到乜嘢嗽

普通话句型	粤语句型
形容词＋得不得了、得什么似的	形容词＋到乜嘢嗽

例如：

（1）件衫长到乜嘢嗽。（这衣服长得不得了。）

（2）间屋细到乜嘢嗽。（房子小得不得了。）

（3）落课晏到乜嘢嗽。（下课晚得不得了。）

说明：

（1）使用“得滞”为补语的句型多用于表达贬义或不满情绪，基本不含中性或褒义。所以当我们的话含有贬义时，可以选择“形容词＋得滞”这个句型；当我们的话属于褒义或中性含义时，主要选择“形容词＋到乜嘢嗽”这个句型。

（2）“形容词＋到乜嘢嗽”也可以换成“形容词＋到死 dou^{3} séi^{2}”，或者“形容词＋到鬼嗽 dou^{3} guei^{2} gem^{2}”，意思相同，只是语言风格更市井化。例如：攰到乜嘢嗽（累得不得了），可以说成“攰到死”，“攰到鬼嗽”（累得要命）。

（二）“噉”与形容词搭配构成的句型

“噉”相当于普通话的“这样”“那样”的意思。“噉”一般放在句末。

1. 形容词＋到＋好似……噉

此句型“噉”放在句末，与“好似”搭配用于比况。“噉”相当于普通话“似的”意思。

普通话句型	粤语句型
形容词＋得＋好像……似的	形容词＋到＋好似……噉

例如：

（1）呢个女仔靓到好似朵花噉。（这个女孩漂亮得好像朵花似的。）

（2）嗰个男仔高大到好似佢爸爸噉。（那个男孩高大得好像他爸爸似的。）

（3）呢间宿舍邋遢到好似垃圾堆噉。（这间宿舍脏得好像垃圾堆似的。）

2. 形容词＋到成噉

普通话句型	粤语句型
形容词＋成这样；形容词＋到那样	形容词＋到成噉

粤语这个句型表示状况程度严重。“形容词＋到成噉”可以简化成“形容词＋到噉”或“形容词＋成噉”。例如，“快到成噉”“快到噉”“快成噉”都相当于普通话“快到这个样子”的意思。例如：

（1）做嘢攰到成噉！做嘢攰到噉！做嘢攰成噉！（干活累成这样！）

（2）个人蠢到成噉！个人蠢到噉！个人蠢成噉！（那人笨成这样！）

（3）啲猪肉贵到成噉！啲猪肉贵到噉！啲猪肉贵成噉！（这猪肉贵成这样！）

3. 形容词＋噉

普通话句型	粤语句型
形容词＋的样子	形容词＋噉

粤语的这个句型“噉”放在形容词后，表示强调的语气。“噉”相当于普通话“……的样子”的意思。例如：

（1）几开心噉。（挺高兴的样子。）

（2）好舒服噉。（很舒服的样子。）

（3）好恶噉。（很凶的样子。）

4. 形容词＋噉＋动词短语

普通话句型	粤语句型
形容词＋地＋动词短语	形容词＋噉＋动词短语

这个句型相当于上一个句型的扩充。“噉”相当于普通话的“地”的意思。例如：

（1）几开心噉学习。（挺高兴地学习。）

（2）好舒服噉瞓觉。（很舒服地睡觉。）

（3）好恶噉讲嘢。（很凶地说话。）

另外，“噉”还可以单独放在分句的句首，承接前一分句，起连词的作用，相当于普通话的“那”“那么”的意思。例如：

（1）讲咗咁多！噉，你去仲系唔去呀？（说了那么多！那，你是去还是不去啊？）

（2）你冇返学校?！噉，你而家喺边度呀？（你没回学校?！那，你现在在哪儿呀？）

（3）你唔舒服？噉，你喺屋企好好噉休息啦。（你不舒服？那，你在家好好地休息吧。）

（4）噉，我返屋企嘞，你哋慢慢倾啦。（那，我回家了，你们慢慢聊吧。）

四、拓展

1. “轻”的两种读法

$hing^1$：年轻，轻松，轻浮，轻易，轻生，轻微，轻巧，轻柔，轻佻，轻薄，轻率，轻盈，轻便，轻狂，轻信，轻型，轻蔑，轻轨，轻舟，轻敌，轻视，轻飘飘，轻音乐，轻装上阵，轻歌曼舞，轻举妄动，轻于鸿毛，拈轻怕重，掉以轻心，身轻如燕	$héng^1$：好轻（很轻），轻软，轻星星（轻飘飘），减轻负担

2. “重”的三种读法

$zung^6$：重要，重点，重视，重用，敬重，尊重，器重，慎重，自重，隆重，贵重，保重，严重，笨重，重男轻女，重于泰山，重兵把守，情深义重，老成持重 两读、相同：重心，重任，沉重，举足轻重，轻重缓急	$cung^4$：重叠，重新，重逢 $cung^5$：重量，重创，重伤，重奖，重金，重读，重犯，轻重，净重，举重，比重，粗重，浓重，失重，超重，负重，重元素 两读、相同：重心，重任，沉重，举足轻重，轻重缓急

五、练习

（一）句子练习

（1）妈妈的手表太旧了，她今年生日爸爸送了一块新手表给她，妈妈喜欢得不得了。

（2）你买的这两条裤子都不太好，这条太紧了，那条太松了，穿起来都不合身。

（3）他从小就吃得很少，所以体重轻得不得了。他12岁了，但是看起来好像8岁那么瘦小。

（4）这个课室太窄了，五十几个学生坐不下。楼上512那间课室挺宽的，才够坐。

（5）平时阿玲煮的饭软硬适中，好吃得不得了。今天放的米水太多了，饭太软了。

（6）这栋楼太旧了，没有电梯，楼梯又黑又窄，房间不够亮，门、窗很多都坏了。

（7）那人坏得不得了，我们回来才发现，他卖给我们的荔枝很多都是坏的，有的还全烂了。

（8）我要的不是这种笔，是笔尖细得不得了的那种笔，这种笔笔尖太粗了。

（9）这种鞋子的颜色不太一样，这双的蓝色比那双要浅一点。我喜欢颜色深一点的那双。

（10）这个城市的房屋很有特色。这几栋楼的屋顶是圆的，那几栋楼的屋顶是尖的。

（11）这里的商店人都太多了，拥挤成这个样子，想买点东西不容易，走起来辛苦得不得了。

（12）北京有几家粤菜馆，但是做的粤菜都很一般，只有这家广东饭店做粤菜非常正宗！

（13）哥哥的房间这么整洁，弟弟的房间乱得不得了，房间的墙壁搞得五颜六色，全脏了。

（14）教学楼有五层楼，顶楼同三、四楼的课室都很亮。二楼和一楼的课室有点暗。

（15）妹妹最喜欢用那个绿色的袋子，她用了好多年了，一点都没破，还很结实。

（二）对话练习

（1）甲：他们两兄弟的样子太像了，我很难认出他们谁是谁。
乙：他们两兄弟有一点点不同，一个脸有点圆，一个脸有点尖。
甲：那还有些什么不同吗？
乙：弟弟比哥哥高一公分。
甲：才高一公分？所以看起来是一样的！

（2）甲：姐姐，为什么家里多了个黄色的大花瓶呢？
乙：是大哥昨天刚刚买回来的。
甲：这个花瓶不错，大哥挺有眼光。花了多少钱呀？贵不贵啊？
乙：贵得不得了，他说要几万块。
甲：这么贵啊？大哥傻不傻了点啊？
乙：我也这么问他。不过他说这个花瓶他很喜欢，好不容易买到，对他来说很珍贵。
甲：那，这个花瓶是大哥最贵重的东西了。

（3）甲：妈妈，我去年买的那条蓝色的裙子，之前挂在门后面，不知为什么找不到了。
乙：裙子你挂在门后好久，我昨天看到有点脏，帮你洗了，还挂在外面。
甲：谢谢妈妈！我今天要晚点下班，今晚不要等我吃饭了。
乙：那你一下班就快点回来吃饭吧。

（4）甲：你喜欢喝什么？
乙：我喜欢喝茶和咖啡，比起喝咖啡更喜欢喝茶。
甲：那你最喜欢喝什么茶？我这里有红茶、绿茶、黑茶和花茶。
乙：我年轻的时候最喜欢喝绿茶、花茶，现在最喜欢喝红茶，也喜欢喝黑茶。
甲：我们喝红茶吧。
乙：为什么这茶有花香？
甲：我在茶里放了几朵香花。
乙：这茶好喝得不得了！

（5）甲：阿丽，我们还要走多久才买齐东西啊？
乙：还要走几间商店就买齐东西了。阿静，你怎么样啊？

甲：今天买东西走了好远的路，走了一整天，累得不得了了，不想走了。

乙：不想走也要走，妈妈叫我们买的东西还没买到。你很累啊？那你坐下休息一下吧！

甲：坐哪啊？一条路都没得坐！

乙：坐行李箱吧，行李箱很结实，坐不坏的，放心吧！买完东西我们就去吃饭。

六、答案

(一) 句子练习

(1) 妈妈只手表旧得滞，但今年生日爸爸送咗只新手表畀佢，妈妈中意到乜嘢噉。

(2) 你买嘅呢两条裤都唔系几好，呢条紧得滞，嗰条松得滞，着起身都唔啱身。

(3) 佢自细就食得好少，所以体重轻到乜嘢噉。佢 12 岁嘞，但系睇落去好似 8 岁咁奀。

(4) 呢个课室窄得滞嘞，五十几个学生坐唔落。楼上 512 嗰间课室几阔下，先至够坐。

(5) 平时阿玲煮啲饭软硬适中，好食到乜嘢噉。今日放啲米水多得滞，啲饭软得滞嘞。

(6) 呢栋楼旧得滞嘞，冇电梯，楼梯又黑又窄，啲房唔够光猛，门、窗好多都坏咗嘞。

(7) 个人衰到乜嘢噉，我哋返嚟先至发现，佢卖畀我哋啲荔枝好多都系坏嘅，有啲仲烂晒。

(8) 我要嘅唔系呢种笔，系笔尖幼到乜嘢噉嗰种笔，呢种笔笔尖太粗嘞。

(9) 呢种鞋啲色水唔系几一样，呢对啲蓝色浅过嗰对一啲。我中意色水深啲嘅嗰对。

(10) 呢个城市啲房屋好有特色。呢几栋楼啲屋顶系圆嘅，嗰几栋楼啲屋顶系尖嘅。

(11) 呢度啲商店人太多嘞，逼成噉个样，想买啲嘢唔容易，行起身辛苦到乜嘢噉。

(12) 北京有几家粤菜馆，但系整啲粤菜都好麻麻，就得呢家广东饭店整粤菜好正！

(13) 大佬间房咁企理，细佬间房乱到乜嘢噉，间房啲墙壁搞到五颜六色，乌糟晒。

(14) 教学楼有五层楼，顶楼同三、四楼啲课室都好光猛。二楼同一楼啲课室有啲暗。

(15) 阿妹最中意用嗰个绿色嘅袋，佢用咗好多年嘞，一啲都冇烂，仲好实郑。

(二) 对话练习

(1) 甲：佢哋两兄弟个样太似嘞，我好难认出佢哋边个系边个。

乙：佢哋两兄弟有少少唔同，一个块面有啲圆，一个块面有啲尖。

甲：噉仲有啲乜嘢唔同嘛？

乙：细佬高过大佬一公分。

甲：先至高一公分？所以睇起身系一样嘅！

(2) 甲：家姐，点解屋企多咗个黄色嘅大花樽呢？

乙：系大佬琴日啱先买返嚟嘅。

甲：呢个花樽唔错，大佬几有眼光。使咗几钱呀？贵唔贵呀？

乙：贵到乜嘢噉，佢话要几万文。

甲：咁贵呀？大佬傻唔傻咗啲呀？

乙：我都噉问佢。不过佢话呢个花樽佢好中意，好唔容易买到，对佢嚟讲好珍贵。

甲：噉，呢个花樽系大佬至贵重个嘢嘞。

（3）甲：妈咪，我旧年买嘅嗰条蓝色嘅裙，之前挂喺门后边，唔知点解揾唔到嘞。

乙：条裙你挂喺门后好耐，我寻日见到有啲邋遢，帮你洗咗，仲挂喺出边。

甲：唔该妈咪！我今日要迟啲落班，今晚唔好等我食饭嘞。

乙：噉你一落班就快啲返嚟食饭啦。

（4）甲：你中意饮乜嘢？

乙：我中意饮茶同埋咖啡，饮茶又仲中意过饮咖啡。

甲：噉你最中意饮乜嘢茶？我呢度有红茶、绿茶、黑茶同埋花茶。

乙：我后生嗰时最中意饮绿茶、花茶，而家最中意饮红茶，都中意饮黑茶。

甲：我哋饮红茶啦。

乙：点解啲茶有花香嘅？

甲：我喺茶度放咗几朵香花。

乙：啲茶好饮到乜嘢噉！

（5）甲：阿丽，我哋仲要行几耐先至买齐嘢呀？

乙：仲要行几间铺头就买齐嘢嘞。阿静，你点呀？

甲：今日买嘢行咗好远路，行咗成日，攰到乜嘢噉嘞，唔想行嘞。

乙：唔想行都要行，妈妈叫我哋买嘅嘢都未买到。你好攰呀？噉你坐低唞下啦！

甲：坐边度呀？成条路都冇得坐！

乙：坐行李箱啦，行李箱好实郑，坐唔坏嘅，放心啦！买完嘢我哋就去食饭。

第十六讲　点出行（怎样出行）

一、新单词

	普通话	粤语口语		普通话	粤语口语
1	步行	bou6 heng4 步行	19	停车	ting4 cé1 停车
2	交通工具	gao1 tung1 gung1 gêu6 交通工具	20	位置	wei6 ji3 位置
3	公共汽车	gung1 gung6 héi3 cé1 公共汽车	21	yêng6 请让一下	m4 goi1 zé3 zé3 唔该借借
4	公交车	ba1 xi2 巴士（bus）	22	有人要下车	yeo5 log6 yeo5 man6 有落，有慢
5	地铁	déi6 tid3 地铁	23	loi4 deg1 keb6 来得及	gon2 deg1 qid3 赶得切
6	cêd1 zou1 出租车	dig1 xi2 的士（taxi）	24	hoi6 pa3 害怕	géng1 惊
7	火车	fo2 cé1 火车	25	ma6 骂	nao6 闹
8	动车	dung6 cé1 动车	26	yun6 yi3 愿意	heng2 肯
9	轻轨	hing1 guei2 轻轨	27	约会	yêg3 wui6 约会
10	飞机	féi1 géi1 飞机	28	方式	fong1 xig1 方式
11	轮船、渡轮	lên4 xun4 dou6 lên4 轮船、渡轮	29	办法	ban6 fad3 办法
12	乘坐	xing4 co5 乘坐	30	快乐	fai3 log6 快乐
13	打车	da2 dig1 打的	31	便捷	bin6 jid6 便捷
14	线路	xin3 lou6 线路	32	yim4 zung6 严重，要紧	gen2 yiu3 紧要
15	kao3 zam6 靠站	mai4 zam6 埋站	33	难搞，难办	ngog3 gao2 恶搞
16	zên3 zam6 进站	yeb6 zam6 入站	34	感觉	gem2 gog3 感觉
17	转换	jun2/3 wun6 转换	35	经常	ging1 sêng4 经常
18	dou2 cé1 堵车	seg1 cé1 塞车	36	原本	yun4 xin1 原先

二、词语解释

（一）唔通 m^4 $tung^1$

粤语口语的“唔通”相当于普通话的两个意思。一是相当于普通话“不通”的意思。例如，条路行唔通。（这条路走不通。）呢条路唔通白云大道。（这条路不通向白云大道。）二是相当于普通话“难道……”的意思。例如，唔通你唔使食饭？（难道你不用吃饭？）唔通你识得佢？（难道你认识他？）

（二）入 yeb^6 和出 $cêd^1$

粤语口语的“入”和“出”是反义词，习惯用法如下：

	普通话	粤语口语		普通话	粤语口语
1	进来	入嚟	5	出去	出去
2	进去	入去	6	出来	出嚟
3	进口	入口	7	出口	出口
4	里面	入边	8	外面	出边

（三）怕丑 pa^3 ceo^2 和知丑 ji^1 ceo^2

粤语口语的“怕丑”相当于普通话的“害羞”，“唔怕丑”相当于普通话的“不怕出丑”。粤语口语的“知丑”相当于普通话的“知道害羞”（性格）或“知道羞耻”（行为），“唔知丑”相当于普通话“不知羞耻”（批判行为）。粤语口语“未知丑”相当于普通话“未懂羞耻是什么”（表述性格）。

（四）闹 nao^6

粤语口语的“闹”可以做动词，相当于普通话的“骂”。例如，闹人（骂人），闹交（吵架）。“闹”也可以做形容词，相当于普通话“吵闹”“热闹”的意思。

（五）恶 $ngog^3$

粤语口语“恶”单独的意思相当于普通话的“凶”。例如，佢对人好恶。（他对人很凶。）粤语口语的“恶”还可以组成很多含义独特的词语。

1. 恶死 $ngog^3$ $séi^2$

粤语口语的“恶死”相当于普通话“极其凶”的意思。例如，佢份人好恶死，唔好惹佢。（他这人极其凶，不要惹他。）

2. 恶意 $ngog^3$ yi^3

粤语口语的“恶意”除了有普通话的“不良居心，坏的用意”相同的意思外，还有“艰难、不易”的意思。例如，佢老得滞，而家行路都好恶意嘞。（他太老了，现在走路都很艰难了。）

3. 恶做 $ngog^3$ zou^6

粤语口语的“恶做”相当于普通话“难做”的意思。例如，今日啲功课好恶做。（今天的功课很难做。）

4. 恶搞 $ngog^3$ gao^2

粤语口语“恶搞”的传统意思相当于普通话“难搞”“难办”的意思，与现在“恶意搞笑”的意思完全不同。例如，呢个小朋友唔中意食饭，妈妈餐餐至恶搞佢食饭。（这个小朋友不喜欢吃饭，妈妈每顿最头疼他吃饭。）

5. 恶顶 $ngog^3$ $ding^2$

粤语口语的“恶顶”相当于普通话“难受得令人受不了”的意思。例如，佢啲脾气好衰，识得佢啲人都话佢好恶顶。（他的脾气很坏，认识他的人都说受不了他。）

6. 恶瞓 $ngog^3$ fen^3

粤语口语的“恶瞓”相当于普通话“睡觉时睡相不好，占的空间比别人大”的意思。例如，呢个细路仔瞓觉好恶瞓，妈咪经常惊佢辘落床。（这个小孩子睡相很不老实，妈妈经常担心他滚下床。）

三、粤语句型

（一）动词＋先 xin^1

这一句型表示马上要完成的行为，又叫作状语后置句型。

普通话句型	粤语句型
先＋动词	动词＋先

例如：

（1）你哋慢慢倾，我走先嘞。（你们慢慢聊，我先走了。）

（2）你唔好玩住，去冲凉先啦。（你别玩了，先去洗澡吧。）

（3）食饭前要洗手先。（吃饭前要先洗手。）

（二）动词＋先至 xin^1 ji^3 ＋动词

这一句型表示行为的先后顺序。

普通话句型	粤语句型
动词＋才、再＋动词	动词＋先至＋动词

这个句型与上一个句型都有一个“先”。不同的是，这个句型的“先”多数时候要加上“至”，而前一个句型一般不能加上“至”。这个句型强调两个动作的先后顺序，而前一个句型只是强调要完成的动作。例如：

（1）佢日日饮咗茶先至返工。（他天天喝了茶才上班。）

（2）家姐放咗工先至去行街。（姐姐下了班再去逛街。）

（3）我住嘅度要行三个字先至搭到巴士。（我住的地方要走十五分钟才能坐上公交车。）

四、粤语语气词

（一）咯 lo^3

粤语语气词“咯”用于祈使句末，表示建议、邀请的语气，相当于普通话的“吧”。例如：

（1）我哋行咯。（我们走吧。）

（2）瞓觉咯。（睡觉吧。）

（3）同我去饮茶咯。（跟我去喝茶吧。）

（二）咩 mé¹

粤语语气词“咩”用于疑问句末，使用时有以下两种情形：

表示对事情感到意外或惊讶而反问的语气，相当于普通话“……吗”。例如：

（1）你唔识得佢咩？（你不认识他吗？）

（2）佢唔系你朋友咩？（他不是你朋友吗？）

（3）你唔使瞓觉咩？（你不用睡觉吗？）

表示由于不满、不耐烦甚至轻蔑而质问的语气，相当于普通话“难道……吗”。例如：

（1）你唔识得佢咩？（难道你不认识他吗？）

（2）佢唔系你朋友咩？（难道他不是你朋友吗？）

（3）你唔使瞓觉咩？（难道你不用睡觉吗？）

有时候会用“唔通……咩”，完全相当于普通话“难道……吗”句型。例如：

（1）唔通你唔识得佢咩？（难道你不认识他吗？）

（2）唔通佢唔系你朋友咩？（难道她不是你朋友吗？）

（3）唔通你唔使瞓觉咩？（难道你不用睡觉吗？）

五、拓展

“位”的两种读法：

wei⁶：位置，位于，本位，地位，席位，职位，即位，各就各位 两读、相异：首位（第一的位置），让位（让出官位或职位，放弃统治）	wei²：位（位子），各位，座位，车位，单位，吨位，方位，岗位，水位，学位，个位，进位，两个位，百位数 两读、相异：首位（第一个），让位（让座位）

六、练习

（一）句子练习

（1）那个年轻人让了个位子给这位老人家坐。

（2）广州第一巴士公司是广州最早的公共汽车公司。

（3）去广州白云机场可以乘坐地铁，比坐机场大巴还要便捷。

（4）今天我家里有事，不是很方便见面，我们下次再约时间吧。

（5）司机开车要礼让行人，见到行人走人行道过马路要停车等候。

（6）李先生和太太早上上班，来得及就坐公交车，万一来不及才开家里的车。

（7）姐姐今晚去荔枝湾涌跟男朋友约会。她跟男朋友约好在火车站对面的公交车站等。

（8）去年我从上海去北京再回广州，我没坐飞机，坐了高铁，九个多小时就回到广州了。

（9）我去广州塔要先坐地铁一号线，到了体育西再转三号线，坐一个站到珠江新城下车，再走五分钟。今天地铁人多，找不到位子，我是一路站过来的。

(10) 陈小姐每天最难办的就是叫儿子起床上学了。经常叫来叫去儿子都不肯起床，还大哭大叫不想上学。有时她凶起来骂儿子，儿子也不怕她。陈小姐很多时候对儿子没办法。

(11) 我原先想打车去火车站的，但是等了15分钟都等不到出租车。我看时间还来得及，所以就去公交站坐公交车。刚到公交站，车就正好进站。车靠站开门，我马上就上车了。

(12) 广州有多种多样的公共交通工具，人们可以选择多种出行方式。去近的地方有公交车、无轨电车、出租车和地铁，还有渡轮；去远的地方有火车、动车、高铁、轻轨和飞机。

(13) 李先生和太太在广州没有房子，他们租房子住。他们出租屋的位置靠近上班的地方，每天步行20分钟就到公司了。从他们家开车去白云山，也就是10分钟的时间。

(14) 以前小的时候，我回老家要先坐一天火车，再坐一天汽车，再坐一天船，要三天才到。现在完全不同了，坐三个多小时的高铁，再坐一个多小时汽车就回到老家了。

(15) 广州现在的地铁线路一共有14条。地铁给人们的出行带来了方便和快乐。

(二) 对话练习

(1) 甲：劳驾，这站你下车吗？
乙：我不下。
甲：那麻烦你让一下，我要下车。
乙：司机，等一下，还有乘客要下车！
甲：谢谢！

(2) 甲：你为什么不坐车，每天都步行上班呢？
乙：因为不方便呗。从我家到公交车站差不多要走10分钟，还要等车，比我走路更麻烦，花的时间更多。
甲：你可以自己开车呀。
乙：开车也不方便。停车场的停车费很贵，还很难找到停车位。感觉还是走路最快最方便。

(3) 甲：请问，从白云山西门怎么去广州火车站？坐什么车最方便、最快？
乙：坐805最方便，不用转车，也很快。
甲：坐B18不行吗？
乙：不行，B18是去火车东站那边的呀。
甲：这样啊！谢谢你！
乙：不客气！

(4) 甲：你今天上班怎么迟到了？
乙：今早广州大道发生严重交通事故，堵得很严重，车子完全动不了。
甲：你没去坐地铁吗？
乙：去了，地铁也是人多得不得了，我排队进地铁站，花了十几分钟才挤上去。下了地铁一路跑过来，还是迟到了半小时。我现在好怕上司很凶地骂我。

甲：你今天不会被他骂了，我们上司到现在还没回来。

乙：看来他也是给堵在路上。他平时最讨厌别人迟到的，今天他也没办法不迟到了。

七、答案

（一）句子练习

（1）嗰个后生仔让咗个位畀呢位老人家坐。

（2）广州第一巴士公司系广州最早嘅公共汽车公司。

（3）去广州白云机场可以乘坐地铁，仲便捷过搭机场大巴。

（4）今日我屋企有事，唔系好方便见面，我哋下次再约时间啦。

（5）司机开车要礼让行人，见到行人行人行道过马路要停车等候。

（6）李生同太太朝早返工，赶得切就搭巴士，万一赶唔切先至揸屋企部车。

（7）家姐今晚去荔枝湾涌同男朋友约会。佢同男朋友约好喺火车站对面个巴士站等。

（8）旧年我喺上海去咗北京先至返广州，我冇搭飞机，搭咗高铁，九个几钟头就返到广州嘞。

（9）我去广州塔要坐地铁一号线先，到咗体育西再转三号线，坐一个站到珠江新城落车，再行一个字。今日地铁人多，揾唔到位，我系一路企过嚟嘅。

（10）陈小姐日日最恶搞嘅就系叫个仔起身返学嘞。经常叫嚟叫去个仔都唔肯起身，仲大喊大叫唔想返学。有时佢恶起身闹个仔，个仔都唔惊佢。陈小姐好多时候对个仔冇办法。

（11）我原先想打的去火车站嘅，但系等咗三个字都等唔到的士嚟。我睇时间仲赶得切，所以就去巴士站搭巴士。啱到巴士站，车就啱好入站。车埋站开门，我即刻就上车嘞。

（12）广州有多种多样嘅公共交通工具，人们可以选择多种出行方式。去近嘅地方有公交车、无轨电车、出租车同地铁，仲有渡轮；去远嘅地方有火车、动车、高铁、轻轨同飞机。

（13）李生同太太喺广州冇屋，佢哋租屋住。佢哋出租屋个位置靠近佢哋返工嗰度，日日行 4 个字就到公司嘞。喺佢哋屋企开车去白云山，都就系两个字嘅时间。

（14）以前细嗰时，我返老家要坐一日火车先，再搭一日巴士，再坐一日船，要三日时间先至得。而家唔同晒嘞，坐三个几钟头嘅高铁，再搭一个几钟头巴士就返到老家嘞。

（15）广州而家嘅地铁线路一共有 14 条。地铁畀人们嘅出行带嚟咗方便同快乐。

（二）对话练习

（1）甲：唔该，呢站落唔落车呀？

乙：我唔落。

甲：噉唔该你借下，我落车。

乙：司机，等阵，仲有乘客要落车！

甲：唔该晒！

（2）甲：你点解唔搭车，日日都行路去公司返工呢？

乙：因为唔方便啰。从我屋企到巴士站差唔多要行两个字，仲要等车，仲麻烦过我行路，仲花时间。

甲：你可以自己揸车呀。

乙：揸车都唔方便。停车场啲停车费好贵，仲要好难搵到停车位。感觉仲系行路最快最方便。

（3）甲：唔该，白云山西门点去广州火车站？搭乜嘢车最方便、最快？

乙：搭 805 最方便，唔使转车，都好快。

甲：搭 B18 唔得咩？

乙：唔得，B18 系去火车东站嗰边㗎。

甲：噉样呀！唔该你！

乙：唔使客气！

（4）甲：你今日返工点解迟到呀？

乙：今朝广州大道发生严重交通事故，塞到好紧要，啲车完全行唔到。

甲：你冇去搭地铁咩？

乙：去咗，地铁又系人多到乜嘢噉，我排队入地铁站，用咗两个几字先至逼到上去。落咗地铁一路走过嚟，仲系迟到咗半个钟。我而家好惊上司好恶噉闹我。

甲：你今日唔会畀佢闹嘞，我哋上司到家阵都未返嚟。

乙：睇嚟佢又系畀塞喺路上嘞。佢平时最憎人哋迟到嘅，今日佢都冇办法唔迟到嘞。

第十七讲　天气点（天气怎样）

一、新单词

	普通话	粤语口语		普通话	粤语口语
1	季节	guei3 jid3 季　节	19	雾霾	mou6 mei4 雾　霾
2	春夏秋冬	cên1 ha6 ceo1 dung1 春　夏　秋　冬	20	霜冻	sêng1 dung3 霜　冻
3	太阳	tai3 yêng4 太　阳	21	yu5 san3 打 雨 伞	dam1 yu5 zé1 担　雨　遮
4	yud6 lêng6 月　亮	yud6 guong1 月　光	22	雨鞋	sêu2 hai4 水　鞋
5	温度	wen1 dou6 温　度	23	seo6 bed1 liu5 受　不　了	ding2 m4 sên6 顶　唔　顺
6	气压	héi3 ngad3 气　压	24	强烈	kêng4 lid6 强　烈
7	闷热	mun6 yid6 闷　热	25	lei6 hoi6 yim4 lei6 厉 害，严 厉	sei1 léi6 犀　利
8	暴晒	bou6 sai3 暴　晒	26	属于	sug6 yu1 属　于
9	暖和	wo4 nün5 和　暖	27	朝南	qiu4 nam4 朝　南
10	凉快	lêng4 song2 凉　爽	28	升降	xing1 gong3 升　降
11	hon4 lang5 寒　冷	dung3 冻	29	预报	yu6 bou3 预　报
12	潮湿	qiu4 seb1 潮　湿	30	变化	bin3 fa3 变　化
13	干燥	gon1 cou3 干　燥	31	部分	bou6 fen6 部　分
14	晴朗	qing4 long5 晴　朗	32	ling6 第二天，另一天	dei6 yed6 第　日
15	guad3 刮　风	fan1 fung1 翻　风	33	数量	sou3 lêng6 数　量
16	闪电	xim2 din6 闪　电	34	树木	xu6 mug6 树　木
17	打雷	hang4 lêu4 行　雷	35	树枝	xu6 ji1 树　枝
18	冰雪	bing1 xud3 冰　雪	36	种植	zung3 jig6 种　植

二、词语解释

1. 和暖 wo^4 $nün^5$与 暖和 $nün^5$ wo^4

“和暖”是粤语属于书面语的词语，相当于普通话的“暖和”。但是粤语习惯说成“和暖”，如果说“暖和”是极不自然的。

2. 翻风 fan^1 $fung^1$和打风 da^2 $fung^1$

粤语口语的“翻风”相当于普通话的“刮风”，例如，翻风落雨（刮风下雨）。“翻台风”相当于普通话的“刮台风”，但是，粤语口语更习惯把刮台风说成“打风”。

3. 遮 $zé^1$

粤语口语的“遮”可以做名词和动词。“遮”做名词相当于普通话的“伞”，例如，雨遮（雨伞），儿童遮（儿童伞），太阳遮（太阳伞），担遮（打伞）。

“遮”做动词相当于普通话的“遮挡”，例如：佢担嘅呢把遮，又可以遮雨，又可以遮太阳。（她打的这把伞，又可以挡雨，又可以挡太阳。）

三、粤语句型

（一）动词＋埋 mai^4

这个句型的特点是“埋”之前是动词，后面一般紧跟名词。这里的“埋”表示范围的扩充，相当于普通话的“连……也”“连……都”等意思，即表示把某人或某事也包括在内。例如：

（1）佢洗埋啲衫嘞。（她连衣服都洗了。）

（2）叫埋佢一齐行街。（叫上她一起逛街。）

（3）揾埋个仔件衫出嚟。（连儿子的衣服一起找出来。）

（4）攞埋啲钱畀妈妈。（把这些钱也一起给妈妈。）

“动词＋晒”与“动词＋埋”的比较：

“晒”用来表示东西净尽、事情完毕，所称的范围都包括在内的意义，相当于普通话“全部”“光”“完”等意思；“埋”表示范围的扩充，相当于普通话的“连……也”“连……都”等意思。例如：

	晒	埋
1	粤　语：袋度啲书唔见晒。 普通话：袋子里的书全部不见了。	粤　语：袋度啲书唔见埋。 普通话：连袋子里的书也不见了。
2	粤　语：今晚啲餸食晒。 普通话：今晚的菜吃完了。	粤　语：家姐啲餸俾佢食埋。 普通话：连姐姐的菜也被他吃掉了。
3	粤　语：佢洗晒啲碗。 普通话：他把碗全洗了。	粤　语：佢洗埋啲碗。 普通话：他连碗都洗掉了。
4	粤　语：啲学生走晒。 普通话：那些学生全都走光了。	粤　语：啲学生走埋。 普通话：连那些学生都全部走光了。

（二）动词 + 多、少 + 啲

普通话句型	粤语句型
多、少 + 动词 + 点、些	动词 + 多、少 + 啲

在这个句型里，粤语动词和形容词的词序与普通话正好相反。例句：

（1）食多啲。（多吃点。）　食少啲。（少吃点。）

（2）饮多啲。（多喝点。）　饮少啲。（少喝点。）

（3）瞓多啲。（多睡点。）　瞓少啲。（少睡点。）

（4）做多啲。（多干点。）　做少啲。（少干点。）

四、拓展

1. “顶”的两种读法

$ding^2$：顶针，顶风，顶头，顶峰，顶板，顶点，顶端，顶格，顶撞，顶嘴，顶死，顶实（顶紧），顶班，顶替，顶罪，顶梁柱，顶呱呱，顶头上司，顶天立地 两读、相异：顶层（最高级别）	$déng^2$：顶楼，头顶，登顶，山顶，房顶，屋顶，楼顶，塔顶，两顶帽 两读、相异：顶层（最高建筑层）

2. “朝”的两种读法

jiu^1：朝早（早晨），今朝早（今天早上），朝朝（每个朝晨），朝霞，朝气，朝晖，朝露，朝气蓬勃，朝朝暮暮，一朝一夕，朝思暮想，朝秦暮楚，朝令夕改，朝发夕至，今朝有酒今朝醉 两读、相异：朝阳（早晨的太阳）	qiu^4：朝向，朝代，朝野，朝廷，朝政，朝觐，朝拜，朝圣，朝向，朝鲜族，朝阳花，坐北朝南，热火朝天，改朝换代 两读、相异：朝阳（向着太阳，朝南）

3. “数”的两种读法

sou^3：数字，数词，数量，数目，数额，数列，数学，人数，岁数，天数，整数，分数，单数，复数，负数，有理数，劫数难逃	sou^2：数佢（数落佢），数得上，数唔上（数不上），数一数二

4. “分”的三种读法

fen^6：分外，分数，分母，分子，通分，分子式，糖分，水分，养分，本分，天分，福分，辈分，名分，情分，部分，成分，恰如其分，非分之想 两读、相异：十分之一	fen^2：股分（股份），身分（身份） fen^1：一分钱，分歧，分配，分担，分工，分解，分裂，分类，分析，分享，分别，分辨，分贝，分娩，秋分，春分，积分，扣分，区分，分钟，分分钟，分文不取，分秒必争，难分难舍 两读、相异：十分相似

5. “种”的两种读法

$zung^3$：种植，种田，种地，种花，种菜，耕种，栽种	$zung^2$：种族，种类，种子，人种，物种，配种，有种，冇种（没种），多种多样，两种人

6. “正”的三种读法

$jing^3$：正方，正牌，正音，正文，正门，正轨，正事，正派，正直，正经，正确，正式，正视，正统，正当，正规，正常，正话（刚才），正中下怀，方正，反正，真正 $jing^1$：正月	$z\acute{e}ng^3$：正嘢（上等好货），正斗嘢（上等好货），好正（很纯正、很地道、真棒），对到正（正对着），踏正（整点），四正（方正）

7. “房”的两种读法

$fong^4$：房间，房屋，楼房，房管局，房改房 两读、相同：房门	$fong^2$：房（房间），大房（大房间），细房（小房间），客房，主人房，工人房，儿童房 两读、相同：房门

五、练习

（一）句子练习

（1）一年有春夏秋冬四个季节。在每年一二月的春节，是中国人最重要的节日。

（2）广州气候最好的是10月底到12月，天气晴朗，气温不高不低，不像北方那么寒冷干燥。

（3）明天寒潮就要来了，北方还有暴雪，气温会下降到零下20摄氏度，人会感觉冷得受不了。

（4）昨晚下了场大雪，今早雪虽然停了，但是路面都结冰了，大家出门开车走路都要小心。

（5）广州春天温暖多雨，因为空气湿度很大，所以到处都非常潮湿，洗好的衣服很难晒干。

（6）广州七八月最热，有时阳光很强烈，那些怕热、不喜欢晒黑的女孩子上街都要打伞。

（7）中国南方每年夏季刮台风前，温度高、气压低、湿度大，人就会感觉特别闷热难受。

（8）这次的台风是今年最厉害的，现在又打雷又闪电，又刮风又下雨，全市都停工停课了。

（9）雨停了，连天都晴了。冬天的太阳带来温暖，温度升高后，人们感觉天气暖和起来了。

（10）今天是中秋节，今晚的夜色十分晴朗，天空中月亮很大、很圆，很亮、很美。

（11）天气预报说今天会下大雨，现在天色阴暗，雾霾严重，能见度不到100米。

（12）这套房子的主人房朝东南，夏天凉快，冬天温暖。两间客房朝西，夏天太阳暴晒后会很热。

（13）今晚到明天多云转晴，气温10度到20度，早晚温差大，部分地方出现霜冻。

（14）广州属于中国南方，气候湿暖，城市种植了大量的树木和鲜花，一年四季都有鲜花开放，所以广州又叫“花城”。

（15）以前天气预报很准，现在经常错乱。前一天预报说有大暴雨，所以我第二天上班带了雨伞，还穿了雨鞋，没想到才下了一个小时雨就出大太阳，我穿着雨鞋感觉很不舒服。

（二）对话练习

（1）甲：妈妈，你打电话有什么事啊？

乙：你回到公司了吗？

甲：到了呀。怎么啦？

乙：你出门没多久就下大雨了，我想你打伞都没用。你衣服鞋子都湿了吧？

甲：没有呀，下大雨的时候正好朋友开车经过，他正好顺路，我就坐了顺风车。

乙：这么好！我刚才还很担心你，原来你今天这么顺利！

甲：现在是法国最好的季节，你想不想跟爸爸下个月出去国外玩一下啊？

乙：你爸爸昨天才说他这段时间没空。以后再说吧。

（2）甲：广州的秋冬季节跟北京差好远啊！

乙：是呀！一个是南方城市，一个是北方城市，两地差了1 000多公里。

甲：北京一到九月天气就变凉，十月就要穿厚衣服了。广州到了十月还很热。

乙：是呀！广州属于亚热带气候，一年四季温差不大。北京属于温带气候，春夏和秋冬季节温度差很远。

甲：北京的秋冬季节树叶全都掉光了，广州的树木一年到头都是绿色的，好像没有季节变化。

乙：北京秋天的树叶变成红色、黄色，广州一年四季都能看到鲜花。你更喜欢哪个城市？

甲：我喜欢秋天住在北京，去香山看红叶。等到冬天住在广州，天天看花，吃新鲜水果。

乙：你的想法很美好！

（3）甲：这衣服热得我好难受啊！

乙：你今天怎么了，穿这么多衣服？

甲：昨天天气预报不是说今天降温吗？我出门的时候风挺大的，所以多穿了衣服。

乙：天气预报是说今晚半夜冷空气才到，明天才变冷。今天白天温度没下降。你这么热就脱衣服呗。

甲：我脱了外套，但是里面的打底衫又紧又厚，脱不了。

乙：现在室内室外温差太大，进门要脱外套，出门要穿外套。所以穿衣服要方便穿和脱。

甲：下次不穿这么多了。

（4）甲：下了几天雨，空气很潮湿，湿度很大。

乙：是呀！这就是广州春季的“回南天”，洗好的衣服没太阳晒，一周都干不了，衣服都有点臭臭的。

甲：我们上班前把衣服拿到外面晒，把窗子打开通通风吧。

乙：广州潮湿天气是不能开窗子的。一开窗子湿气就会进房间，连房间的墙壁都会出水。

甲：这种回南天什么时候才能开门窗呢？

乙：要等湿度降低，室内外的温度差不多一样才行。

（5）甲：今天这么冷，你穿这么少衣服！你不冷吗？

乙：我不怕冷，怕热。你穿这么多，手还这么冷！

甲：我怕冷怕得不得了，冬天没有暖气的话，身体就感觉很难暖起来。

乙：在冬天，室内的暖气大一点我都受不了。

六、答案

（一）句子练习

（1）一年有春夏秋冬四个季节。喺每年一二月嘅春节，系中国人最重要嘅节日。

（2）广州气候最好嘅系10月底到12月，天气晴朗，气温唔高唔低，唔似北方咁寒冷干燥。

（3）听日寒潮就要嚟嘞，北方仲有暴雪，气温会下降到零下20度，人会感觉冻到顶唔顺。

（4）寻晚落咗场大雪，今朝雪虽然停咗，但系路面都结咗冰，大家出门开车行路都要小心。

（5）广州春天温暖多雨，因为空气湿度好大，所以四周都好潮湿，洗好啲衫好难晒干。

（6）广州七八月最热，有时阳光好强烈，怕热、唔中意晒黑啲女仔出街都要担遮。

（7）中国南方每年夏季翻台风前，温度高、气压低、湿度大，人就会感觉零舍闷热难受。

（8）呢次台风系今年最犀利嘅，而家又行雷又闪电，又翻风又落雨，全市都停工停课嘞。

（9）雨停咗，天都晴埋。冬天嘅太阳带嚟温暖，温度升高后，人们感觉天气暖返起身嘞。

（10）今日系中秋节，今晚嘅夜色十分晴朗，天空中月光好大、好圆，好光、好靓。

（11）天气预报话今日会落大雨，而家天色阴暗，雾霾严重，能见度唔到100米。

（12）呢套屋主人房朝东南，夏天凉爽，冬天温暖。两间客房朝西，夏天太阳暴晒后会好热。

（13）今晚到听日多云到晴，气温10度到20度，早晚温差大，部分地方出现霜冻。

（14）广州属于中国南方，气候湿暖，城市种植咗大量嘅树木同鲜花，一年四季都有鲜花开放，所以广州又叫“花城”。

（15）旧阵时天气预报好准，而家经常错乱。前一日预报话有大暴雨，所以我第日返工带咗遮，仲着咗水鞋，冇谂到先至落咗一个钟头雨就出大太阳，我着住水鞋感觉好唔舒服。

（二）对话练习

（1）甲：阿妈，你打电话有乜嘢事呀？

乙：你返到公司未呀？

甲：到咗啦。点呀？

乙：你出门冇几耐就落大雨嘞，我谂你担遮都冇用。你啲衫呀鞋呀都湿晒啦？

甲：冇呀，落大雨嗰时啱好朋友开车经过，佢啱好顺路，我就坐咗顺风车。

乙：咁好！我啱先仲好忧你，原嚟你今日咁顺利！

甲：而家系法国最好嘅季节，你想唔想同爸爸下个月出去国外玩下呀？

乙：你爸爸琴日先至话佢近排好唔得闲。第日先至讲啦。

（2）甲：广州嘅秋冬季节同北京差好远呀！

乙：系呀！一个系南方城市，一个系北方城市，两地差咗千几公里。

甲：北京一到九月天气就变凉，十月就要着厚衫嘞。广州到咗十月仲好热。

乙：系呀！广州属于亚热带气候，一年四季温差唔大。北京属于温带气候，春夏同秋冬季节温度差好远。

甲：北京秋冬季节啲树叶全部落晒，广州啲树木一年到头都系绿色，好似冇季节变化。

乙：北京秋天啲树叶变成红色、黄色，广州一年四季都睇得到鲜花。你中意边个城市？

甲：我中意秋天住喺北京，去香山睇红叶。等到冬天住喺广州，日日睇花，食新鲜水果。

乙：你啲谂法好美好！

（3）甲：啲衫热到我好难受啊！

乙：你今日点呀，着咁多衫嘅？

甲：琴日天气预报唔系话今日降温咩？我出门嗰时风几大下，所以着多咗衫。

乙：天气预报系话今晚半夜冷空气先至到，听日先至变冻。今日白天温度冇下降。你咁热就除衫啦。

甲：我除咗外套，但系入边件打底衫又紧又厚，除唔到。

乙：而家室内室外温差太大，入门要除外套，出门要着外套。所以着衫要方便着同埋除。

甲：第次唔着咁多嘞。

（4）甲：落咗几日雨，空气好潮湿，湿度好大。

乙：系呀！呢个就系广州春季嘅“回南天”，洗好啲衫冇太阳晒，一个礼拜都干唔到，啲衫都有啲臭臭地。

甲：我哋返工前攞啲衫出出边晒咯，打开啲窗通下风咯。

乙：广州啲潮湿天气系唔开得窗嘅。一开窗湿气就会入房，房间啲墙壁都会出埋水。

甲：呢种回南天乜嘢时候先至可以开门窗呢？

乙：要等湿度降低，室内外啲温度差唔多一样先至得。

（5）甲：今日咁冻，你先至着咁少衫！你唔冻咩？

乙：我唔怕冻，怕热。你着咁多，手仲咁冻！

甲：我怕冻怕到乜嘢噉，冬天一冇暖气，身体就感觉好难暖起身。

乙：喺冬天，室内啲暖气大一啲我都顶唔顺。

第十八讲　边1 边6（哪边）

一、新单词

	普通话	粤语口语		普通话	粤语口语
1	方向	fong1 hêng3 方向	19	被子	péi5 被
2	往	wong5 往	20	枕头	zem2 teo4 枕头
3	左右	zo2 you6 左右	21	xing1 yem1 声音	séng1 声
4	侧面	zeg1 bin6 侧边	22	pan3 望，盼	mong6 望
5	pong4 bin1 旁边，隔壁	gag3 léi4 隔篱	23	dung6 动	yug1 喐
6	附近	fu6 gen6 附近	24	pao2 跑	zeo1 走
7	gog3 log6 角落	gog3 log1 teo2 角落头	25	giu3 ham3 叫，喊	ngai3 嗌
8	dou3 qu3 四周，到处	zeo1 wei4 周围	26	cao2 nao6 吵，吵闹	cou4 嘈
9	地面以下	déi6 ha6 地下	27	平方米	ping4 fong1 mei1 平方米
10	地面一楼，地上	déi6 ha2 地下	28	厘米	léi4 mei1 厘米
11	住宅	ju6 zag2 住宅	29	公里	gung1 léi5 公里
12	大厦	dai6 ha6 大厦	30	距离	kêu5 léi4 距离
13	建筑	gin3 zug1 建筑	31	了不起，厉害	ba1 bei3 巴闭
14	柜子	guei6 柜	32	gem2 敢	geo3 dam2 够胆
15	cêg3 ji2 桌子	toi2 枱	33	已经	yi5 ging1 已经
16	椅子	yi2 椅	34	如果	yu4 guo2 如果
17	凳子	deng3 凳	35	qun4 bou6 全部，所有	hem6 bang6 lang6 冚唪呤
18	床垫	cong4 jin3 床垫	36	béi6 被	béi2 俾

二、词语解释

1. *左右* zo^2 yeo^{6}和*左右* zo^2 yeo^2

新单词里的“左右 zo^2 yeo^6”，是表示方向的“左面”和“右面”。当“左右”放在表示时间、年龄和度量衡的词汇之后，则用于表示对数量的估计。这与普通话“左右”的用法相似。但是其中的“右”由原来的第六声改发第二声，以示与方位名词“左右”的区别。例如：

（1）我哋一点钟左右 zo^{2}yeo^{2}去搭车。（我们一点钟左右去坐车。）

（2）啲鸡蛋重五斤左右 zo^{2}yeo^2。（这些鸡蛋重五斤左右。）

（3）嗰个人三十岁左右 zo^{2}yeo^2。（那个人三十岁左右。）

（4）先至使咗一百文左右 zo^{2}yeo^2。（才花了一百块钱左右。）

2. *望* mong^6

粤语口语的“望”有多种含义。

一是，与普通话的“望”一样，都是“远看”的意思。例如：

（1）喺白云山可以望到广州塔。（在白云山可以望到广州塔。）

（2）喺广州塔可以望得好远。（在广州塔可以望得很远。）

二是，相当于普通话“看”的意思，可以与“睇”互换。例如：

（1）佢望住老师块面。（他看着老师的脸。）

（2）唔好周围望，望住呢度。（不要到处看，看这里。）

三是，相当于普通话的“盼望”的意思。例如：

（1）佢三年几冇返屋企，父母望佢返嚟望咗好耐。（他三年多没回家，父母盼他回来盼了很久。）

（2）佢好恨去大酒店食大餐，望咗成个月嘞。（他很想去大酒店吃大餐，盼了整个月了。）

3. *犀利* sei^1 léi^{6}和*巴闭* ba^1 bei^3

“犀利”和“巴闭”都有“厉害”的意思。“犀利”有时含有“严厉”“尖刻”“出色”等意思。而“巴闭”则含有“了不起”“风光”“吵闹”等意思。例如：

	巴闭	犀利
1	佢好巴闭。（他很了不起。）	佢粤语好犀利。（他粤语很厉害。）
2	佢妈妈好巴闭。（他妈妈很了不起。）	佢妈妈好犀利。（他妈妈很严厉。）
3	佢讲嘢好巴闭。（她说话很咋呼。）	佢讲嘢好犀利。（她说话很尖刻犀利。）
4	佢屋企成日巴闭到乜嘢噉。（她家成天吵闹得不得了。）	嗰个老师讲课真系犀利。（那个老师讲课的能力强，上课出色。）

4. *俾* béi^{2}和 *畀* béi^2

现在有不少人混用粤语口语的“畀”与“俾”二字，其实两者的意思是不同的。“畀”与“俾”都来自古代汉语，“畀”只有“给予”的意思，而“俾”有“使”的意思，没有“给”的意思。所以，当对应普通话的“给”“给予”或“送给”之类的意思时，我们应该使用“畀”，而不应使用“俾”。但是，当普通话的“给”可以换成“被”而意思不变时，我们应该使用“俾”，而不要使用“畀”。例如，“阿珍给了我一个蛋糕”，粤语应说成“阿珍畀咗个蛋糕我”。“阿珍给我骂了一顿”，这里的“给”可以换成“被”而意思不变，所以粤语应该说成“阿珍俾我闹咗一餐”。从这个例子也可以看到，当使用“俾”时，是无法带有双宾语的。因此，“畀”不能写成“俾”，两者应该严格区分开来。

三、粤语句型

名词+度 dou^6这个句型表示构成地点状语。

普通话句型	粤语句型
名词+上	名词+度

例如：

（1）我本书喺书枱度。（我的书在书桌上。）

（2）我只杯喺餐枱度。（我的杯子在餐桌上。）

（3）我件衫挂喺门度。（我的衣服挂在门上。）

（4）嗰个细路仔瞓喺地度。（那个小孩躺在地上。）

四、拓展

1. “右”的两种读法

you^6：右边（右面），右派，右手，右脚，右腿，右侧，右脑，左右逢源，无出其右 两读、相异：左右（表距离旁边，附近）	you^2：30岁左右（30岁上下），八点左右（八点前后），10米左右（10米左右） 两读、相异：左右（表大概、约数）

2. “落”的两种读法

log^6：着落，落后，落枕，落车（下车），落雨（下雨），落楼（下楼），落街（上街，下楼去），水落石出	log^1：角落头（角落，边角）

3. “被”的两种读法

$péi^5$：被（被子），被套，被单，被袋，被窦（被窝），棉被，植被	$béi^6$：被动，被迫，被逼，被告，被抢，被擒，被骗，被杀，被盗，被俘，被害，被抓，被拐

4. “里”的三种读法

$lêu^5$：里边（里面），里水（佛山南海地名），屋里，碗里，肉里，这里，那里，哪里，夜里，暗里，里应外合，表里如一	$léi^5$：里程碑，公里，华里，故里，邻里，乡里（老乡），大乡里^2（乡下人） $léi^1$：糊里糊涂

5. “声”的两种读法

$xing^1$：声音，声明，声调，和声，童声，女声，男声，有声有色，声情并茂，声泪俱下，尖声高叫	$séng^1$：声喉（喉咙，嗓子），大声公（大嗓门，扩音器），有晒声（声音全无），好声行（小心走路，好走），好声好气（耐心温和地说话），粗声粗气（不耐烦地说话），唉声叹气

6.“米”的两种读法

mei^{5}：米饭，米粉，稻米，大米，小米，白米，黑米，红米，粟米（玉米），虾米（去壳的虾干）	mei$^{1(\text{调值}55)}$：厘米，毫米，平方米 mei$^{1(\text{调值}53)}$：米尺（公制刻度的尺子）

五、练习

（一）句子练习

（1）广州市越秀公园有一栋红色的高楼，广州人叫它“五层楼”。它属于中国明朝的建筑，距离现在已经有五百多年了。

（2）在公司办公室，阿华办公桌的位置在中间，他的左边是阿明，右边是阿杰，对面是阿静，后边是阿玲。

（3）我家就在白云山附近，李小姐就住我家隔壁，张老师住我家楼下。我们每天下午都约上一起去白云山走走。站在我家窗边，可以望到白云山。

（4）在荔湾区的这栋大厦朝向不错，冬暖夏凉，交通方便。不过它左右都是马路，汽车太多，四周的声音太吵了。如果用来办公还可以，用来居住就一般般了。

（5）那家上海饭店在天河城六楼的最外面，那家风花雪月咖啡店在六楼的最里面。洗手间在每层楼左边的角落，从侧面那个门过去，转右就看到了。

（6）从小北路去广州火车站要往西走，去广州东站要往东走，去广州南站要往南走，去广州白云机场要往北走。最远是去机场，有二十几公里。

（7）严先生家住在白云区白云花园二栋的一楼，虽然小区建有地下停车场，但小区停车位严重不足。严先生经常因为担心回家找不到停车位，不敢开车上班。

（8）这个单身宿舍挺好的，有 18 平方米。房间里面有一张 1.2 米的单人床，上面还有挺厚的床垫。有一张 90 厘米宽的书桌，一把椅子。还有一个 1.5 米宽、两米高的衣柜。

（9）天气冷了，阿敏的被子有点薄，不够暖了。原来的枕头也小了点，睡起来有点难受。阿敏今天去商场挑了张厚被子和一个松软的大枕头。

（10）他说话的声音很大，又喜欢动不动就大喊大叫骂儿子，四周几栋住宅楼的人都能听到他的声音。大家听到他的声音就讨厌，他自己一点儿都不知道。

（11）这所学校的学生都是来自全市中学学习顶尖的学生，这些学生又聪明又能干，学习又勤奋又厉害。这里的教师教学水平都很高。这是一所在全国都非常了不起的中学。

（12）我们学校的建筑楼层都不高。那栋五层的红色大楼就是我们学校的教学楼。教学楼前面是体育场，后面白色外墙的是图书馆。体育场的左边黄色的建筑是学生饭堂，右边蓝色的建筑是学生宿舍。

（13）那个平时快乐的小男孩，刚才还高高兴兴地跟小朋友玩，现在靠着墙，望着窗户外面，好像在想着什么心事，变成一个小大人似的。

（14）他们发现往南走不对，所以又往西走。走了十几公里，所有的建筑都看不到了，所有的声音都听不到了，他们才有点害怕，不敢再往前走了。

（15）他是个严厉的老师，学生们都很怕他。今天有学生上课迟到，被他骂得很厉害，学生都被他骂哭了。但是，他是全校最有名、最了不起的老师，学生很喜欢听他讲课。

（二）对话练习

（1）甲：请问，去越秀公园往这个方向走对不对呢？
乙：不对，你走错方向了，要朝那个方向走才对。
甲：那，到越秀公园还有多远？
乙：不远，走两百米左右就可以看到越秀公园红色的大门了。
甲：是靠着左边那条路走，还是右边？
乙：是靠着左边走。
甲：谢谢你！
乙：不客气。

（2）甲：请问，从中山三路去北京路怎么走？
乙：北京路就在中山五路旁边。你可以坐公交车，也可以打车。
甲：可以坐地铁吗？
乙：坐地铁更麻烦，花更多时间。坐公交又方便又便宜，一下车过对面就是北京路了。
甲：公交车站有多远？
乙：就在前面。
甲：我为什么看不到？
乙：车站被大树挡住了。就在那个大厦前面，走得快，两分钟就到了。
甲：知道了。那，坐几路公交车呢？
乙：有很多可以选。路过中山五路的车都可以上，两个站就到了。
甲：太好了，谢谢了！
乙：不客气！

（3）甲：妈妈，你知不知道那张蓝色的床单放哪里了？我昨天买的。
乙：放在衣柜里了。
甲：怎么我找不到的？
乙：在衣柜左边下面第二层那里。
甲：找到了。那我放在饭桌的那本书在哪里？
乙：我帮你放到你书桌上了，就在台灯旁边。你成天乱放东西！
甲：对不起！妈妈你不要生气嘛！
乙：我很生气！你这么大了，我还老是要帮你收拾东西。
甲：我是忘记了。
乙：你不是忘记，你是太懒。你的白衬衣，我挂到衣柜里了，这衣服挂在外面三天了。你丢在床上的皮带，我挂在你房门后面了。你丢在地上的几双臭袜子，我也洗了……
甲：好了好了，妈妈，我知道错了。我明天就好好地收拾自己的东西，以后东西不乱放了。

（4）甲：阿玲，阿玲……
乙：阿婷，是你叫我呀？见到你好高兴！

甲：是呀！你走得这么快，叫你叫得我好辛苦呀！

乙：好久没见到你了。今天这么巧，在这里见到你。

甲：是呀！我今天刚好经过这里。

乙：我天天下午下班都要先来这里走一下。坐办公室干活坐了一整天，要动动才舒服。

甲：好久没见，你挺好的吧？

乙：挺好。谢谢你关心！你看起来也挺好的呀。

甲：一般般吧！我赶着回家做饭，没空聊天了。下次找个时间喝茶聊天吧！

乙：好呀！下次约个时间，连阿敏、阿静她们一起叫上。

甲：好呀！拜拜！

乙：拜拜！

（5）甲：你看着外面想什么呢？

乙：我好想十二月跑去东北看雪。

甲：你别盼了！

乙：为什么啊？我已经跟朋友约好了一起去呢。

甲：你今年的假期全休完了。

乙：这样呀！我要请假才能去了。

六、答案

（一）句子练习

（1）广州市越秀公园有一栋红色嘅高楼[2/4]，广州人叫佢"五层楼[4]"。佢属于中国明朝嘅建筑，距离而家已经有五百几年嘞。

（2）喺公司办公室，阿华办公枱个位置喺中间，佢嘅左手边系阿明，右手边系阿杰，对面系阿静，后边系阿玲。

（3）我屋企就喺白云山附近，李小姐就住我屋企隔篱，张老师住我屋企楼[4]下。我哋日日下昼都约埋一齐去白云山行下。企喺我屋企窗口度，可以望到白云山。

（4）喺荔湾区嘅呢栋大厦朝向唔错，冬暖夏凉，交通方便。不过佢左右都系马路，汽车多得滞，周围啲声嘈得滞。如果攞嚟办公仲可以，攞嚟住就麻麻地嘞。

（5）啯家上海饭店喺天河城六楼嘅最出边，啯家风花雪月咖啡店喺六楼嘅最入边。洗手间喺每层楼左边嘅角落，从侧边啯个门过去，转右就睇到嘞。

（6）喺小北路去广州火车站要往西行，去广州东站要往东行，去广州南站要往南行，去广州白云机场要往北行。最远系去机场，有二十几公里。

（7）严生屋企住喺白云区白云花园二栋嘅一楼，虽然小区建有地下停车场，但小区停车位严重不足。严生经常因为惊返屋企揾唔到停车位，唔够胆揸车返工。

（8）呢个单身宿舍几好下，有 18 平方米。房入边有一张一米二嘅单人床，上边仲有几厚下嘅床垫。一张 90 厘米阔嘅书枱，一把椅。仲有一个一米五阔、两米高嘅衫柜。

（9）天气冻咗，阿敏张被有啲薄，唔够暖嘞。原先个枕头都细咗啲，瞓起身有啲难受。阿敏今日去商场拣咗张厚被同一个松软嘅大枕头。

（10）佢讲嘢把声好大，又中意嘟唔嘟就大嗌大叫闹个仔，周围几栋住宅楼啲人都听得到佢把声。大家听到佢把声就憎，佢自己一啲都唔知。

（11）呢间学校啲学生都系嚟自全市中学学习顶尖啲学生，呢啲学生又聪明又叻，学习又勤奋又犀利。呢度啲教师教学水平都好高。呢个系间喺全国都好巴闭嘅中学。

（12）我哋学校嘅建筑楼^{4}层都唔高。嗰栋五层嘅红色大楼$^{2/4}$就系我哋学校嘅教学楼$^{2/4}$。教学楼$^{2/4}$前边系体育场，后边白色外墙嘅系图书馆。体育场嘅左边黄色嘅建筑系学生饭堂，右边蓝色嘅建筑系学生宿舍。

（13）嗰个平时快乐嘅男仔，啱先仲开开心心噉同小朋友玩，而家靠住墙，望住窗口出边，好似喺度谂嚟乜嘢心事，变成一个小大人噉。

（14）佢哋发现往南行唔啱，所以又往西行。行咗十几公里，冚唪唥啲建筑都睇唔到嘞，冚唪唥啲声音都听唔到嘞，佢哋先至有啲惊，唔够胆再往前行嘞。

（15）佢系个严厉嘅老师，学生们都好怕佢。今日有学生上课迟到，俾佢闹得好犀利，学生都俾佢闹喊埋。但系，佢系全校最出名、最巴闭嘅老师，学生都好中意听佢讲课。

（二）对话练习

（1）甲：唔该，去越秀公园往呢个方向行啱唔啱呢？
乙：唔啱，你行错方向嘞，要向嗰个方向行先至得。
甲：噉，到越秀公园仲有几远？
乙：唔远，行两百米左右就可以睇到越秀公园红色嘅大门嘞。
甲：系靠住左边嗰条路行，仲系右边？
乙：系靠住左边行。
甲：唔该你！
乙：唔使客气。

（2）甲：唔该，从中山三路去北京路点行？
乙：北京路就喺中山五路旁边。你可以搭巴士，又可以打的士。
甲：可以搭地铁嘛？
乙：搭地铁仲麻烦，使仲多时间。搭巴士又方便又平，一落车过对面就系北京路嘞。
甲：巴士站有几远？
乙：就喺前边。
甲：我点解睇唔到？
乙：车站俾大树遮住咗。就喺嗰个大厦前边，行得快，两分钟就到嘞。
甲：知道嘞。噉，搭几路巴士呢？
乙：有好多可以拣。路过中山五路啲车都上得，两个站就到嘞。
甲：太好嘞，唔该嘞！
乙：唔使客气。

（3）甲：阿妈，你知唔知嗰张蓝色嘅床单放咗喺边度？我琴日买嘅。
乙：放咗喺衫柜度。
甲：点解我揾唔到嘅^{2}？

乙：喺衫柜左边下边第二层嗰度。

甲：揾到嘞。嗰，我放喺饭枱度嗰本书喺边度？

乙：我帮你放咗去你张书枱度嘞，就喺台灯隔篱。你成日乱放啲嘢！

甲：对唔住！阿妈你唔好嬲啦！

乙：我好嬲！你咁大个仔嘞，我仲要成日帮你执嘢。

甲：我系唔记得咗。

乙：你唔系唔记得，你系太懒。你件白恤衫，我挂喺衫柜度嘞，件衫挂喺出边三日嘞。你丢喺床度条皮带，我挂喺你房门后边嘞。你丢喺地度嗰几对臭袜，我都洗咗……

甲：好嘞好嘞，阿妈，我知错嘞。我听日就好好噉执自己啲嘢，以后啲嘢唔乱放嘞。

（4）甲：阿玲，阿玲……

乙：阿婷，系你嗌我呀？见到你好开心！

甲：系呀！你行得咁快，嗌你嗌到我好辛苦呀！

乙：好耐冇见到你嘞。今日咁啱，喺呢度见到你。

甲：系呀！我今日啱好经过呢度。

乙：我日日下昼落班都要嚟呢度行下先。坐办公室做嘢坐咗成日，要郁下先至舒服。

甲：好耐冇见，你几好嘛？

乙：几好。你有心！你睇起身好似都几好呀。

甲：麻麻啦！我赶住返屋企煮饭，唔得闲倾嘞。第日揾个时间饮茶倾偈啦！

乙：好呀！第日约个时间，嗌埋阿敏、阿静佢哋一齐。

甲：好呀！拜拜！

乙：拜拜！

（5）甲：你望住出边谂乜嘢？

乙：我好想十二月走去东北睇雪。

甲：你唔使望！

乙：点解呀？我已经同朋友约咗一齐去㗎。

甲：你今年啲假期冚唪唥休晒啦。

乙：噉样呀！我要请假先至去得嘞。

第十九讲　身体点（身体怎样）

一、新单词

	普通话	粤语口语		普通话	粤语口语
1	身材	sen1 coi4 身　材	19	脚趾	gêg3 ji2 脚　趾
2	体形	tei2 ying4 体　形	20	脊背	bui3 zég3 背　脊
3	ngag6 teo4 额　头	ngag2/6 额	21	胸肺	hung1 fei3 胸　肺
4	méi4 mou4 眉　毛	méi4 眉	22	腰肾	yiu1 sen6 腰　肾
5	ngan5 jing1 眼　睛	ngan5 眼	23	肚子	tou5 bou1 肚　煲
6	鼻子	béi6 go1 鼻　哥	24	心脏	sem1 zong6 心　脏
7	yi5 do2 耳　朵	yi5 zei2 耳　仔	25	肠胃	cêng4 wei6 肠　胃
8	嘴唇	zêu2 sên4 嘴　唇	26	肠子	cêng2 肠
9	牙齿	nga4 qi2 牙　齿	27	皮肤	péi4 fu1 皮　肤
10	xid6 tou4 舌　头	léi6 脷	28	骨关节	gued1 guan1 jid3 骨　关　节
11	下巴	ha6 pa4 下　巴	29	肌肉	géi1 yug6 肌　肉
12	脖子	géng2 颈	30	péi3 gu2 屁　股	xi2 fed1 屎　忽
13	gin1 bong2 肩　膀	bog3 teo4 膊　头	31	lai1 拉　尿	ngo1 niu6 屙　尿
14	手臂	seo2 béi3 手　臂	32	健康	gin6 hong1 健　康
15	seo2 zêng2 手　掌	seo2 ban2 手　板	33	健壮	gin6 zong3 健　壮
16	手指	seo2 ji2 手　指	34	孱弱	san4 yêg6 孱　弱
17	dai6 têu2 大　腿	dai6 béi2 大　髀	35	teng4 tung3 疼　痛	tung3 痛
18	sed1 goi3 膝　盖	sed1 teo4 go1 膝　头　哥	36	直	jig6 直

二、词语解释

1. 大力 dai⁶ lig⁶

粤语的“大力”相当于普通话“力气大”或“用力”的意思。例如，佢啲手指好大力。（他的手指力气很大。）佢好大力打人。（他很用力打人。）

2. 睇起身 tei² héi² sen¹和睇落去 tei² log⁶ hêu³

粤语的“睇起身”相当于普通话的“看起来”的意思。例如，你今日睇起身气色好过寻日。（你今天看起来气色比昨天好。）佢睇起身好肥。（他看起来很胖。）

粤语的“睇落去”相当于普通话的“看上去”的意思。例如，你今日睇落去气色好过寻日。（你今天看上去气色比昨天好。）佢睇落去唔够10岁。（他看上去不到10岁。）

3. 隔篱 gag³ léi⁴和 隔篱屋 gag³ léi⁴ ngug¹

粤语的“隔篱”是普通话“隔壁”的意思。粤语的“隔篱屋”则相当于普通话的“邻居 lên⁴ gêu¹”的意思。例如，佢住我隔篱，系我隔篱屋。（他住我隔壁，是我的邻居。）

三、粤语句型

1. 动词 + 实 sed⁶

这一句型表示行为状态的程度。

普通话句型	粤语句型
动词 + 紧	动词 + 实

注意：粤语的“实”多数时候相当于普通话的“紧”，有时候相当于“住”或“稳”的意思。“企实”相当于普通话的“站稳”，也可以是“站住”。“揸实”相当于普通话的“抓紧”，也可以是“抓住”。例如：

（1）揸实个袋。（抓紧袋子。）

（2）睇实啲嘢。（看紧这些东西。）

（3）条路塞实晒。（整条路全堵死了。）

2. “实”与“住”比较

	实	住
1	企实（站稳，站住）	企住（站着）
2	坐实（坐稳，坐住）	坐住（坐着）
3	揸实（抓紧，抓住）	揸住（抓着）
4	塞实（塞紧）	塞住（塞着）

四、拓展

“肠”的两种读法：

cêng⁴：肠胃，肝肠科，猪肠粉（米卷粉），肝肠欲断	cêng²：肠（肠子），肠炎，肠衣，肠粉，腊肠，粉肠（猪肠子的一段），牛肉肠（牛肉卷粉）

五、练习

（一）句子练习

（1）郑先生长得高高大大，又经常健身，所以身材非常好，是一个健壮的年轻人。

（2）钟先生高1.85米，肩膀又宽又厚，腰背很直，肌肉结实，这种体形穿什么衣服都好看。

（3）他昨晚没睡好，枕头太硬了，搞得脖子睡得很累，今早起来，脖子一动就痛。

（4）你想知道这些菜好不好吃，那就用自己的舌头来试一下就知道了嘛。

（5）小明今早起床太晚了，来不及好好洗脸刷牙就出门了。他的眼睛有眼屎，耳朵有耳屎。

（6）这个小孩子长得太瘦小了，他的大腿比女孩子的还细，还没有他邻居胖叔叔手臂粗。

（7）这个位于市中心的小公园虽然不大，但是有很多绿树，经常在这里走走，对人的胸肺健康很有好处。

（8）那个小女孩很可爱，脸圆圆的，额头宽宽，眼睛大大，眉毛弯弯，牙齿雪白整齐。她喜欢笑，笑起来更可爱。

（9）刘小姐从小就不用做家务，她的手掌很小，手指又尖又长。周小姐成天做家务，手掌又大又厚，手指很粗，手的力气很大。

（10）阿华太胖了，脚掌特别厚，脚趾特别粗壮，每次都不好买鞋子。他屁股上的肉很多，腰很粗，每次买裤子都是够长不够宽。

（11）阿美是个美女。她不高不矮，不胖不瘦。她的鼻子又高又直，下巴尖尖的，嘴唇不薄不厚。她的皮肤很白，一头长发又多又黑。

（12）陈小姐的妈妈有风湿病，一到刮风下雨天气，全身的骨头、关节就会痛起来。她腿脚一直都不好，每次上下楼梯膝盖都疼得受不了。

（13）阿山身材瘦小，身体孱弱，但是干活勤快，不怕辛苦不怕累。阿杰这人虽然身材高大，身体强壮，但是很懒，干起活来有气无力似的，脾气也不好。

（14）他刚刚在外面吃饭，可能吃的东西不干净，现在肚子疼得很，疼得他脸都白了。他现在还拉肚子，已经上了五次洗手间了。

（15）黄种女孩喜欢美白，所以她们最怕太阳把自己的皮肤晒黑了，她们觉得皮肤白才漂亮。白种女孩喜欢美黑，一见到太阳就晒，很想太阳把自己晒黑，她们觉得皮肤黑一点看起来才健康。

（二）对话练习

（1）甲：你现在在哪啊？
乙：我在医院。你有事吗？
甲：没什么急事。你怎么了，哪里不舒服？
乙：我昨天晚饭吃完鸡腿就牙痛，痛了一晚上。
甲：现在医生怎么说，严重吗？

乙：医生说我有颗牙烂了，旁边有一颗也松了。先不说了，牙医要帮我洗牙了。
甲：好的，等你洗完牙我再给你电话。
乙：好的好的。

（2）甲：我一到冬天，身体就很容易不舒服。
乙：为什么呢？
甲：一吃完晚饭胃就容易痛，夏天不会这样。
乙：你不要吃冷的东西，天气冷的时候要吃热点的东西。
甲：我都不爱吃冷的。医生说我是胃寒，我夏天也不敢吃冷饮。
乙：你可以喝点儿红茶，冬天喝热红茶对肠胃很好。
甲：是的，我在冬天天天喝红茶，夏天会喝点儿绿茶。
乙：冬天出门可以围围巾，这样不容易受寒。
甲：是的，我怕冷，出门脖子不围围巾就会感觉身体不暖和。

（3）甲：黄小姐，你爸爸身体看上去很好啊！
乙：是啊。我爸是个坐不住的人，喜欢走动。
甲：他老人家今年多大了？
乙：我爸今年 80 岁了，他以前是体育老师。
甲：你爸爸一点儿都不像老人。他的背很直，走路膝盖不发软。
乙：他有段时间肺、心脏都不大好，多动一点就说胸口闷。
甲：那他现在身体没事了吧？
乙：他后来每天都和一帮好朋友上白云山，现在身体非常棒。

（4）甲：妈妈，我喉咙又疼了。
乙：我看看。你喉咙和舌头都好红，是上火了。
甲：看来昨晚吃得太多，吃的东西太热气了。
乙：你昨晚又喝很多酒了吧？
甲：是多喝了点儿。
乙：赶快喝多点儿水。我去买杯凉茶给你喝。
甲：不用了，我等下出去自己买吧。
乙：我说你很多次了。你生活不健康，喜欢大吃大喝，就是喜欢吃肉，不喜欢吃绿叶菜和水果；喜欢喝酒，不喜欢喝水……
甲：妈妈你别说了……
乙：我还没说完！你晚上睡觉还太晚，你喜欢对着电脑、手机长时间坐着不动。你这样要把自己身体搞坏的……

六、答案

（一）句子练习

（1）郑生生得高高大大，又经常健身，所以身材好好，系一个健壮嘅后生仔。

（2）钟生高 1 米 85，膊头又阔又厚，腰背好直，肌肉实郑，呢种体形着乜嘢衫都好睇。

(3) 佢琴晚冇瞓好，枕头硬得滞，搞到条颈瞓到好攰，今朝起身，条颈一郁就痛。

(4) 你想知呢啲餸好唔好食，噉就攞自己条脷嚟试下就知啦。

(5) 明仔今朝起身晏得滞，赶唔切好好噉洗面刷牙就出门嘞。佢对眼有眼屎，耳仔有耳屎。

(6) 呢个细路仔生得太奀嘞，佢个大髀仲幼过女仔嘅，仲冇佢隔篱个肥叔叔条手臂粗。

(7) 呢个位于市中心嘅公园仔虽然唔大，但系入边有好多绿树，经常喺呢度行下，对人嘅胸肺健康好有好处。

(8) 嗰个细路女好可爱，她块面圆圆地，额头阔阔，眼睛大大，条眉弯弯，牙齿雪白齐整。佢中意笑，笑起身仲可爱。

(9) 刘小姐自细就唔使做家务，佢对手板好细，啲手指又尖又长。周小姐成日做家佢务，对手板又大又厚，啲手指好粗，手好大力。

(10) 阿华肥得滞，只脚板零舍厚，脚趾零舍粗壮，次次都唔好买鞋。佢屎忽度啲肉好多，条腰好粗，次次买裤都系够长唔够阔。

(11) 阿美系个靓女。佢唔高唔矮，唔肥唔瘦。佢个鼻哥又高又直，下巴尖尖噉，嘴唇唔薄唔厚。佢啲皮肤好白，一头长发又多又黑。

(12) 陈小姐嘅妈妈有风湿病，一到翻风落雨天气，成身啲骨头、关节就会痛起身。佢腿脚一直都唔好，每次上落楼梯膝头哥都痛到顶唔顺。

(13) 阿山身材奀细，身体孱弱，但系做嘢勤力，唔怕辛苦唔怕攰。阿杰个人虽然身材高大，身体强壮，但系好懒，做起嘢嚟有气冇力噉，脾气又唔好。

(14) 佢啱先喺出边食饭，可能食啲嘢唔干净，而家个肚痛到乜嘢噉，痛到佢面都白埋。佢而家仲屙埋肚，已经去咗五次洗手间嘞。

(15) 黄种女仔中意美白，所以佢哋最怕太阳晒黑自己啲皮肤，佢哋觉得皮肤白先至靓。白种女仔中意美黑，一见到太阳就晒，好想太阳晒黑自己，佢哋觉得皮肤黑一啲睇起身先至健康。

(二) 对话练习

(1) 甲：你而家喺边度呀？

乙：我喺医院。你有事嘛？

甲：冇乜嘢急事。你点呀，边度唔舒服？

乙：我琴日晚饭食完鸡髀就牙痛，痛咗成晚。

甲：而家医生点讲，严重嘛？

乙：医生话我有一只牙烂咗，隔篱有只都松埋。唔讲住先嘞，牙医要帮我洗牙嘞。

甲：好嘅，等你洗完牙我先至畀电话你。

乙：好嘅好嘅。

(2) 甲：我一到冬天，身体就好容易唔舒服。

乙：点解呢？

甲：一食完晚饭胃就容易痛，夏天唔会噉。

乙：你唔好食冻嘢，天气冻嗰时要食热啲嘅嘢。

甲：我都唔中意食冻嘢。医生话我系胃寒，我夏天都唔够胆食冷饮。

乙：你可以饮啲红茶，冬天饮热红茶对肠胃好好。

甲：系嘅，我喺冬天日日饮红茶，夏天会饮啲绿茶。

乙：冬天出门可以围条围巾，噉样唔容易受寒。

甲：系呀，我怕冻，出门条颈唔围条围巾就会感觉身体唔暖。

（3）甲：黄小姐，你爸爸身体睇落去好好呀！

乙：系呀。我爸爸系个坐唔住嘅人，中意走动。

甲：佢老人家今年几大嘞？

乙：我爸爸今年 80 岁嘞，佢以前系体育老师。

甲：你爸爸一啲都唔似老人。佢嘅背脊好直，行路膝头哥唔发软。

乙：佢有段时间个肺、心脏都唔系几好，嘟多啲就话心口闷。

甲：噉佢而家身体冇嘢嘞吧？

乙：佢后嚟日日都同班老友上白云山，而家身体好叻。

（4）甲：阿妈，我喉咙又痛嘞。

乙：我睇下。你个喉咙同条脷都好红，系热气嘞。

甲：睇嚟琴晚食得太多，食啲嘢太热气嘞。

乙：你琴晚又饮好多酒啦？

甲：系饮多咗啲。

乙：快啲饮多啲水先。我去买杯凉茶畀你饮。

甲：唔使嘞，我等阵出去自己买啦。

乙：我话你好多次嘞。你生活唔健康，中意大饮大食，就系中意食肉，唔中意食绿叶菜同水果；中意饮酒，唔中意饮水……

甲：阿妈你唔好讲嘞……

乙：我仲未讲晒！你晚黑瞓觉仲太晏，你中意对住电脑、手机长时间坐实唔郁。你噉样要搞坏自己身体嚟……

第二十讲　睇医生（看病）

一、新单词

	普通话	粤语口语		普通话	粤语口语
1	sang1 béng6 生　病	béng6 病	19	器械	héi3 hai6 器　械
2	看病	tei2 yi1 seng1 睇　医　生	20	tei2 wen1 gei3 体　温　计	tam3 yid6 zem1 探　热　针
3	wu6 xi6 护　士	gu1 nêng4 姑　娘	21	流血	leo4 hüd3 流　血
4	收费处	seo1 fei3 qu3 收　费　处	22	写病历	sé2 béng6 lig6 写　病　历
5	急诊室	geb1 cen2 sed1 急　诊　室	23	处方	qu2 fong1 处　方
6	手术室	seo2 sêd6 sed1 手　术　室	24	ju3 sé6 注射	da2 zem1 打　针
7	药房	yêg6 fong4 药　房	25	xu1 yig6 输　液	diu3 zem1 吊　针
8	受伤	seo6 sêng1 受　伤	26	掰开，张开	mag3 hoi1 擘　开
9	séi2 mong4 死　亡	guo3 sen1 过　身	27	退烧	têu3 xiu1 退　烧
10	感冒	gem2 mou6 感　冒	28	sêd1 摔倒，跌倒	did3 dao2 跌　倒
11	咳嗽	ked1 seo3 咳　嗽	29	抢救	cêng2 geo3 抢　救
12	流鼻涕	leo4 béi6 tei3 流　鼻　涕	30	运动	wen6 dung6 运　动
13	打喷嚏	da2 hed1 qi1 打　乞　嗤	31	需要	sêu1 yiu3 需　要
14	发炎	fad3 yim4 发　炎	32	总共	zung2 gung6 总　共
15	肿胀	zung2 zêng3 肿　胀	33	世界	sei3 gai3 世　界
16	检查	gim2 ca4 检　查	34	优秀	yeo1 seo3 优　秀
17	治疗	ji6 liu4 治　疗	35	ging1 fong1 惊　慌	géng1 céng1 惊　青
18	lêng4 tei2 wen1 量　体　温	tam3 yid6 探　热	36	弯曲	wan1 kug1 弯　曲

二、词语解释

1. 惊 géng[1]和 惊青 géng[1] céng[1]

粤语口语的“惊”相当于普通话“害怕”的意思，粤语口语的“惊青”相当于普通话的“惊慌”“惊慌失措”的意思。

2. 细力

粤语口语的“细力”与“大力”反义，即“力气小”的意思。“细力啲”相当于普通话“力气小些”“轻一点”的意思。

三、粤语句型

（一）动词＋亲 cen[1]

这一句型表示行为结果的原因。

普通话句型	粤语句型
动词＋着 zháo	动词＋亲

注意：粤语口语的“亲”相当于普通话的“着 zháo”，而不是“着 zhe”；粤语的“住”才是对应普通话的“着 zhe”。粤语口语动词后用“亲”，多数含有“伤”“坏”“糟”的意思。例如：

（1）佢唔知俾乜嘢打亲。（他不知被什么东西打着。）

（2）俾火烧亲手臂。（被火烧伤手臂。）

（3）行路跌亲下巴。（走路摔伤下巴。）

（4）切菜切亲手指。（切菜切伤手指。）

（二）形容词＋亲 cen[1]

这一句型表示行为结果的原因。

普通话句型	粤语句型
形容词＋着 zháo	形容词＋亲

例如：

（1）做嘢多，攰亲咗。（干活多，累着了。）

（2）着得衫少，冻亲咗。（穿的衣服少，冻着了。）

（3）太阳晒得滞，热亲咗。（太阳晒得很，热着了。）

（4）一个人冇人陪，闷亲。（一个人没人陪，闷着。）

（三）动词＋亲……都/就……

这是粤语口语使用“亲”与动词搭配的一个特殊句型。“亲”放在动词之后，与“都”或“就”搭配，相当于普通话“每次……都……”或“一……就……”的意思。

普通话句型	粤语句型
每次＋动词……都/就……	动词＋亲……都/就……

例如：

（1）佢做嘅嘢就叫攰。（他一干活就叫累。他每次干活都叫累。）

（2）搭嘅车都头痛。（一坐车就头痛。每次坐车都头痛。）

（3）叫嘅佢食饭都话唔得闲。（每次叫他吃饭都说没空。）

（4）去嘅香港都落雨。（每次一去香港都下雨。）

四、拓展

1. “处”的三种读法

qu^2：处女，处男，相处，处境，处世，处罚，处死，处分，处理，处方，处长，处置，和平共处，设身处地	qu^3：处所，到处，处处，出处，去处，患处，明处，暗处，痛处，深处，住处，长处，短处，错处，好处，益处，坏处，害处，患处，苦处，难处，办事处，代表处，一无是处 xu^3：边处（哪个地方），呢处（这儿，这地方），嗰处（那个地方）

2. “量”的两种读法

$lêng^6$：分量，数量，大量，少量，海量，度量，气量，力量，过量，适量，食量，饭量，酒量，产量，较量，量入为出	$lêng^4$：测量，丈量，衡量，打量，商量，思量，量体重，量体温，量体裁衣，车载斗量

3. “院”的两种读法

yun^6： 两读、相同：院队，院刊，院楼，院门，院长，院办，全院，四合院，大杂院，独门独院	yun^2：院子，院校，院派，院外，院内，学院，庭院，医院，法院，戏院，住院，入院，科学院 两读、相同：院队，院刊，院楼，院门，院长，院办，全院，四合院，大杂院，独门独院

4. “惊”的两种读法

$ging^1$：惊奇，惊险，惊闻，惊叹，惊天，惊讶，惊悚，惊动，惊惶，惊慌，惊魂，惊梦，惊警，惊恐，惊蛰，惊吓，惊喜，惊醒，受惊，震惊，打草惊蛇，虚惊一场 两读、相同：大惊小怪	$géng^1$：惊（怕），惊死，惊怪，惊青（慌张），好惊（很害怕），唔使惊（不用怕） 两读、相同：大惊小怪

5. “青”的两种读法

$qing^1$：青年，青春，青天，青山，青葱，青蛙，青铜，青史，青楼，青霉素，老中青，青红皂白，青黄不接，青梅竹马，青出于蓝，平步青云	$céng^1$：青色，青绿，青衣，青苔，青筋，青草，青菜，青蒜，青苗，青梅，青睐，青眼，杀青，采青，踏青，擒青（急吼吼），惊青（惊慌），标青（出众），青面獠牙，面青口唇白

6. “额”的两种读法

$ngag^2$：额（额头），匾额，横额，名额，总额，余额，空额，定额，超额	$ngag^6$：额头，额角，额外，额数，额手称庆

五、练习

（一）句子练习

（1）阿丽父母生病时喜欢去中医院看病吃中药；阿丽怕中药苦，有病就看西医吃西药。

（2）那个得了急病的病人，刚才被护士从急诊室送了去手术室，医生正在为他做手术。

（3）阿聪摔倒，左脚受伤，流了好多血。他用双手压紧伤口，压了好久才没再出血。

（4）她昨天在太阳下晒久了，晒坏了，得了热感冒，喉咙发炎红肿，今天还发起烧来。

（5）阿伟九岁的时候爸爸就病死了。爸爸死的时候，阿伟又害怕又难过，哭得很伤心。

（6）那个老大爷跟医生说，之前感冒会头痛、流鼻涕、打喷嚏，现在咳嗽咳得很厉害。

（7）很多小朋友怕打针，他们打针的时候会动来动去，大哭大闹。所以，护士给小孩子打针，需要很有耐心和爱心。

（8）门诊部一楼大门左边的窗口是挂号处，隔壁窗口是收费处。急诊室的左边是西药房，右边是注射室。注射室的对面就是输液室。

（9）病人看完病，医生要写病历，开药方。病人先要排队交费，然后再去药房等取药。病人也可以拿着医生开的处方去药店买药。

（10）病人的胃大出血。医生为他做手术时，发现他的胃很多地方已经坏死，需要切除大部分胃。医生抢救他的时候，为他输了 1 000 毫升血液。

（11）小华打针怕痛，每次生病打针就对护士说："姐姐，你轻一点，我不哭。"妈妈和护士都笑着说："小华真棒！打完针，你的病很快就会好起来了。"

（12）阿杰在学校上体育课受了伤，被送到医院。医生给他治疗之前，先检查了他的身体，用听诊器听了他的心脏，用血压计量了他的血压，用体温计量了他的体温。

（13）公立医院医生的诊金和药费比私立医院便宜很多，同样是发烧，去公立医院连挂号费总共用了 150 多块，在私立医院要花 500 多块。

（14）这是全省医疗水平最高的医院，这里的医生优秀，医术高明，护士的护理能力也是最棒的。这里有世界上最先进的医疗器械，服务水平也是最好的。

（15）阿健发现自己的大腿长了一块东西，膝盖越来越肿，不能弯曲。阿健很惊慌，去看医生。原来是关节严重发炎，需要吊针。医生说：以后运动，运动量不要大，不要太强烈。

（二）对话练习

（1）病人：护士，高医生在哪个诊室呀？

护士：214 室。阿婆，你看病有没病历啊？

病人：有呀。

护士：你拿来，我先帮你量下血压。

病人：量了血压，我就可以进去看病，是吗？

护士：不是，你先在这儿坐着，等一下轮到你，医生会叫你名字。听到叫你再进去。

病人：原来要这样！

（2）医生：你哪里不舒服呀？

病人：我昨晚睡觉感觉发冷。今早喉咙和头痛得不得了。

医生：刚才护士给你量体温是38度。

病人：我发烧了？

医生：是的。有没有流鼻涕，打喷嚏啊？

病人：有打喷嚏，鼻水流得很厉害。

医生：有没有咳嗽啊？

病人：有点咳。

医生：张大嘴巴我看看。……你喉咙发炎很厉害。

病人：我要打针退烧吗，医生？

医生：先不打针，先吃退烧药，不行再打针。我给你开点退烧药，38.5℃以上高烧时就吃一片。再开些咳嗽药水，你咳得厉害时喝一点。我都写在病历上了。你回家多喝点水，注意安静休息，一周就没事了。

病人：谢谢医生！再见！

医生：不客气。慢走！

（3）病人：请问，在哪里交药费？

护士：可以去前面那个收费处，也可以到二楼的收费处。

病人：排队的人多吗？我想快点儿。

护士：你不想排队，可以用手机在网银支付。

病人：谢谢！取药快吗？

护士：我们医院现在用一套新机器分药，病人取药最多一分钟就行了。

病人：太好了。谢谢！

护士：不客气！

（4）病人：护士，我要打针，是不是在这里呀？

护士：是的，进来吧。你的针总共需要打三天。

病人：是打手臂还是打屁股？

护士：打屁股。

病人：我明天上午没空，下午来行不行？

护士：行，你下午来打吧。

（5）阿明：老师，我病了，上不了学，要请两天假。

老师：什么病啊，严不严重啊？

阿明：是感冒发烧，不算很严重。医生说吃点药，休息两天就好了。

老师：好啊，你好好休息吧，病好了再来上学吧！

六、答案

(一) 句子练习

(1) 阿丽父母病嗰时中意去中医院睇医生食中药；阿丽怕中药苦，有病就睇西医食西药。

(2) 嗰个得咗急病个病人，啱先俾姑娘喺急诊室送咗去手术室，医生喺度为佢做嚟手术。

(3) 阿聪跌嚫，左脚受伤，流咗好多血。佢用对手压实伤口，压咗好耐先至冇再出血。

(4) 佢琴日喺太阳下边晒耐咗，晒嚫咗，得咗热感冒，喉咙发炎红肿，今日仲发起烧嚟。

(5) 阿伟九岁嗰时爸爸就病死咗。爸爸过身嗰时，阿伟又惊又难过，喊到好伤心。

(6) 嗰个阿伯同医生讲，之前感冒会头痛、流鼻涕、打乞嗤，而家咳嗽咳得好犀利。

(7) 好多小朋友怕打针，佢哋打针嗰时会郁嚟郁去，大喊大叫。所以，姑娘同细路仔打针，需要好有耐心同爱心。

(8) 门诊部一楼大门左手边个窗口系挂号处，隔篱窗口系收费处。急诊室个左边系西药房，右边系注射室。注射室个对面就系输液室。

(9) 病人睇完病，医生要写病历，开药方。病人要排队交费先，然之后再去药房等攞药。病人又可以攞住医生开嘅处方去药店买药。

(10) 病人个胃大出血。医生为佢做手术时，发现佢个胃好多地方已经坏死，需要切除大部分胃。医生抢救佢嗰时，为佢输咗 1 000 毫升血液。

(11) 华仔打针怕痛，次次病咗打针就同姑娘讲："姐姐，你细力啲，我唔喊。"妈妈同姑娘都笑住话："华仔好叻！打完针，你啲病好快就会好起身嘞。"

(12) 阿杰喺学校上体育课受咗伤，俾送到医院。医生同佢做治疗之前，同佢检查身体先，用听诊器听咗佢嘅心脏，用血压计量咗佢嘅血压，用探热针量咗佢嘅体温。

(13) 公立医院医生嘅诊金同药费平过私立医院好多，同样系发烧，去公立医院连埋挂号费总共用咗一百五十几文，喺私立医院要使五百几文。

(14) 呢间系全省医疗水平最高嘅医院，呢度啲医生优秀，医术高明，护士啲护理能力都系最叻嘅。呢度有世界上最先进嘅医疗器械，服务水平都系最好嘅。

(15) 阿健发现自己个大髀生咗一嚿嘢，膝头哥越嚟越肿，弯曲唔到。阿健好惊青，去睇医生。原嚟系关节严重发炎，需要吊针。医生话：以后运动，运动量唔好大，唔好太强烈。

(二) 对话练习

(1) 病人：姑娘，高医生喺边个诊室呀？

护士：214 室。阿婆，你睇病有冇病历呀？

病人：有呀。

护士：你攞嚟，我同你量下血压先。

病人：量咗血压，我就可以入去睇医生，系嘛？
护士：唔系，你喺度坐住先，等阵轮到你，医生会嗌你名。听到嗌你先至入去。
病人：原嚟要噉！
（2）医生：你边度唔舒服呀？
病人：我寻晚瞓觉觉得发冷。今朝喉咙同埋个头痛到乜嘢噉。
医生：啱先姑娘同你探热系 38 度。
病人：我发咗烧？
医生：系呀。有冇流鼻涕，打乞嗤呀？
病人：有打乞嗤，鼻水流得好犀利。
医生：有冇咳呀？
病人：有啲咳。
医生：擘大口我睇下。……你喉咙发炎好紧要。
病人：我要打针退烧嘛，医生？
医生：唔打针住，食啲退烧药先，唔得先至打针。我开啲退烧药畀你，三十八度五以上高烧嗰时就食一片。再开啲咳药水，你咳得犀利嗰时饮一啲。我都写喺病历度嘞。你返屋企饮多啲水，注意安静休息，一个礼拜就冇事嘞。
病人：唔该医生！拜拜！
医生：唔使客气。慢慢行！
（3）病人：唔该问下，喺边度交药费？
护士：可以去前面个收费处，又可以到二楼个收费处。
病人：排队啲人多嘛？我想快啲。
护士：你唔想排队，可以用手机喺网银畀钱。
病人：唔该！攞药快嘛？
护士：我哋医院而家用一套新机器分药，病人攞药最多一分钟就得嘞。
病人：太好嘞。唔该晒！
护士：唔使客气！
（4）病人：姑娘，我要打针，系唔系喺呢度呀？
护士：系呀，入嚟啦。你啲针总共需要打三日。
病人：系打手臂仲系打屁股？
护士：打屁股。
病人：我听日上昼唔得闲，下昼嚟得唔得？
护士：得，你下昼嚟打啦。
（5）阿明：老师，我病咗，返唔到学，要请两日假。
老师：乜嘢病呀，紧唔紧要呀？
阿明：系感冒发烧，唔算好紧要。医生话食啲药，休息两日就好嘞。
老师：好呀，你好好休息啦，病好咗先至嚟返学啦。

第二十一讲　爱运动（爱运动）

一、新单词

	普通话	粤语口语		普通话	粤语口语
1	锻炼	dün6 lin6 锻 炼	19	队长	dêu6 zêng2 队 长
2	散步	san3 bou6 散 步	20	球迷	keo4 mei4 球 迷
3	田径	tin4 ging3 田 径	21	ngoi3 hou3 zé2 爱 好 者	fad3 xiu1 you2 发 烧 友
4	马拉松	ma5 lai1 cung4 马 拉 松	22	ji1 ci4 zé2 支 持 者	yung5 den2 拥 趸
5	da2 keo4 打 球	da2 bo1 打 波	23	观众	gun1 zong3 观 众
6	足球	zug1 keo4 足 球	24	国际	guog3 zei3 国 际
7	篮球	lam4 keo4 篮 球	25	练习	lin6 zab6 练 习
8	高尔夫球	gou1 yi5 fu1 keo4 高 尔 夫 球	26	参加	cam1 ga1 参 加
9	乒乓球	bing1 bem1 bo1 乒 乓 波	27	举办	gêu2 ban6 举 办
10	羽毛球	yu5 mou4 keo4 羽 毛 球	28	比赛	béi2 coi3 比 赛
11	yeo4 wing6 游 泳	yeo4 sêu2 游 水	29	加油	ga1 yeo2 加 油
12	体操	tei2 cou1 体 操	30	坚持	gin1 qi4 坚 持
13	跳舞	tiu3 mou5 跳 舞	31	开始	hoi1 qi2 开 始
14	跳绳	tiu3 xing2 跳 绳	32	结束	gid3 cug1 结 束
15	踢毽子	tég3 yin2 踢 毽	33	后来	heo1 méi1 heo6 méi5 后 尾，后 尾
16	deng1 pa4 登 山，爬 山	hang4 san1 行 山	34	精神	jing1 sen4 精 神
17	瑜伽	yu4 ga1 瑜 伽	35	真情	zen1 qing4 真 情
18	太极拳	tai3 gig6 kün4 太 极 拳	36	ying4 赢	yéng4 赢

二、词语解释

1. 球 keo⁴和 波 bo¹

粤语口语习惯把“球”说成“波”。“波”来自英文单词 ball。例如，打波（打球），开波（开球），波衫（球衣），波鞋（球鞋），执波（捡球）等。当然，一些固定的词语不适合把“球”换成“波”，例如羽毛球、排球、篮球、足球等。

2. 后尾 heo¹ méi¹或 heo⁶ méi⁵

粤语口语的“后尾”相当于普通话两个意思。

一个是“后来”。例如，我后尾冇去香港开会。（我后来没去香港开会。）我后尾先至揾到咗佢。（我后来才找到了他。）

另一个是“（位置的）最后面”。例如，我坐喺课室后尾。（我坐在课室最后面。）佢最矮，排队排喺全班最后尾。（他最矮，排队排在全班最后面。）

注意，如果是实指尾巴，粤语“尾”一般发第六声“尾 méi⁶”，例如，踩嚫佢条尾⁶。（戳到了他的痛处。）如果虚指尾巴，即实指最后，粤语“尾”一般发第一声“尾 méi¹”，例如，边个排最尾¹？（谁排最后？）

3. 学识 hog⁶ xig¹

粤语口语的“学识”相当于普通话的“学会”“学懂”的意思。例如：

（1）阿丽六岁就学识咗煮饭。（阿丽六岁就学会了做饭。）

（2）佢好细胆，学嚟学去都学唔识开车。（他太胆小，学来学去都学不会开车。）

4. 实系 sed⁶ hei⁶

粤语口语的“实系”相当于普通话的“肯定是”的意思。例如，嗰个男仔实系阿健。（那个男孩肯定是阿健。）佢实系唔记得件事嘞。（他肯定忘记这件事了。）佢实系去咗北京嘞。（他肯定去了北京了。）

5. 粤语的逆序词

同素逆序词指语素与词义相同，但字序相反的词汇。粤语有不少词汇的字序都跟普通话相反，主要原因是粤语保留了古代汉语用法。例如：

	普通话	粤语口语		普通话	粤语口语
1	喜欢	欢喜	9	客人	人客
2	录取	取录	10	公鸡	鸡公
3	责怪	怪责	11	母鸡	鸡乸
4	符合	合符	12	素质	质素
5	装订	订装	13	秋千	千秋
6	外出	出外	14	整齐	齐整
7	要紧	紧要	15	盒饭	饭盒
8	已经	经已	16	干菜	菜干

三、粤语句型

动词＋开 hoi¹这一句型表示行为已经开始，并将进行下去。

普通话句型	粤语句型
已经在＋动词	动词＋开

注意：粤语的“开”相当于普通话的“已经在……”的意思，与“嚟”有相似之处，都表示行为正在进行。但“开”强调行为已经开始并将进行下去，含有不要中断的意思，而“嚟”仅仅陈述行为正在进行。

例如：

（1）我做开嘢嘞。（我已经在做事了。）

（2）佢琴日就着开呢件衫嘅。（他昨天就穿这件衣服的。）

（3）我煮开饭嘞，唔得闲打电话嘞。（我已经在煮饭了，没空打电话了。）

（4）我洗开碗嘞，唔使你洗嘞。（我已经在洗碗了，不用你洗了。）

四、拓展

1.“松”的两种读法

$cung^4$：松树，松鼠，松木，松柏，松子，松针，松脂，松香，松风，松涛，青松，松节油，马拉松 $cung^2$：武松（人名）	$sung^1$：松紧，松软，松散，松弛，松懈，松绑，松手，松口，松动，松土，松人（溜号），松糕（用米粉蒸制而成的糕点），肉松，轻松，放松，宽松，松紧带，松花蛋，睡眼惺松

2.“友”的两种读法

yeo^5：友人，友情，友谊，朋友，亲友，好友，男友，女友，校友	yeo^2：友仔（小家伙；家伙，小子），嗰条友（那家伙），发烧友（爱好者，狂热者），损友

3.“油”的两种读法

yeo^4：油漆，油烟，油箱，油管，油门，油水（利益），原油，石油，汽油，柴油，猪油，奶油，麻油，豉油（酱油），油条、油炸鬼（油条），油光满脸，油嘴滑舌 两读、相同：油价，机油，热油，加油（加入油）	yeo^2：漆油，红油，鞋油，喷油，漏油，抹油，加油（加劲儿） 两读、相同：油价，机油，热油，加油（加入油）

五、练习

（一）句子练习

（1）我们需要健康的生活方式和饮食，早睡早起，经常运动，锻炼身体，这样我们的身体就可以健壮少生病。

（2）阿静长得高高瘦瘦的，手臂和双腿又长又直，腰又细又软，身材很适合跳舞。不过，阿静喜欢练体操，想做一个优秀的体操运动员。阿静的父母都支持她。

（3）李先生喜欢跳绳，平时一次能跳几百下，但是今天才跳了几十下，就觉得心脏跳得快得不得了，胸部疼痛，他马上停下来休息。

(4) 中小学生在学校每天要参加体育锻炼，上午要做课间操，下午要参加打球、跑步、跳绳等体育活动，要学会游泳。学校每年都举办校运会。

(5) 广州有不少老人热爱运动。有很多老人每周去球馆打乒乓球、羽毛球，还有的老人喜欢约上朋友去爬白云山，在山上踢毽子。

(6) 在体育场可以进行各种体育比赛。在场地的中间可以进行足球比赛，在跑道可以进行长跑、短跑等径赛，在场地四周可以进行跳高、跳远等田赛。

(7) 阿康的爸爸以前是广州田径队的队员，现在退休在家，每天都要散步两次。他如果哪天不出去走走，心里面就感觉不舒服。

(8) 阿康的妈妈30岁学会打太极拳，已经坚持了30年。她今年60岁了，但是，大家都说她看起来很精神，像50岁似的。

(9) 阿康从小就是篮球迷，喜欢打篮球，是学校篮球队队长。他和篮球队的队员每天下午放学后就练习篮球。他现在还喜欢上打高尔夫球。

(10) 阿康的妹妹阿乐喜欢网球，目前正在学习打网球，每周上两次课，每天练习两个小时。她进步很快，今年参加越秀区网球比赛，全家人都去为她加油打气。

(11) 阿康的姐姐阿秀原来身体瘦弱多病，每个月都要看病吃药。后来她喜欢上健身，练习了几年瑜伽，身体就好起来了。她现在成了健身爱好者。

(12) 阿健从小好吃懒做，不爱运动，得了肥胖症。他身高1.78米，体重超过250斤。他自从爱上长跑运动之后，体重很快就正常了，身体也强壮了。

(13) 广州是中国足球水平最高的城市。广州人特别喜欢足球运动，有很多足球爱好者。广州有中国最优秀的球队，每支足球队都有成千上万的球迷和支持者。

(14) 广州是最早举办国际马拉松比赛的中国城市之一。很多广州人参加比赛不是为了输赢，而是为了感受运动的快乐。马拉松比赛的这天已经变成了广州人的节日。

(15) 广州每年11月底举办国际马拉松比赛，有几万名国内外马拉松运动员和爱好者参加。路边有很多观众观看比赛，为每个运动员加油。运动员可以感受到广州人的热情和对马拉松运动的热爱。

(二) 对话练习

(1) 甲：你喜欢运动吗？

乙：喜欢呀！我天天都找时间运动。

甲：你喜欢什么运动呢？

乙：我平时晚上去健身房健身，假日就喜欢跟朋友一起爬白云山。我们今天在白云山走了1万多步。

甲：爬山膝关节很容易受伤的。

乙：白云山不高，我们常去的那里路很平，就像走路一样，不会伤到膝关节的。

(2) 甲：你是真的喜欢运动吗？

乙：你为什么这样说呢？

甲：你嘴上整天说要去运动，但是，我从来没有看到你运动。

乙：我是在床上运动，所以你看不到。

甲：你在床上肯定是玩手机，就是手指运动。

乙：被你说对了。不跟你说了，我的手指开始动了。

（3）甲：昨晚你在哪儿看广州队和北京队的足球比赛？

乙：我是球迷，肯定要去天河体育场看啦。

甲：昨晚观众肯定很多吧？

乙：那还用说。我排队进场都排了大半个小时。我后面还有很多球迷排队。

甲：那，是哪个队赢了？

乙：广州队开头先输一球，后来进了两个球，最后2比1赢了。

（4）甲：黄小姐，你妈妈好精神啊！身体看起来好像很好呀！

乙：我妈妈的身体不是看起来好，是真的很好！

甲：她老人家今年多少岁呀？

乙：今年6月就80岁了。

甲：真看不出来80岁啊！她吃什么吃得身体这么好呀？

乙：她的好身体不是吃出来的。她60岁以前肺不好，经常咳嗽，还有心脏病，走路就腿疼，背也是弯的。后来坚持天天游泳，身体慢慢才好起来的。

甲：她冬天也游泳？难道她不怕冷吗？

乙：妈妈说游冬泳最能锻炼身体，她不怕冷。

（5）甲：那群球迷在干什么呢？这么吵！

乙：他们支持的球队比赛输了，在闹事呗。

甲：比赛肯定有输有赢的，有什么好吵呢？

乙：他们在骂比赛不公平。我觉得没有不公平，就是他们的球队输了，他们不服气。

甲：以后有机会再比嘛！

乙：就是呀，这些球迷这样闹，太没有体育精神了。

六、答案

（一）句子练习

（1）我哋需要健康嘅生活方式同饮食，早瞓早起，经常运动，锻炼身体，噉样我哋嘅身体就可以健壮少病啲。

（2）阿静生得高高瘦瘦嘅，手臂同双腿又长又直，条腰又幼又软，身材好啱跳舞。不过，阿静中意练体操，想做个优秀嘅体操运动员。阿静嘅父母都支持佢。

（3）李生中意跳绳，平时一次可以跳几百下，但系今日先至跳咗几十下，就觉得心脏跳得快到乜嘢噉，胸部疼痛，佢即刻停低落嚟休息。

（4）中小学生喺学校日日要参加体育锻炼，上昼要做课间操，下昼要参加打波、跑步、跳绳等体育活动，要学识游水。学校每年都举办校运会。

（5）广州有唔少老人热爱运动。有好多老人每个礼拜去球馆打乒乓球、羽毛球，仲有啲老人中意约埋朋友去爬白云山，喺山度踢毽。

（6）喺体育场可以进行各种体育比赛。喺场地嘅中间可以进行足球比赛，喺跑道可以进行长跑、短跑等径赛，喺场地四周可以进行跳高、跳远等田赛。

（7）阿康个爸爸旧阵时系广州田径队嘅队员，而家退休喺屋企，日日都要散步两次。佢如果边日唔出去行下，心入边就感觉唔舒服。

（8）阿康个妈妈30岁学识打太极拳，已经坚持咗30年。佢今年60岁嘞，但系，大家都话佢睇起身好精神，好似50岁噉。

（9）阿康自细就系篮球迷，中意打篮球，系学校篮球队队长。佢同篮球队啲队员日日下昼放学就练习篮球。佢而家仲中意埋打高尔夫球。

（10）阿康个妹阿乐中意网球，家阵学习嚟打网球，每周上两次课，日日练习两个钟。佢进步好快，今年参加越秀区网球比赛，全家人都去为佢加油打气。

（11）阿康个家姐阿秀原先身体瘦弱多病，每个月都要睇病食药。后尾佢中意咗健身，练习咗几年瑜伽，身体就好起身嘞。佢而家成咗健身发烧友。

（12）阿健自细好食懒做，唔中意运动，得咗肥胖症。佢身高一米七八，体重超过250斤。佢自从中意长跑运动之后，体重好快就正常返嘞，身体都强壮咗。

（13）广州系中国足球水平最高嘅城市。广州人零舍中意足球运动，有好多足球发烧友。广州有中国最优秀嘅球队，每支足球队都有成千上万嘅球迷同拥趸。

（14）广州系最早举办国际马拉松比赛嘅中国城市之一。好多广州人参加比赛唔系为咗输赢，而系为咗感受运动嘅快乐。马拉松比赛嘅呢日已经变成咗广州人嘅节日。

（15）广州每年11月底举办国际马拉松比赛，有几万名国内外马拉松运动员同爱好者参加。路边有好多观众观看同埋为每个运动员加油。运动员可以感受到广州人嘅热情同埋对马拉松运动嘅热爱。

（二）对话练习

（1）甲：你中意运动嘛？

乙：中意呀！我日日都揾时间运动。

甲：你中意乜嘢运动呢？

乙：我平时晚黑去健身房健身，假日就中意同朋友一齐爬白云山。我哋今日喺白云山行咗万几步。

甲：爬山膝关节好容易受伤嘅。

乙：白云山唔高，我哋常去嘅嗰度路好平，就好似行路噉，唔会伤到膝关节嘅。

（2）甲：你系真嘅中意运动，仲系假嘅中意？

乙：你点解噉讲呢？

甲：你把口成日话要去运动，但系，我从嚟冇见到你运动。

乙：我系喺床度运动，所以你睇唔到。

甲：你喺床度实系玩手机，就系手指运动。

乙：俾你讲啱咗。唔同你讲嘞，我只手指嘟开嘞。

（3）甲：寻晚你喺边度睇广州队同北京队嘅足球比赛？

乙：我系球迷，实系要去天河体育场睇啦。

甲：寻晚观众实系好多啦？

乙：仲使讲。我排队入场都排咗大半个钟。我后尾仲有大把球迷排队。

甲：噉，系边个队赢咗？

乙：广州队开头输一波先，后尾入咗两个波，最后2比1赢咗。

（4）甲：黄小姐，你妈妈好精神呀！身体睇起身好似好好嘅！

乙：我妈妈个身体唔系睇起身好，系真嘅好好！

甲：佢老人家今年几岁呀？

乙：今年6月就80岁嘞。

甲：真系睇唔出80岁呀！佢食乜嘢食到身体咁好呀？

乙：佢个好身体唔系食出嚟嘅。佢60岁之前肺唔好，经常咳嗽，仲有心脏病，行路就脚痛，背都系弯嘅。后尾坚持日日游水，身体先至慢慢好起身嘅。

甲：佢冬天都游水？唔通佢唔怕冻咩？

乙：阿妈话游冬泳最锻炼身体，佢唔怕冻。

（5）甲：嗰班球迷喺度做乜嘢呢？咁嘈！

乙：佢哋支持嘅球队比赛输咗波，喺度闹事啰。

甲：比赛实系有输有赢啦，有乜嘢好嘈呢？

乙：佢哋闹比赛唔公平。我觉得冇唔公平，就系佢哋个球队输咗，佢哋唔服气。

甲：以后有机会再比过啰。

乙：就系啰，呢啲球迷噉嚟闹，太冇体育精神嘞。

第二十二讲　煮乜嘢食（煮什么吃）

一、新单词

	普通话	粤语口语		普通话	粤语口语
1	cêu4 fong2 厨 房	qu4 fong2 厨 房	19	甜	tim4 甜
2	yin4 héi3 zou3 燃 气 灶	yin4 héi3 lou4 燃 气 炉	20	辣椒	lad6 jiu2 辣 椒
3	sa1 wo1 砂 锅	sa1 bou1 砂 煲	21	tou5 deo6 土 豆	xu4 zei2 薯 仔
4	gem1 sug6 wo1 金 属 锅	cang1 锴	22	sei1 hong4 qi2 西 红 柿	fan1 ké2 番 茄
5	cao2 coi3 wo1 炒 菜 锅	wog6 镬	23	wong4 gua6 黄 瓜	céng1 gua6 青 瓜
6	盆子	pun4 盆	24	口	dam6 啖
7	gun3 罐 子	ngang1 罂	25	gu2 ceng4 股、层	zem6 zem3 唚（股），唚（层）
8	jin2 dou1 剪 刀	gao3 jin2 铰 剪	26	jiu1 hu4 焦，煳	nung1 燶
9	qid3 coi3 ban2 切 菜 板	zem1 ban2 砧 板	27	méi6 dou6 味 道	cêu4 ⿰口随
10	zêng3 yeo4 酱 油	xi6 yeo4 豉 油	28	蒸	jing1 蒸
11	盐	yim4 盐	29	炸	za3 炸
12	醋	co3 醋	30	tou3 吐	lê1 ⿰口累
13	糖	tong4 糖	31	ceo3 闻，嗅	men4 闻
14	汁	zeb1 汁	32	打开，打着	zég6 着
15	葱	cung1 葱	33	xig1 mid6 熄 灭	xig1 熄
16	姜	gêng1 姜	34	关闭	guan1 bei3 关 闭
17	蒜	xun3 蒜	35	习惯	zab6 guan3 习 惯
18	咸	ham4 咸	36	yeo5 cêu3 有 趣，可爱	deg1 yi3 得 意

二、词语解释

1. 矽煲罂铛 sa^1 bou^1 ngang^1 cang^1

粤语口语的“砂煲罂铛”相当于普通话“锅碗瓢盆”的意思，指日常生活中的所有厨具。例如：呢度厨房啲砂煲罂铛乜都有得卖。（这里厨房的锅碗瓢盆啥都有得卖。）

2. 碗碗碟碟 wun^2 wun^2 dib^6 dib^6

粤语口语的“碗碗碟碟”相当于普通话“碗筷”的意思，指日常生活中的所有食具。例如，啲碗碗碟碟仲堆喺厨房度，几时先至洗呀？（那些碗筷还堆在厨房，什么时候才洗啊?）

3. 镬 wog^{6}和大镬 dai^6 wog^6

粤语口语的“镬”是普通话“锅”的意思，但是，粤语的“大镬”形容“闯大祸”的意思。例如，你今次够晒大镬嘞，没人帮到你嘞。（你这次闯的祸够大了，没人帮得了你了。）

4. 净系 jing^6 hei^6

粤语口语的“净系”相当于普通话“只是”“只有”的意思。例如，呢度净系女生，冇一个男生。（这里只有女生，没一个男生。）佢使晒啲钱嘞，荷包净系散纸，一张大纸都冇。（她钱全花光了，钱包只有零钱，一张大钞都没有。）

5. 得意 deg^1 yi^3

粤语口语的“得意”相当于普通话“好玩”“有趣”“可爱”的意思。例如，呢个茶杯好得意。（这个茶杯好有趣。）阿玲个仔生得好得意。（阿玲的儿子长得好可爱。）

6. 因住 yen^1 ju^6

粤语口语的“因住”，相当于普通话“小心”“注意”的意思。例如，你因住行，唔好跌嚫。（你小心走，别摔着了。）你同我因住！（你给我小心点！）

7. 送饭 sung^3 fan^{6}和 送粥 sung^3 zug^6

粤语口语“送”字在这里相当于普通话“佐”的意思，所以“送饭”“送粥”相当于普通话的“佐饭”“佐粥”的意思。例如，冇咸菜送白粥，佢唔肯食。（没咸菜佐白粥，他不肯吃。）呢啲餸好好送饭，我今晚胃口好好。（这些菜很好下饭，我今晚胃口很好。）

8. 餐餐 can^1 can^1

粤语口语的“餐餐”相当于普通话“顿顿”的意思。例如，餐餐食米饭，煮餐面转下口味啦。（顿顿吃米饭，煮顿面换换口味吧。）

三、拓展

1. “糖”的两种读法

tong^4：糖果，糖浆，糖尿病，果糖，红糖，砂糖，白糖，黄糖，冰糖，片糖，方糖，蔗糖，葡萄糖，糖衣炮弹 两读、相异：糖（食用糖料）	tong^2：糖纸，奶糖，水果糖，太妃糖 两读、相异：糖（零食糖果）

2. “薯”的两种读法

xu^4：薯仔（土豆），薯粉，薯头（笨蛋），木薯，番薯粉	xu^2：番薯

3. “喥”的两种读法

zem^6：一喥（一股），一喥味（一股味道）	zem^3：一喥（一层），一喥皮（一层皮）

4. “着”的两种读法

$z\acute{e}g^6$：着火（打火），着灯（开灯），	$z\acute{e}g^3$：着衫（穿衣服），着鞋（穿鞋子）

5. “调”的两种读法

tiu^4：调味，调和，调理，调停，调节，调配，调情，调戏，调位，调整，调教，空调，风调雨顺	diu^6：调转，调度，调动，调运，调换，调研，声调，论调，曲调，格调，强调，腔调，情调

四、练习

（一）句子练习

（1）阿新不喜欢煲汤，不过很喜欢漂亮的砂锅，一见到有趣的砂锅就买回家，家里厨房的柜子堆了很多。

（2）这段时间下雨下得很厉害，青菜贵了很多，一斤豆角前段时间三块钱，现在要六块钱，比鸡蛋还贵。

（3）妈妈做的糖醋排骨非常好吃，酸酸甜甜的。她不放醋，用西红柿做成酸味，所以酸甜的味道更好。

（4）煲汤要用砂锅，滚汤、蒸菜可以用金属锅，炒菜、炸东西就要用炒锅，油炸时尖底锅比平底锅好用。

（5）爸爸很会做菜，他做的菜很好吃，比很多大厨师还棒。我跟妹妹最喜欢他做的白切鸡和酱油鸡了。

（6）妈妈找来找去都找不到放牛油的那个罐子，后来才发现被爸爸放错在厨房下面的柜子最里面了。

（7）他家有好多盆子，洗脸有洗脸盆，洗脚有洗脚盆，洗衣服有洗衣盆，洗碗有洗碗盆，洗菜有洗菜盆。

（8）因为没切菜板和切菜刀，阿婷就用剪刀把牛肉剪成一小块一小块的。用剪刀剪葱和辣椒还方便，剪姜和蒜就挺麻烦的。

（9）阿华很喜欢吃土豆，也很会做土豆。他炒的土豆片鲜脆爽口。他做的土豆煮牛肉，好吃得大家吃一口就停不下来。

（10）阿珍吃菜很挑食，喜欢吃菜心、生菜和黄瓜，不喜欢吃白菜、苦瓜，最讨厌吃葱。她说很不习惯葱的味儿，一闻到那股味儿，鼻子就不舒服。

（11）家里什么调味料都没了。我去超市买了一大堆回来，一瓶酱油、两包食盐、三包五香粉、一瓶白醋、一罐番茄汁、一瓶辣椒酱。

（12）今天是妹妹第一次自己煮红薯糖水，她把盐当成白糖，所以一锅糖水不是甜的，变成咸的了。妈妈喝了一口马上吐出来，妹妹才知道自己搞错了。

（13）他打着火煎鱼，因为放油太少，火又开得太大，鱼一下子就被他全煎煳了。但是妈妈没有骂他，很耐心地教他怎样把鱼煎得又好又香。

（14）这个燃气灶是我昨天买的，花了一千多块钱。这种炉灶打着火之后，如果火被风弄灭了，燃气会自动关闭，很安全。炉灶的火力足够大，用来炒菜特别好吃。

（15）妈妈做菜不用味精，喜欢放一点糖调味。阿杰在超市买了各种糖，有白糖、红糖、黄糖、冰糖、片糖、方糖。回到家，妈妈说他："傻孩子，你买这么多糖干什么？我做菜只用白糖！"

（二）对话练习

（1）甲：你明早想吃什么早餐啊？

乙：我今晚在外面吃饭吃多了，一点胃口都没了，明早喝点白粥就行了。

甲：正巧，我明天也想喝粥。放点南瓜来煲粥好不好？比喝白粥好。

乙：挺好呀！我喜欢喝南瓜粥。

甲：我今晚睡觉前就用电饭煲煮上粥，明早起床就有得吃了。

乙：我今晚吃饭打包了一些红豆包回来，挺好吃的呢，还有些味道很好的咸菜，明早用来下粥吧。

（2）甲：今天好热呀！38度，外面好像火炉山似的！

乙：你以为呀，火炉山比这凉快不知多少呢！热就开空调吧。

甲：好呀。我先把空调开了。

乙：温度不要太低，调26度吧。如果跟外面温差太大，出去容易感冒。

甲：我买了个大西瓜，放在冰箱里冰着。我现在切。

乙：不要用切菜刀切，不干净。要用专门切水果的水果刀和砧板。

（3）甲：我好像闻到一股燃气味！

乙：不会，现在燃气炉一熄火就自动关气。

甲：那为什么有一股味儿？你有没煮东西？快点去厨房看看。

乙：好像阿丽在煮东西！她刚刚出去了。

甲：真是她煮东西。她以为熄了燃气，其实只是关小了火，东西一直在煮，全煮煳了。

乙：如果我们不在这，等锅全煮干，就会着火了！

甲：看来我们要买个干粉灭火器放在厨房里才行。

乙：是呀！明天就买。

（4）甲：我回到家开灯才发现停了电。放在冰箱的猪肉全都臭了。

乙：想煮饭，电饭锅、电高压锅也用不了了。那就出去吃饭吧。

甲：好呀。吃什么呢？那里开了间新西餐厅，我们去试下吧。

乙：我对西餐没兴趣，吃不惯西餐那些口味呀！还是去吃粤菜吧。

甲：那我们去阿一茶餐厅吧，你没去过。他们做的点心又好玩又好吃，你肯定喜欢。

乙：好呀。马上关灯出门。

甲：没电关什么灯啊？

乙：出门的习惯动作。

（5）甲：这些是不是葱啊？

乙：葱花蛋糕肯定有葱啦。

甲：我不吃葱，不吃蒜头。

乙：不吃葱蒜，不聪明。蒸鱼都要放姜葱啦。

甲：我不吃蒸鱼里面的葱姜，就是吃鱼。还有没鱼啊？

乙：别人吃一条，你吃了三条了，还吃？

甲：没吃够，还想吃。

乙：你顿顿吃这么多，小心现在变小胖子，长大做大胖子呀！

五、答案

（一）句子练习

（1）阿新唔中意煲汤，不过好中意靓砂煲，一见到得意嘅砂煲就买返屋企，屋企厨房啲柜堆咗好多。

（2）呢排落雨落得好犀利，啲青菜贵咗好多，一斤豆角前排三文鸡，而家要六文鸡，仲贵过鸡蛋。

（3）妈妈整嘅糖醋排骨好好食，酸酸甜甜噉。佢唔放醋，用番茄整成酸味，所以酸甜嘅味道仲好。

（4）煲汤要用砂煲，滚汤、蒸餸可以用镬，炒菜、炸嘢就要用镬，油炸时尖底镬好用过平底镬。

（5）爸爸好识整餸，佢煮啲餸好好食，叻过好多大厨。我同妹妹最中意食佢整嘅白切鸡同埋豉油鸡。

（6）妈咪揾嚟揾去都揾唔到放牛油嗰个罂，后尾先至发现俾爸爸放错喺厨房下边个柜最埋边。

（7）佢屋企有好多盆，洗面有洗面盆，洗脚有洗脚盆，洗衫有洗衫盆，洗碗有洗碗盆，洗菜有洗菜盆。

（8）因为冇砧板同切菜刀，阿婷就用铰剪剪到牛肉细细嚿噉。用铰剪剪葱同埋辣椒仲方便，剪姜同埋蒜就几麻烦下。

（9）阿华好中意食薯仔，又好识整薯仔。佢炒嘅薯仔片鲜脆爽口。佢整嘅薯仔煮牛肉，好食到大家食一啖就停唔到口。

（10）阿珍食菜好拣食，中意食菜心、生菜同埋青瓜，唔中意食白菜、苦瓜，最憎食葱。佢话好唔习惯葱啲味，一闻到嗰嚊嚨，个鼻就唔舒服。

（11）屋企乜嘢调味料都冇晒嘞。我去超市买咗一大堆返嚟，一樽豉油、两包食盐、三包五香粉、一樽白醋、一罐番茄汁、一樽辣椒酱。

（12）今日系阿妹第一次自己煮番薯糖水，佢当咗盐系白糖，所以一煲糖水唔系甜嘅，变成咸嘅。妈咪饮咗一啖即刻𠹺出嚟，阿妹先至知自己搞错咗。

（13）佢打着火煎鱼，因为放油少得滞，火又开到大得滞，鱼一阵间就俾佢煎燶晒嘞。但系妈咪冇闹佢，好耐心噉教佢点样煎到啲鱼又好又香。

（14）呢个燃气炉系我琴日买嘅，使咗一千几文。呢种炉灶打着火之后，如果火俾风整熄咗，燃气会自动关闭，好安全。炉灶啲火力够晒大，攞嚟炒餸零舍好食。

（15）妈咪煮餸唔使味精，中意放一啲糖调味。阿杰喺超市买咗各种糖，有白糖、红糖、黄糖、冰糖、片糖、方糖。返到屋企，妈咪话佢："傻仔，你买咁多糖做乜嘢？我煮餸净系用白糖！"

（二）对话练习

（1）甲：你听朝想食乜嘢早餐呀？

乙：我今晚喺出边食饭食多咗，有晒胃口，听朝食啲白粥就得嘞。

甲：啱晒嘞，我听日都想食粥。畀啲南瓜嚟煲粥好唔好？好过食白粥。

乙：几好呀！我中意食南瓜粥。

甲：我今晚瞓觉前就用电饭煲煲落啲粥，听朝起身就有得食嘞。

乙：我今晚食饭打包咗啲红豆包返嚟，几好食㗎，仲有啲好好味嘅咸菜，听朝攞嚟送粥啦。

（2）甲：今日好热呀！38度，出边好似喺火炉山噉！

乙：你以为啦，火炉山凉爽过呢度唔知几多！热就开冷气啦。

甲：好呀。我着咗个冷气机先。

乙：温度唔好太低，调26度啦。如果同出边温差太大，出去容易感冒。

甲：我买咗个大西瓜，放喺雪柜度雪住。我而家切。

乙：唔好用切菜刀切，唔干净。要用专门切水果嘅水果刀同埋砧板。

（3）甲：我好似闻到一嘢煤气味！

乙：唔会，而家燃气炉一熄火就自动关气。

甲：噉点解有一嘢味？你有冇煮嘢嘢？快啲去厨房睇下。

乙：好似阿丽煮开嘢！佢啱先出咗去嘞。

甲：真系佢煮嘢。佢以为熄咗煤气，其实净系关细咗火，啲嘢一直喺度煲，煮燶晒嘞。

乙：如果我哋唔喺度，个煲煲干晒，就会着火嘞！

甲：睇嚟我哋要买个十粉火火器放喺厨房度先至得。

乙：系呀！听日就买。

（4）甲：我返到屋企着灯先至发现停咗电。放喺雪柜啲猪肉都臭晒嘞。

乙：想煮饭，啲电饭煲、电高压煲都用唔到啦。噉就出去食饭啦。

甲：好呀。食乜嘢呢？嗰度开咗间新西餐厅，我哋去试下咯。

乙：我对西餐冇兴趣，食唔惯西餐啲口味呀！都系去食粤菜啦。

甲：噉我哋去阿一茶餐厅啦，你未去过。佢哋整啲点心又得意又好食。你实中意。

乙：好呀。即刻熄灯出门。

甲：冇电熄乜嘢灯呀？

乙：出门嘅习惯动作。

（5）甲：呢啲系唔系葱呀？

乙：葱花蛋糕实系有葱啦。

甲：我唔食葱，唔食蒜头。

乙：唔食葱蒜，唔聪明。蒸鱼都要放姜葱啦。

甲：我唔食蒸鱼入边嘅葱姜，就系食鱼。仲有冇鱼呀？

乙：人哋食一条，你食咗三条嘞，仲食？

甲：未食够，仲想食。

乙：你餐餐食咁多，因住而家变肥仔，大个做肥佬呀！

第二十三讲　去旅游（去旅游）

一、新单词

	普通话	粤语口语		普通话	粤语口语
1	旅行社	lêu^5 heng^4 sé^5 旅 行 社	19	管理	gun^2 léi^5 管 理
2	欢迎	fun^1 ying^4 欢 迎	20	手续	seo^2 zug^6 手 续
3	pag^3 jiu^3 xib^3 ying^2 拍 照，摄 影	ying^2 sêng^2 影 相	21	托运	tog^3 wen^6 托 运
4	jiu^3 pin^2 照 片	sêng^2 pin^2 相 片	22	检查	gim^2 ca^4 检 查
5	著名	ju^3 ming^4 著 名	23	满意	mun^5 yi^3 满 意
6	帮助	bong^1 zo^6 帮 助	24	价格	ga^3 gag^3 价 格
7	追求	zêu^1 keo^4 追 求	25	消费	xiu^1 fei^3 消 费
8	签订	qim^1 ding^6 签 订	26	货币	fo^3 bei^6 货 币
9	决定	küd^3 ding^6 决 定	27	兑换	dêu^3 wun^6 兑 换
10	piu^3 票	féi^1 飞	28	微信	méi^4 sên^3 微 信
11	驾驶证	ga^3 sei^2 jing^3 驾 驶 证	29	支付宝	ji^1 fu^6 bou^2 支 付 宝
12	领导	ling^5 dou^6 领 导	30	亚洲	nga^3 zeo^1 亚 洲
13	航程	hong^4 qing^4 航 程	31	澳洲	ou^3 zeo^1 澳 洲
14	规划	kuei^1 wag^6 规 划	32	享受	hêng^2 seo^6 享 受
15	计算	gei^3 xun^3 计 算	33	品质	ben^2 zed^1 品 质
16	卫生	wei^6 seng^1 卫 生	34	星级	xing^1 keb^1 星 级
17	接待	jib^3 doi^6 接 待	35	dab^3 ying^3 答 应	ying^1 xing^4 应 承
18	聚集	zêu^6 zab^6 聚 集	36	随身	cêu^4 sen^1 随 身

二、词语解释

1. 世界各地货币名称

	普通话	粤语口语		普通话	粤语口语
1	人民币	yen[4] men[4] bei[6] 人 民 币	6	日元	yed[6] yun[4] 日 元
2	港元	gong[2] ji[2] 港 纸	7	韩元	hon[4] yun[4] 韩 元
3	欧元	ngeo[1] yun[4] 欧 元	8	泰铢	tai[3] ju[1] 泰 铢
4	美元	méi[5] gem[1] 美 金	9	新加坡元	bo[1] ji[2] 坡 纸
5	英镑	ying[1] bong[6] 英 镑	10	越南盾	yud[6] nam[4] tên[5] 越 南 盾

2. 票 piu[3] 与 飞 féi[1]

粤语口语习惯把“票”说成“飞”，“飞”来自英语单词 fare。例如，买飞（买票）、车飞（车票）、船飞（船票）、扑飞（到处找票）。

三、粤语句型

“返”在粤语中是“返回”“回来”“回去”“回到”等意思。有人把“返”写成“翻”字，其实并不妥当。“返”最常见是与动词、形容词搭配使用。

（一）动词＋返

粤语的“返”加在动词之后，表示“又回到原来的状态”。试比较“返屋企”与“返返屋企”，前者只是简单的“回家”的意思，而后者则是“返回到家”的意思。显然，后者包含“在家—离家—回家”的过程。例如：

（1）执返本书！（把书捡回来！）

（2）瞓返落床。（躺回到床上。）

（3）着返件衫。（把衣服穿回去。）

（4）返返入房。（返回到房间。）

以上几个例子，都是表示事情一度中断，后来恢复状态，但过程时间比较短。当这种情况时，粤语多数可以对应普通话的“把”字句型。例如：执返本书。（把书捡回来。）着返件衫。（把衣服穿回身上。）放返好张凳。（把凳子放回。）洗返干净件衫。（把衣服洗干净。）做返你啲嘢。（做回你的事情。）

有时候，这个句型虽然也是表示事情一度中断，后来又回到原来的状态，但过程时间比较长，相当于普通话“重新……”“又（恢复）……”的意思。例如：

（1）我而家冇租屋住，返返去自己间屋住。（我现在没租房住，重新回去自己的房子住。）

（2）佢觉得法语好难学，又学返英语嘞。（他觉得法语很难学，又学回英语了。）

（3）佢个病而家好咗嘞，可以食返饭嘞。（他的病现在好了，可以恢复吃饭了。）

（4）佢整返好个书柜嘞。（他把书柜重新修好了。）

要注意的是，有时在使用“返”的时候并不一定有“重新”“又”之类的意思，即并无时间前后关系，而仅仅只是强调要做的这个行为而已。例如，“今年过年要买返条裤”，这里并不是说去年把裤子卖掉了，今年要买回来，而仅相当于普通话“今年过年要买条裤子”的意思。再比较以下几个例子：

有“重新”的意思	停咗雨喇，开返个窗啦。（停雨了，把窗户重新打开吧。）
无“重新”的意思	间房呢度仲要开返个窗。（房间这里还要再开个窗户。）

显然，这两句的“开返”含义是不同的。前一句，在“开返窗”之前，窗户经过了一次开和关的过程，即窗户原是打开的，由于下雨，窗户被关上了，现在把关上的窗户重新打开。可见“开返”是有时间概念的。后一句，显然是在设计房间的时候，由于设计不合理，现在要改变。“开返”这里仅仅是强调“要开”的意思。

有“重新”的意思	你饮返自己嗰杯酒，咪郁我嘅。（你喝回自己那杯酒，别动我的。）
无“重新”的意思	今晚我哋饮返两杯开心下。（今晚我们喝上两杯高兴高兴。）

粤语“饮返你自己嗰杯酒”指“重新喝自己那杯刚才一度中断喝的酒”，“饮返两杯”则没有“重新”的意思，仅仅是强调“要喝酒”而已。

有“重新”的意思	我煮返热啲餸你先至食啦。（我把这些菜重新煮热了你再吃。）
无“重新”的意思	今晚我要整返个好餸畀佢食。（今晚我要做个好菜给他吃。）

粤语“煮返热啲餸”有“把刚才煮好后又冷了的菜重新煮热”的意思，而“整返个好餸”则没有“重新煮”的意思，仅仅是强调这次“要煮”的意思。

有“重新”的意思	放返啲钱落佢银包度。（把钱重新放回到他钱包里。）
无“重新”的意思	留返啲钱买书。（留下点钱买书。）

粤语“放返啲钱”有“把钱重新放回原处”的意思，而“留返啲钱”则不存在“重新”的意思，仅仅是强调“要留下”的意思。

从以上的例子可见，当粤语的动词与“返”搭配的时候，不一定有“回到”“重新”“恢复”的含义，所以，粤语“动词 + 返”句型的含义也就不是完全等同于普通话的“动词 + 回”句型的含义。

“返”与“埋”比较：

“返”跟“埋”都能跟动词搭配，看起来意思很接近，其实两者的差别还是明显的。例如：

	埋	返
1	粤语：搬埋张凳返嚟。 普通话：连凳子一起搬回来。	粤语：搬返张凳返嚟。 普通话：把凳子（重新）搬回来。
2	粤语：攞埋啲嘢嚟。 普通话：把那东西也拿过来。	粤语：攞啲嘢返嚟。 普通话：把东西（重新）拿回来。
3	粤语：关埋道门。 普通话：关上门。把门关上。	粤语：关返道门。 普通话：把门（重新）关上。
4	粤语：着埋呢件衫。 普通话：把这件衣服也穿上。	粤语：着返呢件衫。 普通话：把这件衣服（重新）穿上。

（二）形容词＋返

粤语的“返”加在形容词之后，表示恢复事物原来的状态，类似普通话“……回去”或“……回来”的意思。例如：

（1）前排天气儿凉爽下，呢几日又热返嘞。（前段时间天气挺凉快的，这几天又热了。）

（2）等咗佢咁耐，热咗啲汤又冻返嘞。（等了他这么久，热了的汤又冷了。）

（3）着返多件衫，佢只手就暖返嘞。（多穿了件衣服，他的手就又暖了。）

（4）而家冇翻风落雨，个天又光返嘞。（现在没刮风下雨，天又亮起来了。）

另外，粤语的形容词之后加上“返啲”，表示希望程度再高一些。

普通话句型	粤语句型
再＋形容词＋一点儿	形容词＋返啲

例如：

（1）间房大返啲就好喇。（这房子再大一点儿就好了。）

（2）件衫阔咗啲，窄返啲就啱身喇。（这件衣服宽了点，再窄一点就合身了。）

（3）呢部车啲色水深返啲我就中意喇。（这辆车的颜色再深一点我就喜欢了。）

（4）黄生想个仔食多啲，高返啲。（黄先生想儿子多吃点，再长高一点。）

（三）得返

粤语“得返”相当于普通话“剩下”“仅此”等意思。例如：

（1）学校啲同学走晒嘞，就得返佢喺度。（学校的同学全走了，就剩下他一个人还在。）

（2）今日啲橙卖晒嘞，得返梨咋。（今天的橙子卖完了，剩下梨子而已。）

（3）我冇乜钱嘞，荷包入边得返呢啲咋。（我没啥钱了，钱包里就剩下这些而已。）

（4）佢得返呢对鞋咋，啯啲都送晒畀人嘞。（他就剩下这双鞋了，那些全都送给别人了。）

四、拓展

1.“相”的三种读法

sêng^1：相同，相等，相差，相关，相连，相识，相睇（相亲），相信，相爱，互相，相形见绌 sêng^2：相片（照片），相机，影相（照相）	sêng^3：相声，相书，睇相（看相），面相，凶相，首相，相貌平平

2. “领”的两种读法

ling^5：领导，领袖，领头，领路，领域，领土，领海，领空，领悟，领略，领命，领衔，要领，带领，引领，率领，占领，本领	léng^5：衫领（衣领），领呔（领带），领口，领章，领奖，领情
两读、相同：领教，统领，招领，引领，山岭，心领神会	两读、相同：领教，统领，招领，引领，山岭，心领神会

3.“计”的两种读法

gei^3：计划，计算，计策，计时，计分，计量，计谋，计较，设计，会计，估计，诡计，妙计，献计，合计	gei^2：计（点子，法子），计仔（点子，法子），有计（有法子），冇计（没法子）

4.“要”的两种读法

yiu^3：要点，要领，要素，要价，要人，要事，要强，重要，必要，主要，次要，险要，显要，纲要，简要，需要，须要，将要，想要，只要，唔要（不要），紧要（要紧）	yiu^1：要求，要挟

5.“应”的两种读法

ying^3：应用，应对，应邀，应聘，应景，应付，应变，应急，应酬，答应，响应，呼应，顺应，回应，反应	ying^1：应承（答应），应当，应该，应分，应有尽有

6. “会”的三种读法

wui^6：会合，会聚，会面，会师，会客，会意，会记，盛会，省会，都会，集会，聚会，约会，领会，误会，机会 wui^2：开会，大会，工会，学生会，纪念会	wui^5：会，唔会（不会），一定会，能说会道

五、练习

（一）句子练习

（1）现在中国人越来越喜欢旅游，旅游消费水平越来越高。他们喜欢国内游，更加喜欢出国旅游。中国游客越来越受到世界各国的欢迎。

（2）现在很多中国人都有出国护照，办理出国旅游签证越来越方便，很多人一有假期就会拿起行李，带着相机，来一场说走就走的旅行。

（3）他很年轻的时候就喜欢拍照，一有空就游山玩水和摄影。他拍的旅游风光照片越来越棒，现在是一名著名的摄影师，还出了几本摄影著作。

（4）现在很多人旅游不喜欢参加旅行团，喜欢自助游、自驾游。他们不需要找旅行社帮助，旅行所有的事情都可以在网上自己预先搞定。

（5）现在网上支付方式越来越多，网上预订机票、住宿酒店、景点门票和租车等，可以用借记卡、信用卡转账，还可以使用支付宝、微信支付。

（6）中国的信用卡在国外使用越来越方便。很多人出国旅游消费更多的是刷信用卡，再也不带那么多现金了。现在，人们还可以通过手机支付费用。

（7）现在人们旅游开始追求质量了。他们除了要求风景优美，还看重景区管理水平，交通工具、住宿酒店的安全、卫生和品质。

（8）这次我们决定去欧洲旅游，价格虽然贵了点，但是旅行社安排的行程非常合理，导游的服务水平也很高，所有团友都感到非常满意。

（9）我们搭乘最好的航空公司的航班，一共航行了5 000多公里。每到一个城市，都入住当地的五星级酒店，餐饮质量也很理想，领队和导游全程都热情服务。

（10）亚洲没有通用货币，每个国家都有自己的货币。中国的是人民币，日本是日元，韩国是韩元，泰国叫泰铢，越南叫越南盾，等等。

（11）欧洲大部分国家使用的共同货币叫欧元。英国使用自己国家的货币英镑，没有使用欧洲通用货币。美国货币叫美元，澳洲货币叫澳元，加拿大叫加元。

（12）出国旅游前要先兑换一些外币，人民币兑换各国货币的价格是不同的，要预先计算好。100元人民币可以兑换12.9欧元，兑换14.7美元，兑换11.4英镑，19.3澳元。

（13）我们6个人都有驾驶证，这次去欧洲旅游打算自驾，不再像上次那样参加旅行团了。英国朋友答应会来机场接机，做我们的英国导游，还会借一辆车给我们自己驾驶。

（14）我们是十号上午十点多的航班，预定八点前在白云机场2号航站楼南航公司柜台集合。今天排队安全检查的乘客非常多，我排了半个小时，前面还有10个人等待安检。

（15）机场管理规定，乘客需要提前两个小时到达机场办理登机、托运行李的手续。乘客可以通过机场“登机助手”自助办理登机手续，还可以要求旁边的工作人员指导、帮助。

（二）对话练习

（1）甲：我和阿玲、阿婷打算六月份去贵州旅行，你想去吗？
乙：好啊！我们这次自助游吧，不参加旅游团了。
甲：是的。我们自己安排在贵州的六天行程。阿玲答应写旅游计划书。
乙：好的。她的计划书出来后，我来计算旅行费用。
甲：到时候叫阿婷预订高铁票和酒店。
乙：我们还要商量好出发时间，我要预先跟公司请年假。

（2）甲：你又收拾行李，是又要去旅游吗？
乙：不是旅游，是参加同学聚会。
甲：你前年才聚过，不是说五年聚一次吗？现在还没到五年。
乙：五年一次聚会是全年级的同学。今年我们班有好几个海外同学回来，所以自已班搞个同学聚会。

甲：你们在什么地方聚会？

乙：珠海。

甲：你坐高铁去吗？

乙：这次自己开车。因为高铁站离酒店挺远的，我们还要去很多地方，没车不太方便。

甲：你没开过车去珠海，不认识路！

乙：没关系，我可以导航呀！同车还有三个同学，有一个认识路。

（3）甲：你找来找去，想找什么？

乙：我找我的照相机。所有行李箱和袋子我都找过了，找不到，看来是忘记带了。

甲：你有手机就行了。现在手机拍出来的照片越来越漂亮，很多人出门旅游不带相机了。

乙：这次旅游用手机拍拍照是可以的。如果是参加摄影团，专门拍照，没有照相机是拍不出好照片的。

甲：整个黄山最美的风景都集中在这一片了。你看，我用手机拍出来的，挺好看的。

乙：是挺好看的，不过，如果用照相机拍出来会更漂亮。

（4）甲：这位旅客，不好意思！您托运的行李超重了。

乙：超重多少呢？

甲：航空公司规定，乘客坐飞机托运的行李不能超过30公斤，旅行箱的大小也有规定。现在您的旅行箱符合规定，但行李超重两公斤。

乙：有什么解决办法呢？

甲：您支付超重的费用就可以继续托运。您也可以看看可不可以把一些东西改成随身带。

乙：随身可以带多重的行李呢？你看看我随身行李有多重。

甲：随身可以带不超过七公斤的行李。您的随身行李才四公斤。可以取出旅行箱两公斤的东西，托运的行李就不超重了。

乙：好的。我拿一些东西出来随身带。

（5）甲：明天我们八点半出发，八点十五分办退房手续。

乙：这么早呀！晚一个小时不行吗？不想这么早起床。

甲：晚一个小时景区就太多人了，到了景区大门就要排长队买票，可能要多排一个小时。

乙：好吧。那我们几点起床？

甲：七点二十分起床，七点四十分吃早餐。行吗？

乙：这么早，餐厅开了吗？

甲：餐厅七点钟就开了。是自助早餐。

乙：听说这个酒店的自助早餐质量非常棒。明天要再早点起床去好好享受。

六、答案

（一）句子练习

（1）而家中国人越嚟越欢喜旅游，旅游消费水平越嚟越高。佢哋中意国内游，仲加中意出国旅游。中国游客越嚟越受到世界各国嘅欢迎。

（2）而家好多中国人都有出国护照，办理出国旅游签证越嚟越方便，好多人一有假期就会攞起行李，带住相机，嚟一场话走就走嘅旅行。

（3）佢好后生嗰时就中意影相，一得闲就游山玩水同埋摄影。佢拍啲旅游风光相片越嚟越叻，而家系一名著名嘅摄影师，仲出咗几本摄影著作。

（4）而家好多人旅游唔中意参加旅行团，中意自助游、自驾游。佢哋唔需要搵旅行社帮助，旅行所有嘅事情都可以喺网度自己预先搞掂。

（5）而家网上支付方式越嚟越多，网上预订机票、住宿酒店、景点门票同埋租车等，可以用借记卡、信用卡转账，仲可以使用支付宝、微信支付。

（6）中国嘅信用卡喺国外使用越嚟越方便。好多人出国旅游消费更多系辘信用卡，再都唔带咁多现金嘞。而家啲人仲可以通过手机支付费用。

（7）而家啲人旅游开始追求质量嘞。佢哋除咗要求风景优美，仲睇重景区管理水平，交通工具、住宿酒店嘅安全、卫生同埋品质。

（8）今次我哋决定去欧洲旅游，价格虽然贵咗啲，但系旅行社安排嘅行程非常合理，导游嘅服务水平又好高，所有团友都觉得非常满意。

（9）我哋搭乘最好嘅航空公司嘅航班，一共航行咗五千几公里。每到一个城市，都入住当地嘅五星级酒店，餐饮质量都好理想，领队同埋导游全程都热情服务。

（10）亚洲冇通用货币，每个国家都有自己嘅货币。中国嘅系人民币，日本系日元，韩国系韩元，泰国叫泰铢，越南叫越南盾，等等。

（11）欧洲大部分国家使用嘅共同货币叫欧元。英国使用自己国家嘅货币英镑，冇使用欧洲通用货币。美国货币叫美元，澳洲货币叫澳元，加拿大叫加元。

（12）出国旅游前要先兑换一啲外币，人民币兑换各国货币嘅价格系唔同嘅，要预先计算好。100文人民币可以兑换12.9欧元，兑换14.7美元，兑换11.4英镑，19.3澳元。

（13）我哋6个人都有驾驶证，呢次去欧洲旅游打算自驾，唔再似上次噉参加旅行团嘞。英国朋友应承会嚟机场接机，做我哋嘅英国导游，仲会借一部车畀我哋自己驾驶。

（14）我哋系十号上昼十点几嘅航班，预定八点前喺白云机场2号航站楼南航公司柜台集合。今日排队安全检查嘅乘客非常多，我排咗半个钟，前边仲有10个人等嚟安检。

（15）机场管理规定，乘客需要提前两个钟到达机场办理登机、托运行李嘅手续。乘客可以通过机场“登机助手”自助办理登机手续，仲可以要求旁边嘅工作人员指导、帮助。

（二）对话练习

（1）甲：我同阿玲、阿婷打算六月份去贵州旅行，你想去嘛？

乙：好呀！我哋今次自助游啦，唔参加旅游团嘞。

甲：系呀。我哋自己安排喺贵州嘅六日行程。阿玲应承写旅游计划书。

乙：好嘅。佢个计划书出嚟之后，我嚟计算旅行费用。

甲：到时候叫阿婷预订高铁票同埋酒店。

乙：我哋仲要商量好出发时间，我要预先同公司请年假。

（2）甲：你又执行李，系又要去旅游嘛？

乙：唔系旅游，系参加同学聚会。

甲：你前年先至聚过，唔系话五年聚一次咩？而家仲未到五年。

乙：五年一次聚会系全年级嘅同学。今年我哋班有好几个海外同学返嚟，所以自己班搞个同学聚会。

甲：你哋喺乜嘢地方聚会？

乙：珠海。

甲：你坐高铁去嘛？

乙：今次自己揸车。因为高铁站离酒店几远下，我哋仲要去好多地方，冇车唔系几方便。

甲：你未开过车去珠海，唔识得路！

乙：唔紧要，我可以导航呀！同车仲有三个同学，有一个认到路。

（3）甲：你揾嚟揾去，想揾乜嘢？

乙：我揾我部相机。所有行李箱同埋袋我都揾过晒嘞，揾唔到，睇嚟系唔记得带嘞。

甲：你有手机就得啦。而家手机影出嚟啲相越嚟越靓，好多人出门旅游唔带相机嘞。

乙：今次旅游用手机拍下相系得嘅。如果系参加摄影团，专门影相，冇相机系影唔出好相片嘅。

甲：成个黄山最靓嘅风景都集中喺呢一片嘞。你睇，我攞手机拍出嚟嘅，几好睇下。

乙：系几好睇下，不过，如果攞相机拍出嚟会仲靓。

（4）甲：呢位旅客，唔好意思！你托运啲行李超重咗。

乙：超重几多呢？

甲：航空公司规定，乘客坐飞机托运嘅行李唔得超过 30 公斤，旅行箱嘅大细都有规定。而家你嘅旅行箱啱规定，但行李超重两公斤。

乙：有乜嘢解决办法呢？

甲：你支付超重嘅费用就可以继续托运。你又可以睇下可唔可以将一啲嘢改成随身带。

乙：随身可以带几重嘅行李呢？你睇下我嘅随身行李有几重。

甲：随身可以带唔超过七公斤嘅行李。你嘅随身行李先至四公斤。可以攞出旅行箱两公斤嘅嘢，托运啲行李就唔超重嘞。

乙：好嘅。我攞一啲嘢出嚟随身带。

（5）甲：听日我哋八点半出发，八点三个字办退房手续。

乙：咁早呀！迟一个钟唔得咩？唔想咁早起身。

甲：迟一个钟景区就太多人嘞，到咗景区大门排队买票，可能要排多一个钟。

乙：好啦。噉我哋几点起身？

甲：七点四个字起身，七点八个字去食早餐。得嘛？

乙：咁早，餐厅开咗咩？

甲：餐厅七点钟就开嘞。系自助早餐。

乙：听讲呢个酒店啲自助早餐质量好正。听日要再早啲起身去好好享受。

第二十四讲　有趣的“身体”

粤语有很多由人体各个部位和器官组成的词语，这些词语不仅有丰富的含义，而且生动活泼。

一、头部

	词语	释义
1	teo4 hog3 头　壳	头；脑袋。
2	teo4 cég3 头　赤	①头痛。赤：隐隐作痛的意思。 ②烦恼。
3	teo4 hen4 头　痕	比喻事情麻烦。
4	a3 teo2 阿　头	领导，顶头上司。“头”由原发第四声改发第二声。
5	xi6 teo4 事　头	老板；负责人，掌柜。
6	sed1 teo4 膝　头	膝盖。
7	fu3 teo4 裤　头	裤腰。
8	déi6 teo4 地　头	地盘。
9	pou3 teo2 铺　头	小商店。“头”由原发第四声改发第二声。
10	yin1 teo2 烟　头	烟蒂。“头”由原发第四声改发第二声。
11	yed6 teo2 日　头	白天。“头”由原发第四声改发第二声。
12	yid6 teo2 热　头	太阳。“头”由原发第四声改发第二声。
13	yi3 teo4 意　头	彩头；寓意吉祥。 好意头：吉利。唔好意头：不吉利。
14	nem2 teo4 谂　头	想法，念头。
15	mug6 yu4 teo4 木　鱼　头	即木鱼脑袋，不开窍的意思。 木鱼：佛教徒念经时敲击鱼形木雕。
16	ngeb6 teo2 岌　头	点头。岌：首肯的意思。 “头”由原发第四声改发第二声。

（续上表）

	词语	释义
17	ning^{6} teo^{2} 拧 头	摇头。拧：转动，摇动。 “头”由原发第四声改发第二声。
18	ngao^{1} teo^{4} 拗 头	挠头皮。比喻很为难、纠结的样子。
19	teo^{4} xin^{1} 头 先	刚才。
20	jig^{6} teo^{4} 直 头	①简直（就是）…… ②直接。③肯定。
21	guo^{3} teo^{4} 过 头	①没过顶端。 ②过分。　衰过头：太坏了。
22	cêd^{1} teo^{4} 出 头	出面帮人的意思。帮人出头：替人打抱不平。
23	teo^{4} deb^{1} deb^{1} 头 耷 耷	头耷拉着；低着脑袋。形容无精打采、垂头丧气的样子。 耷头：低垂、耷拉着头。
24	sei^{2} seb^{1} teo^{4} 洗 湿 头	比喻事情已经发生，无法逆转。
25	dai^{6} teo^{4} fed^{6} 大 头 佛	比喻捅了娄子，惹了麻烦。 搞出个大头佛：惹出大麻烦。

二、面部

1. 面（脸）

	词语	释义
1	min^{6} ju^{1} den^{1} 面 珠 墩	即脸蛋儿；脸颊。一般形容婴幼儿胖嘟嘟的脸蛋儿。
2	leo^{4} min^{2} 楼 面	①营业区。②营业服务。 “面”由原发第四声改发第二声。
3	béi^{2} min^{2} 畀 面	给面子；赏脸。畀：给。面：面子。 “面”由原发第四声改发第二声。
4	yeo^{5} min^{2} 有 面	有面子；脸上有光。与“有面”（没脸，丢脸）反义。 “面”由原发第四声改发第二声。
5	log^{6} min^{2} 落 面	丢脸，丢面子。 “面”由原发第四声改发第二声。
6	fan^{2} min^{2} 反 面	翻脸；绝交。 “面”由原发第四声改发第二声。
7	min^{6} zo^{2} zo^{2} 面 阻 阻	脸色难看。形容与人形同陌路的样子，或不友好的样子。
8	yed^{1} min^{6} péi^{3} 一 面 屁	形容被人的话呛得一脸尴尬的样子。

（续上表）

	词语	释义
9	min⁶ mung² sem¹ zéng¹ 面　懵　心　精	①外拙内秀。 ②装蒜，装傻。
10	la² héi² fai³ min⁶ 揦　起　块　面	绷起脸，即满脸不高兴的样子。

2. 眼（眼睛）

	词语	释义
1	ngan⁵ wed⁶ 眼　核	眼珠。核：果核。眼珠与圆形果核相似。
2	ngan⁵ pao¹ 眼　泡	上眼皮。
3	ngan⁵ yeb¹ mou¹ 眼　翕　毛	眼睫毛。
4	ngan⁵ fen³ 眼　瞓	发困，想睡觉。瞓：睡。
5	gog³ ngan⁵ 觉　眼	①显眼。②注意。 唔觉眼：没注意。
6	xin³ ngan⁵ 线　眼	即内线。
7	cang⁴ ngan⁵ 瞠　眼	晃眼，刺眼。瞠：光线对视觉的刺激。
8	séi³ ngan⁵ 四　眼	近视眼，戴眼镜。
9	ngan⁵ yid⁶ 眼　热	眼红；羡慕；嫉妒。
10	ngan⁵ gen² 眼　紧	紧盯不放。抓住不放。
11	ngan⁵ qin² 眼　浅	容易流眼泪。
12	ngan⁵ yun¹ 眼　冤	碍眼，看见就生厌的意思。
13	ngan⁵ king⁴ 眼　瞏	眼都直了；看呆了。瞏：凝结状。
14	ngan⁵ bei³ 眼　闭	闭眼。比喻死心了。
15	ngan⁵ gued⁶ gued⁶ 眼　睸　睸	瞪着眼睛看人，表示不满或生气。睸：瞪眼看。
16	ngan⁵ lug¹ lug¹ 眼　碌　碌	眼睛大大的滴流转。碌：滚动。 碌大只眼：睁大眼睛。

（续上表）

	词语	释义
17	ngan5 zam2 zam2 眼 眨 眨	眨着眼睛。形容不明就里的样子。
18	ngan5 léi6 léi6 眼 睩 睩	斜着眼盯着别人。形容带着严厉的眼光盯人。 睩：斜眼看，眼神犀利。
19	heb1 ngan5 fen3 瞌 眼 瞓	打瞌睡。
20	ngai4 ngan5 fen3 捱 眼 瞓	即熬夜。捱：熬。
21	ngan5 méi5 m4 sao4 眼 尾 唔 睄	正眼不瞧。形容不屑一顾的样子。 眼尾：眼角余光。睄：眼睛扫射。
22	xing2 mug6 醒 目	形容人机灵、聪敏。 醒目仔：聪明机灵的男孩儿。
23	mou5 ngan5 tei2 冇 眼 睇	没眼瞧。懒得搭理的意思。

3. 眉（眉毛）

	词语	释义
1	tei3 ngan5 méi4 剃 眼 眉	剃掉眼眉。形容全部输尽。
2	sêu2 zem3 ngan5 méi4 水 浸 眼 眉	①形容情况紧急。 ②即事到临头。
3	méi4 jing1 ngan5 kéi5 眉 精 眼 企	眉毛眼睛都很精神。形容机灵精明的样子。
4	qig1 méi4 qig1 ngan5 戚 眉 戚 眼	眉毛眼睛往上翘。戚：提高。形容得意的样子。

4. 鼻哥（鼻子）

	词语	释义
1	béi6 go1 lung1 cêd1 yin1 鼻 哥 窿 出 烟	形容非常生气的样子。 鼻哥：鼻子。窿：孔，洞。
2	béi6 go1 lung1 hêng3 tin1 鼻 哥 窿 向 天	形容高傲的样子。
3	hag3 dou3 béi6 go1 lung1 mou5 yug6 吓 到 鼻 哥 窿 冇 肉	形容过度受惊，非常害怕。

5. 口

	词语	释义
1	min⁶ heo² 面　口	①脸。②气色
2	sem¹ heo² 心　口	指胸口。懵到上心口：糊涂到极点。
3	tin¹ heo² 天　口	指天气。天口热：天气热。
4	seo⁴ heo² 仇　口	指仇人或结怨。
5	cou¹ heo² 粗　口	指脏话。讲粗口：说脏话。
6	dong³ heo² 档　口	①售货摊。②小店铺。
7	do¹ heo² 多　口	多嘴的意思。
8	leo³ heo² 喽　口	口吃；结巴。
9	fan² heo² 反　口	反悔；改主意。
10	cêng³ heo² 唱　口	哼个不停的样子。
11	gai³ heo² 戒　口	即忌口。
12	bog³ heo² 驳　口	（两物的）接口。
13	heo² qi² 口　齿	信用。有口齿：讲信用。有口齿：没信用。
14	heo² teo² 口　头	最靠外的位置。 “头”由原发第四声改发第二声。
15	heo² so¹ 口　疏	形容嘴巴不严，易泄露别人秘密。
16	heo² gen² 口　紧	即口风严，不易泄露别人秘密。与“口疏”反义。
17	heo² hen⁴ 口　痕	嘴巴痒痒。一般用于骂人没话找话说。
18	heo² hêng² 口　响	讽刺人只是说得好听，而无实际行动。
19	mai⁶ heo² guai¹ 卖　口　乖	形容甜言蜜语，故意说讨人喜欢的话。

（续上表）

	词 语	释 义
20	sêu¹ do¹ heo² 衰 多 口	指口无遮拦得罪人。
21	pag³ sem¹ heo² 拍 心 口	即拍胸脯，发誓、保证，信誓旦旦的样子。
22	heo² sêu² fa¹ pen³ pen³ 口 水 花 喷 喷	形容口若悬河，说个不停的样子。
23	tid³ zêu² 铁 嘴	比喻嘴巴厉害、说话尖刻的人。
24	bog³ zêu² 驳 嘴	即顶嘴，顶撞。
25	mei¹ zêu² 咪 嘴	假唱。咪：英语 microphone 的译音。

6. 牙（牙齿）

	词 语	释 义
1	nga⁴ yug⁶ 牙 肉	牙床；齿龈。
2	nga⁴ gao³ 牙 骹	下颌骨关节。
3	nga⁴ la³ 牙 罅	牙缝儿。罅：缝隙。
4	sao³ nga⁴ 哨 牙	龅牙。
5	lan⁶ nga⁴ 烂 牙	蛀牙。
6	yin¹ xi² nga⁴ 烟 屎 牙	因吸烟而被烟渍染黄的牙齿。
7	wad⁶ nga² 滑 牙	上下无法吻合旋紧。牙：指能吻合的槽位。 “牙”由原发第四声改发第二声。
8	nga⁴ cad³ 牙 擦	自以为是，显摆。也可以说成“牙擦擦”。
9	nga⁴ yin¹ 牙 烟	危险。好牙烟：很危险。
10	nga⁴ lig⁶ 牙 力	比喻说话有分量。有牙力：说了白说。
11	nga⁴ qi² yen³ 牙 齿 印	比喻与人有过节，与人结了仇。
12	nga⁴ zam² zam² 牙 斩 斩	形容发誓赌咒、言之凿凿的样子。

（续上表）

	词　语	释　义
13	da² nga⁴ gao³ 打 牙 骹	耍嘴皮；闲扯。
14	nga⁴ qi² dong³ gem¹ sei² 牙 齿 当 金 使	一诺千金；一言既出，驷马难追。
15	nga⁴ jim¹ zêu² léi⁶ 牙 尖 嘴 利	比喻伶牙俐齿。
16	gin³ nga⁴ m⁴ gin³ ngan⁵ 见 牙 唔 见 眼	形容高兴得合不拢嘴的样子。

7. 脷（舌头）

	词　语	释　义
1	la² léi⁶ 揦 脷	咂舌；价格太高，令人接受不了。 揦：由辣、涩等味道带来的刺激。
2	léi⁶ dug⁶ 脷 毒	毒舌。

8. 耳仔（耳朵）

	词　语	释　义
1	yi⁵ zei² 耳 仔	耳朵。
2	yi⁵ xing³ 耳 性	记性。接受力。
3	yi⁵ xi² 耳 屎	耳垢。
4	dai⁶ yi⁵ lung¹ 大 耳 窿	高利贷者。
5	cêd¹ yi⁵ yeo⁴ 出 耳 油	①比喻听得腻味，厌烦。 ②形容声音非常动听。

三、身体外部

1. 身

	词　语	释　义
1	sen¹ ji² 身 子	身体。你要注意身子：你要注意身体。
2	sen¹ ga¹ 身 家	家产；家当儿。身家过亿：个人财产上亿。

（续上表）

	词语	释义
3	sen¹ géi² 身纪	身孕。
4	sen¹ hing³ 身熨	身体发烫，一般指发烧。熨：热。
5	sen¹ hen⁴ 身痕	欠揍，找打的意思。痕：痒。
6	seb¹ sen¹ 湿身	①身体或衣服湿了。②已经陷入麻烦中。
7	seo³ sen¹ 瘦身	减肥。
8	heo⁵ sen¹ 厚身	厚实。
9	kuen³ sen¹ 困身	百事缠身，不自由。
10	led¹ sen¹ 甩身	脱身；解脱。甩：掉。
11	mai⁴ sen¹ 埋身	靠近。埋：接近。
12	dog⁶ sen¹ 度身	量身。度：量度。
13	guo³ sen¹ 过身	去世。
14	sen¹ guong¹ géng² léng³ 身光颈靓	形容身上装饰品繁多，打扮奢华的样子。光：光鲜。

2. 颈（脖子）

	词语	释义
1	géng² gen¹ 颈巾	指围巾，围脖。颈：脖子。
2	géng² lin² 颈链	项链。
3	géng² hod³ 颈渴	口干，口渴。
4	diu³ géng² 吊颈	①上吊。②“就差那么一点”的谐谑说法。
5	ku¹ géng² 箍颈	①卡脖子。②劲道儿的形象说法。
6	geng² géng² 梗颈	①阻塞、不通。②卡脖子。 梗：阻塞，卡住。

（续上表）

	词语	释义
7	ngang^{6} géng^{2} 硬颈	形容人固执、犟，不听任何劝说。
8	geb^{1} géng^{2} 急颈	急性子。
9	ding^{2} géng^{2} 顶颈	顶嘴；抬杠。 包顶颈：凡事必争吵，总是跟别人对着干的人。
10	ngao^{3} géng^{2} 謸颈	抬杠；争执。謸：争执。
11	fen^{3} lei^{2} géng^{2} 瞓戾颈	落枕。戾：歪。
12	pao^{3} zêng^{2} géng^{2} 炮仗颈	火爆脾气。炮仗：鞭炮。
13	yed^{1} géng^{2} hud^{6} 一颈血	比喻吃了大亏。
14	m^{4} dei^{2} deg^{1} géng^{2} 唔抵得颈	比喻忍耐不住。抵得颈：忍耐得住。
15	séi^{2} ngeo^{4} yed^{1} bin^{6} géng^{2} 死牛一边颈	比喻脾气倔强，事实摆在眼前也不肯认错。 也用于比喻不知变通的人。

3. 膊头（肩膀）

	词语	释义
1	bog^{3} teo^{4} 膊头	肩膀。
2	sé^{3} bog^{3} 卸膊	把东西从肩膀卸下来。 比喻推卸责任。
3	zeg^{1} bog^{3} teo^{4} 侧膊头	侧过肩膀。 比喻不愿承担责任。

4. 手

	词语	释义
1	seo^{2} gua^{1} 手瓜	手臂。
2	seo^{2} zang^{1} 手踭	胳臂肘儿。
3	seo^{2} béi^{3} 手痹	手麻。痹：麻痹
4	seo^{2} hen^{4} 手痕	手痒。形容有做某事的冲动。

（续上表）

	词语	释义
5	seo² sung¹ 手 松	①轻财。 ②把关不严。
6	seo² sên³ 手 信	旅游购买的礼品。
7	seo² sei³ 手 势	①手艺。 ②运气
8	qi¹ seo² 黐 手	黏手。
9	lad³ seo² 焫 手	烫手。
10	bong¹ seo² 帮 手	帮忙。
11	yab⁶ seo² 揖 手	招手；挥手。
12	mai⁴ seo² 埋 手	入手，下手。埋：靠近，接近。
13	log⁶ seo² 落 手	下手。落手落脚：亲自动手干活。
14	ding² seo² 顶 手	接盘，受盘。一般指上一经营者将物业转让给下一经营者。 顶手费：接手转让经营的费用。
15	san² seo² 散 手	比喻个人的本领、技能。 佢有两道散手：他有两下子。
16	fai³ seo² 快 手	①动作快。 ②赶快。
17	song² seo² 爽 手	①不黏手手感好。与“黐手”反义。 ②动作麻利。③花钱时出手快。
18	sug⁶ seo² 熟 手	①熟悉情况。 ②熟练。
19	zeo⁶ seo² 就 手	①顺手。 ②顺利。
20	seo² ten⁴ ten⁴ 手 揗 揗	手在哆嗦的样子。 揗：抖动的意思。
21	ngao² seo² gua¹ 拗 手 瓜	形容与人较劲。手瓜：手臂。 手瓜拗唔过大髀：胳膊拧不过大腿。
22	seo² ji² ngao² yeb⁶ m⁴ ngao² cêd¹ 手 指 拗 入 唔 拗 出	比喻只会偏帮自己一方的人。 入：内侧；出：外侧。
23	seo² méi⁵ 手 尾	①收尾工作。 ②善后。 仲有啲手尾：还有一些剩下的事。

（续上表）

	词　语	释　义
24	gon[1] seo[2] zéng[6] gêg[3] 干　手　净　脚	形容做事干净利落，不拖泥带水，或无后顾之忧。
25	yed[1] seo[2] yed[1] gêg[3] 一　手　一　脚	亲力亲为。 佢一手一脚凑大个女：她亲力亲为养大了女儿。

5. 脚（腿）

	词　语	释　义
1	gêg[3] gua[1] 脚　瓜	指小腿肚子。
2	gêg[3] ngan[5] 脚　眼	指踝子骨。
3	gêg[3] béi[3] 脚　痹	即腿麻痹。
4	bei[1] gêg[3] 跛　脚	瘸。
5	cêu[4] gêg[3] 除　脚	光脚，不穿鞋。 佢中意除脚：他喜欢光脚。
6	ngen[3] gêg[3] 踬　脚	即晃脚。
7	da[2] dai[6] cég[3] gêg[3] 打　大　赤　脚	光着脚板，光着脚丫子。
8	zeo[6] gêg[3] 就　脚	①比喻顺路、方便。 ②线路便利。
9	yed[1] gêg[3] tég[3] 一　脚　踢	一只脚踢光所有东西。 比喻一人独立承担；一人全部包办。
10	tég[3] sai[3] gêg[3] 踢　晒　脚	指人忙得不可开交，十分忙乱，非常狼狈的样子。
11	tog[3] dai[6] gêg[3] 托　大　脚	托别人的大腿。 比喻拍马屁，刻意讨好别人。
12	zug[1] tung[3] gêg[3] 捉　痛　脚	即揭别人痛处；揭短。
13	giu[6] cêng[4] gêg[3] 撬　墙　脚	即挖墙角。 撬：挖。
14	ca[1] zég[3] gêg[3] 踏　只　脚	踏：踩。踩上一只脚。 ①涉足。②插足。
15	geb[1] geb[1] gêg[3] 急　急　脚	步履匆匆的样子。
16	guen[2] sêu[2] lug[6] gêg[3] 滚　水　渌　脚	开水烫脚。形容匆匆忙忙，来去匆匆。 滚水：开水。渌：烫。

（续上表）

	词语	释义
17	hang4 wen6 hang4 dou3 gêg3 ji2 gung1 行 运 行 到 脚 趾 公	走运走到大脚拇指都有了。比喻实实在在的大幸运。 脚趾公：大脚趾。

6. 背脊（脊背）

	词语	释义
1	bui3 zég3 背 脊	脊背。
2	hon4 bui3 寒 背	轻微的驼背，身体不挺拔。
3	dug1 bui3 zég3 厾 背 脊	①即戳脊梁骨。 ②被人背后议论。厾：戳。

四、身体内部

1. 心

	词语	释义
1	sem1 tam5 心 淡	比喻心灰意冷；失望。
2	sem1 ngeb1 心 罨	形容揪心，难受。罨：捂着不透气。
3	sem1 xig1 心 熄	比喻死心了。熄：灭。
4	sem1 gem1 心 甘	心甘情愿。
5	sem1 cong3 心 闯	心野；收不住心。“闯”由原发第二声改发第三声。 玩到个心闯晒：玩得整个心都野了。
6	sem1 gua3 gua3 心 挂 挂	形容牵肠挂肚的样子。挂住：牵挂，惦记。
7	sem1 xi1 xi1 心 思 思	心里总想着，老惦念着的样子。
8	sem1 yug1 yug1 心 郁 郁	动心。一般指动了心想做某事，但还没有行动。
9	sem1 hüd3 xiu2 心 血 少	胆量小，受不了。
10	sem1 géi1 心 机	心思，心情。
11	mou5 sem1 géi1 冇 心 机	没心情；没兴致。

（续上表）

	词语	释义
12	hou² sem¹ 好　心	①心肠好。 ②安慰、劝导时带无奈的语气，类似“求你……吧”。
13	hou² sem¹ géi¹ 好　心　机	做事有耐心。
14	béi² sem¹ géi¹ 畀　心　机	做事用心努力。
15	sai¹ sem¹ géi¹ 嘥　心　机	枉费心机；白费神；白费劲。嘥：浪费。
16	yeo⁵ sem¹ 有　心	礼貌语。感谢惦挂、谢谢关心的意思，一般用于回应别人的问候。
17	mou⁵ sem¹ 冇　心	无意。
18	yeo¹ sem¹ 忧　心	担心。
19	hoi¹ sem¹ 开　心	高兴。见到你我好开心：见到你我很高兴。
20	sem¹ dai⁶ sem¹ sei³ 心　大　心　细	纠结；拿不定主意。

2. 胆

	词语	释义
1	dam² xig¹ 胆　识	胆量。
2	dam² dai⁶ 胆　大	大胆。
3	mou⁵ dam² 冇　胆	没胆量；胆小鬼。
4	sei³ dam² 细　胆	胆小。
5	sa¹ dam² 沙　胆	大胆。
6	geo³ dam² séi² 够　胆　死	敢做；有胆量做。
7	déi⁶ dam² 地　胆	即地头蛇，指对当地环境十分熟悉的人。
8	deng¹ dam² 灯　胆	灯泡。

3. 肚（肚子）

	词语	释义
1	tou⁵ péi⁴ 肚皮	肚子。
2	tou⁵ ngo¹ 肚屙	拉肚子。屙：排泄。
3	ding² tou⁵ 顶肚	充饥；挡挡饿。 食件饼顶下肚：吃块饼充充饥。
4	dai⁶ tou⁵ 大肚	怀孕。大肚婆：孕妇。
5	dai⁶ tou⁵ nam⁵ 大肚腩	脂肪堆积的腹部。 肚腩：小肚子。

4. 骨

	词语	释义
1	yiu¹ gued¹ 腰骨	①腰。②腰杆子。③骨气。 做人没腰骨：做人没骨气。
2	gêg³ gued¹ 脚骨	腿脚。 脚骨有力：腿脚有劲。
3	bog³ gued¹ 驳骨	接骨头。 驳：连接。骨：骨头。
4	sung¹ gued¹ 松骨	①按摩。 ②“揍人”的谐谑说法。
5	cag³ gued¹ 拆骨	即废掉的意思。
6	gued¹ béi³ 骨痹	肉麻。
7	sug¹ gued¹ 缩骨	①形容做人自私，滑头。 ②形容吝啬，小气兼狡猾。
8	fan² gued¹ 反骨	①即吃里爬外。②叛变。 反骨仔：叛徒。

5. 肉

	词语	释义
1	yug⁶ gen² 肉紧	揪心。 干着急；因极其在乎而紧张。
2	yug⁶ cég³ 肉赤	心疼。 赤：因受刺激而疼痛。
3	yug⁶ tung³ 肉痛	心痛的意思。

（续上表）

	词语	释义
4	yug^{6} xun^{1} 肉 酸	难看的意思。
5	god^{3} yug^{6} 割 肉	形容亏本出清货物，即亏本买卖。

6. 皮

	词语	释义
1	teo^{4} péi^{4} 头 皮	头屑。
2	hoi^{2} péi^{4} 海 皮	海边。岸边。
3	deo^{6} péi^{4} 豆 皮	形容麻脸。
4	bog^{6} péi^{2} 薄 皮	皮薄。①身体弱。②脸皮薄。③质量差。 “皮”由原发第四声改发第二声。
5	ngen^{6} péi^{4} 韧 皮	顽皮。“韧”或发原来的第六声，或改发第一声。 韧皮仔：顽皮的小男孩。
6	tiu^{3} péi^{4} 跳 皮	调皮；淘气。
7	seo^{1} péi^{4} 收 皮	住口！得了吧！一般用于喝止对方住口，带有鄙视的意思。 收皮啦你：得了吧你！
8	sêu^{2} péi^{4} 水 皮	次等、劣质，无本领，很差劲的意思。
9	péi^{4} fei^{3} 皮 费	成本。 皮费贵：成本高。皮：指本钱。
10	han^{1} péi^{2} 悭 皮	节省。 “皮”由原发第四声改发第二声。
11	min^{6} péi^{4} heo^{5} 面 皮 厚	即厚脸皮、不害臊、不要脸等意思。
12	led^{1} péi^{4} led^{1} gued^{1} 甩 皮 甩 骨	形容破破烂烂、断胳膊缺腿的样子。

五、其他部分

1. 尾（尾巴）

	词语	释义
1	yud^{6} méi^{5} 月 尾	月底。

（续上表）

	词语	释义
2	nin⁴ méi⁵ 年 尾	年终，年底。
3	tong⁴ méi¹ 塘 尾	指蜻蜓。“尾”由原发第五声改发第一声。
4	sêu² méi⁵ 水 尾	一般指卖剩的、最后的劣等东西。 水：指钱财。
5	lan⁶ méi⁵ 烂 尾	无法善终；无法结束后期工作。
6	tün⁵ méi⁵ 断 尾	根治。 佢嘅病好难断尾：他的病很难治。
7	zêu³ méi¹ 最 尾	最后。 “尾”由原发第五声改发第一声。
8	seo² ji² méi¹ 手 指 尾	手小指头。 “尾”由原发第五声改发第一声。
9	gêg³ ji² méi¹ 脚 趾 尾	脚小指头。 “尾”由原发第五声改发第一声。

2. 气

	词语	释义
1	yed⁶ héi³ 热 气	上火；燥。
2	wog⁶ héi³ 镬 气	用猛烈的火候烧出的菜肴的香气。镬：炒菜锅。
3	séng¹ héi³ 声 气	消息；线索。
4	guo³ héi³ 过 气	①过时，失效的；前任的。 ②软了的。
5	leo⁶ héi³ 膆 气	形容做事磨蹭，拖拖拉拉。
6	cêd¹ héi³ 出 气	发泄怒气。
7	sog³ héi³ 嗍 气	原意为喘气，现为累、费劲儿的意思，形容辛苦貌。嗍：吸。
8	sen³ héi³ 呻 气	叹气。发泄怨气。
9	cêng⁴ héi³ 长 气	啰唆。
10	cem³ héi³ 沉 气	唠叨。 “沉”由原发第四声提至第三声。

（续上表）

	词语	释义
11	gug[6] héi[3] 焗 气	①闷热。 ②不透气。
12	ngei[3] héi[3] 翳 气	憋气。翳：压抑感。
13	sab[3] héi[3] 霎 气	操心；费心力或口舌。
14	lou[4] héi[3] 劳 气	①多费了很多口舌。 ②火气盛。
15	gig[1] héi[3] 激 气	恼火；生气；恼火。
16	hou[2] héi[3] 好 气	①啰唆。②健谈。 ③中气十足；精力十足。
17	tung[1] héi[3] 通 气	体谅；知趣。
18	yed[1] pao[1] héi[3] 一 泡 气	形容一肚子气。

第二十五讲　特别的“动物”形象

粤语有很多由各种动物组成的词语，这些由动物形象构成的词语生动活泼，而且具有特别的含义。

一、牛

	词　语	释　义
1	ngeo⁴ jing¹ 牛　精	比喻人蛮横、倔强；脾气火爆。
2	ngeo⁴ wong⁴ teo⁴ 牛　王　头	①小霸王。 ②比喻人粗鲁。
3	dai⁶ yi⁵ ngeo⁴ 大　耳　牛	大耳朵的牛。比喻不听教诲的小孩。
4	séi² ngeo⁴ yed¹ bin⁶ géng² 死　牛　一　边　颈	死犟的牛，脖子总是扭到一边。 比喻人脾气犟、固执，不听劝告。
5	fo² ngeo⁴ 火　牛	指变压器，即日光灯的镇流器。
6	gem¹ ngeo⁴ 金　牛	指港币中的一千元纸币。
7	ké⁴ ngeo⁴ wen² ma⁵ 骑　牛　揾　马	即普通话“骑驴找马”的意思。 比喻一面暂时将就，一面寻找更好的机会。

二、猪

	词　语	释　义
1	ju¹ na² 猪　乸	①母猪。 ②懒女人。乸：母，与“公”相对。
2	ju¹ na² méng⁶ 猪　乸　命	母猪似的只吃不做。比喻享福命。
3	ju¹ meg¹ 猪　唛	“唛”是英语 mark 的译音，商标、牌号的意思。“猪唛”就是“笨笨猪”的意思，虽属骂人话，但没有“猪猡”恶毒，有一点俏皮。
4	ju¹ teo⁴ bing² 猪　头　炳	骂人话。蠢猪，笨蛋的意思。“阿炳”是旧时广府地区男性的常用名。
5	mui¹ ju¹ 妹　猪	家里人对女儿的昵称。“妹”发第一声。
6	guai¹ ju¹ 乖　猪	指乖而可爱的孩子。

（续上表）

	词语	释义
7	yei$^{1/5}$ ju^{1} 噎猪	指调皮而又可爱的孩子。
8	lan^{6} fen^{3} ju^{1} 烂瞓猪	比喻贪睡的家伙。
9	gao^{4} gao$^{1/2}$ ju^{1} 觉觉猪	睡觉吧。 广府用于叫小孩睡觉或哄小孩入睡的话。
10	mog^{1} guong^{1} ju^{1} 剥光猪	比喻一丝不挂的样子。
11	mai^{6} ju^{1} zei^{2} 卖猪仔	①被骗卖身。 ②非法营运车中途甩客。
12	ju^{1} peng^{4} geo^{2} yeo^{5} 猪朋狗友	狐朋狗友。
13	ju^{1} lung^{4} yeb^{6} sêu^{2} 猪笼入水	猪笼放进水中。形容财源滚滚。
14	ban^{6} ju^{1} xig^{6} lou^{5} fu^{2} 扮猪食老虎	扮成猪，却把老虎吃掉了。形容人装傻，实际暗藏实力，且最终战胜强大的对手。

三、狗

	词语	释义
1	din^{1} geo^{2} 癫狗	疯狗。比喻到处树敌、惹是生非的人。
2	zong^{1} ga^{2} geo^{2} 装假狗	比喻装蒜，弄虚作假。
3	gen^{1} méi^{5} geo^{2} 跟尾狗	①戏称紧缠大人，片刻不离开的小孩。 ②比喻人云亦云，没有主见的人。
4	mun^{4} heo^{2} geo^{2} 门口狗	看门狗。比喻那些只会在家对家人发横，外出见人却不敢哼一声的人。
5	nam^{4} yen^{4} lou^{5} geo^{2} 男人老狗	旧时广府对男人的谑称。
6	geo^{2} ngao^{5} geo^{2} gued^{1} 狗咬狗骨	比喻内部成员钩心斗角、自相残杀。
7	ngo^{6} geo^{2} cêng^{2} xi^{2} 饿狗抢屎	比喻疯狂、激烈地争夺。
8	da^{2} séi^{2} geo^{2} gong^{2} ga^{3} 打死狗讲价	比喻事前没有谈妥条件，既成事实后才来谈条件。
9	zou^{6} dou^{3} xing^{4} zég^{3} geo^{2} gem^{2} 做到成只狗噉	形容干活、做事累得不得了，已经不成人样了。
10	lung^{4} cong^{4} m^{4} qi^{5} geo^{2} dou^{3} 龙床唔似狗窦	龙床不像狗窝。比喻再好、再舒适的地方也比不上自己的家或家乡。窦：窝儿。

四、猫

	词语	释义
1	béng[6] mao[1] 病 猫	比喻身体有气无力、萎靡不振的人。
2	zêu[3] mao[1] 醉 猫	比喻酒气熏天、胡言乱语的人。
3	lai[3] mao[1] 赖 猫	①比喻耍赖，不守信用的人。②赖皮、耍滑头。 “赖”由原发第六声改发第三声。
4	gan[1] mao[1] 奸 猫	①比喻赖皮、耍滑头。 ②比喻赖皮鬼，输了不认账的人。
5	yi[1] mao[1] 医 猫	英语 E－mail 的谐音。
6	mao[1] yêng[2] 猫 样	骂人话，相当于普通话“鬼样子”“臭德行”的意思。
7	wei[6] xig[6] mao[1] 为 食 猫	馋猫；吃货。为食：馋嘴。
8	wu[1] zou[1] mao[1] 污 糟 猫	脏猫。形容满身肮脏、不讲卫生的人。 污糟：脏。
9	fa[1] min[6] mao[1] 花 面 猫	满脸脏兮兮的猫。形容脸上有污迹的人。
10	sam[1] gêg[3] mao[1] 三 脚 猫	比喻只有皮毛本事，没什么真才实学的人。
11	xig[6] séi[2] mao[1] 食 死 猫	比喻被人冤枉，替人背黑锅。
12	cêd[1] mao[1] 出 猫	比喻不诚实，考试作弊，办事做手脚。
13	lou[5] mao[1] xiu[1] sou[1] 老 猫 烧 须	比喻高人失手。

五、鱼

	词语	释义
1	yu[4] nam[5] 鱼 腩	形容软弱、无能的人。腩：指腹部，人体最软的地方。 鱼腩部队：弱旅；常败将军。
2	sêu[2] yu[2] 水 鱼	甲鱼。比喻为冤大头；被欺负的人。 “鱼”由原发第四声改发第二声。
3	cao[2] yeo[4] yu[2] 炒 鱿 鱼	原是粤菜菜名，现比喻被老板解雇，又叫“豉椒炒鱿”。 “鱼”由原发第四声改发第二声。

（续上表）

	词语	释义
4	ham^4 yu^2 fan^1 sang^1 咸 鱼 翻 生	比喻不可能发生的事或已经没有任何希望的事峰回路转。"鱼"原发第四声改发第二声。翻生：起死回生。
5	xig^6 deg^1 ham^4 yu^4 dei^2 deg^1 hod^3 食 得 咸 鱼 抵 得 渴	既然吃咸鱼，就要忍受咸鱼的咸。即选择之后勇于承担，并且不怨天尤人。比喻要拿得起，放得下；敢做就敢当。

六、蛇

	词语	释义
1	sé^4 wong^4 蛇 王	①懒虫。 ②偷懒。
2	lêng^5 teo^4 sé^4 两 头 蛇	两面派。比喻两面逢迎又从中挑拨是非的小人。
3	sé^4 ten^1 zêng^6 蛇 吞 象	蛇吞大象，形容胃口过大；过于贪婪。
4	sé^4 xu^2 yed^1 wo^1 蛇 鼠 一 窝	比喻狼狈为奸。
5	sé^4 teo^4 xu^2 ngan^5 蛇 头 鼠 眼	形容坏人丑陋猥琐阴险狡猾的相貌，即獐头鼠目的意思。
6	yim^4 sé^2 檐 蛇	壁虎。"蛇"由原发第四声改发第二声。

七、马

	词语	释义
1	ma^5 zei^2 马 仔	①手下人。 ②打手。
2	ma^5 leo^1 马 骝	猴子。
3	ma^5 tei^2 马 蹄	荸荠。"蹄"由原发第四声改发第二声。
4	guei^2 ma^5 鬼 马	①滑稽、诙谐。 ②滑头。
5	sai^3 ma^5 晒 马	展示马匹。形容黑社会头目纠集人马，向对方炫耀实力。
6	zad^3 ma^5 扎 马	①扎马步。②准备打架。 ③大便的诙谐说法。

（续上表）

	词语	释义
7	kê⁴ bog³ ma⁵ 骑 髆 马	骑坐在人的肩膀上的行为。髆：肩膀。
8	cên⁴ xing⁴ ma⁵ 巡 城 马	过去专指穿街过巷的货郎，现在喻指穿街过巷寻找新闻的记者。
9	zong⁶ séi² ma⁵ 撞 死 马	能把马撞死。比喻行为莽撞的年轻人，即普通话的愣头儿青。
10	ma⁵ séi² log⁶ déi⁶ hang⁴ 马 死 落 地 行	马死了，没有马骑，就下地自己走。 比喻没有客观条件时自己靠自己。落地：下地。行：走。

八、龙

	词语	释义
1	yen⁴ lung⁴ 人 龙	比喻队伍很长。
2	guo³ lung⁴ 过 龙	即普通话“过了头”的意思。
3	lün^(2/6) lung⁴ 乱 龙	乱套。乱了秩序，没了规则。
4	guad³ lung² 刮 龙	盘剥；敲竹杠。 “龙”由原发第四声改发第二声。
5	bai² wu¹ lung² 摆 乌 龙	比喻糊里糊涂地出错。乌龙：弄错，弄糊涂。 “龙”由原发第四声改发第二声。
6	fa³ gued¹ lung⁴ 化 骨 龙	能把人的骨头溶蚀掉的龙。 一般用于指儿女，也比喻那些难以教养、折磨父母的小孩。
7	lung⁴ ngan² 龙 眼	即热带水果桂圆。“眼”由原发第五声改发第二声。
8	lung⁴ jing¹ fu² mang⁵ 龙 精 虎 猛	生龙活虎。

九、鸡

与动物相关的粤语词语中，最为丰富多样的是与“鸡”有关的。

1. 与家禽鸡有关的名词

	词语	释义
1	gei¹ na² 鸡 乸	母鸡（已产过蛋）。
2	gei¹ hong² 鸡 项	母鸡（未产过蛋）。

（续上表）

	词语	释义
3	gei¹ gung¹ 鸡　公	①公鸡。 ②嫖客。
4	sang¹ gei¹ 生　鸡	小公鸡。
5	guong¹ gei¹ 光　鸡	已经杀好、褪掉鸡毛的鸡。
6	xin³ gei¹ 骟　鸡	阉鸡。骟：阉割。
7	gei¹ cên¹ 鸡　春	鸡蛋。春：卵，蛋。
8	gei¹ yig⁶ 鸡　翼	鸡翅膀。翼：翅膀。
9	gei¹ béi² 鸡　髀	鸡腿。髀：大腿。
10	gei¹ yên² 鸡　膶	鸡肝。 “肝”与“干”谐音，粤人视为不吉利，改与“润”谐音的“膶”。

2.“鸡”借代其他事物的词语

	词语	释义
1	gei¹ hung¹ 鸡　胸	形容人体胸骨凸出的样子。
2	lad³ gei¹ 焫　鸡	电烙铁。焫：烫，热。 熨过焫鸡：比烙铁还烫。形容人的情绪极其兴奋。
3	ngen⁴ gei¹ 银　鸡	哨子。
4	tin⁶ gei¹ 田　鸡	青蛙。另外，青蛙在粤语中又叫“蛤乸 geb³ na²”。
5	seb¹ sêu² gei¹ zei² 湿 水 鸡 仔	小孩子大汗淋漓、浑身湿透的样子。鸡仔，比喻小孩子。
6	no⁶ mei⁵ gei¹ 糯　米　鸡	一种用糯米为主料、类似粽子的食物。因馅料有鸡肉，故名。
7	hoi² dei² gei¹ 海　底　鸡	一种海鱼，一般认为即金枪鱼。
8	dai⁶ ngan⁵ gei¹ 大　眼　鸡	一种海鱼，又叫木棉鱼。
9	gei¹ gung¹ lam² 鸡　公　榄	腌制橄榄，是广府的一种传统零食。卖鸡公榄的人通常是挎着公鸡造型的篮子，吹着唢呐叫卖。
10	gei¹ zei² béng² 鸡　仔　饼	广州著名的一种饼食。主要用料为面粉、花生、芝麻、核桃等，口味甘香松化，甜中带咸味。

（续上表）

	词语	释义
11	gei¹ xi² guo² 鸡屎果	即热带水果番石榴，是岭南夏季的标志性水果之一。
12	gei¹ sem¹ qi² 鸡心柿	产自广府的一种小巧如鸡心样的柿子。

3. 以“鸡”喻义的词语

	词语	释义
1	yé⁵ gei¹ 野鸡	比喻非正式的、不符合标准的。 野鸡车：没有运营执照而非法拉客的客车。
2	lou⁵ gei¹ 老鸡	形容老练成熟，行为大胆的样子。 有时说成“老老鸡鸡”。
3	hon⁴ gei¹ 寒鸡	形容天冷又穿得少而瑟缩的样子。
4	séi² gei¹ 死鸡	形容没有朝气，像死掉半条命的样子。
5	gei¹ cêng² ji⁶ 鸡肠字	形容英文手写体。
6	za³ ji² gei¹ 炸子鸡	比喻正在走红的人。 当红炸子鸡：近期红到发紫的人。
7	wong⁴ gêg³ gei¹ 黄脚鸡	比喻桃色陷阱。 捉黄脚鸡：用美人计设陷阱勾引男性，然后勒索的行为。
8	tid³ zêu² gei¹ 铁嘴鸡	①形容能言善辩的人。 ②形容嘴巴厉害、说话不饶人的女人。

4. 借“鸡”形容行为的词语

	词语	释义
1	gei¹ ked¹ 鸡咳	形容劳心、费力的样子。
2	cêu¹ gei¹ 吹鸡	吹哨子。鸡：借代为体育比赛中裁判的哨子。
3	man¹ gei¹ 揈鸡	拉枪栓，扣扳机。 揈：拔下。鸡：此处借为枪栓。
4	hag³ gei¹ 吓鸡	吓唬人。吓：吓唬。
5	lou¹ gei¹ 捞鸡	①比喻得到了好处。 ②比喻完成事情。
6	ten⁴ gei¹ 蹐鸡	形容手忙脚乱的样子。蹐：不停来回走动。

（续上表）

	词语	释义
7	teo¹ gei¹ 偷　鸡	①偷懒。提前下班。 ②运动员偷步。
8	zé⁶ gei¹ 谢　鸡	完蛋，玩完。相当于英语 game over。
9	cang⁴ gei¹ 枨　鸡	撒野。形容凶悍、蛮不讲理的样子。
10	din¹ gei¹ 癫　鸡	形容蛮不讲理的样子。癫：疯。
11	gei¹ gem² gêg³ 鸡　噉　脚	形容步履匆匆、走得飞快的样子。
12	gei¹ gem² ngan⁵ 鸡　噉　眼	形容目不转睛盯着看的样子。
13	zeb¹ séi² gei¹ 执　死　鸡	①捡到便宜。 ②买到退票。
14	zeb¹ gei¹ gêg³ 执　鸡　脚	形容专门揭人短处，抓人把柄。
15	fad³ gei¹ mang⁴ 发　鸡　盲	①患夜盲症。 ②形容视而不见，熟视无睹。
16	héi² gei¹ péi⁴ 起　鸡　皮	形容感觉肉麻、恶心的反应。鸡皮：即鸡皮疙瘩。
17	zeo² gei¹ 走　鸡	比喻错失好机会。走：跑。
18	zeo² led¹ gei¹ 走　甩　鸡	比喻丧失机会。甩：掉。
19	mou⁵ zeo² gei¹ 冇　走　鸡	比喻事情十拿九稳。
20	mei⁵ zeo² gei¹ 咪　走　鸡	把握机会，不要让好机会溜走。咪：不要。

5. 借“鸡”构成含有“小”的意思的词语

	词语	释义
1	yed¹ men¹ gei¹ 一　文　鸡	一元钱。粤语的“一文”至“十文”之后都可以加“鸡”字，表示数量少的意思。
2	lêng⁵ pid³ gei¹ 两　撇　鸡	指男性唇边如“八”字的两撇小胡子。
3	sam¹ gêg³ gei¹ 三　脚　鸡	指机动小三轮车。
4	xiu² hog⁶ gei¹ 小　学　鸡	指小学生。

（续上表）

	词语	释义
5	sam1 wag6 gei1 三 划 鸡	原指小学大队长的臂章标识，现专指大队长。
6	hêng1 gei1 香 鸡	烧剩的最后一小截香线。
7	gei1 zei2 mêu4 yen2 鸡 仔 媒 人	①比喻好管闲事的人。②指专门去做介绍人、中间人。“人”由原发第四声改发第二声。
8	gei1 sêu3 gem3 do1 鸡 嗉 咁 多	形容一星半点，极其有限。嗉：鸡极小的胃囊。

6. “鸡”与其他动物搭配而成的词语

	词语	释义
1	gei1 seo2 ngab3 gêg3 鸡 手 鸭 脚	形容干活做事笨手笨脚的样子。
2	gei1 mou4 ngab3 hüd3 鸡 毛 鸭 血	形容鸡犬不宁，破坏得一片狼藉。
3	gei1 tung4 ngab3 gong2 鸡 同 鸭 讲	比喻没有共同语言，无法沟通。
4	gei1 féi1 geo2 zeo2 鸡 飞 狗 走	形容乱成一团的样子。
5	gei1 heo4 xu2 xig6 鸡 喉 鼠 食	形容一点一点地吃，吃得不畅快。

7. 与“鸡”相关的俗语、歇后语

	俗语/歇后语	释义
1	gei1 dêng1 m4 tün5 鸡 啄 唔 断	鸡啄米啄个不停。 形容说话啰唆，没完没了的样子。
2	séi2 zo2 lung4 gei1 死 咗 笼 鸡	一笼子鸡全死了。 形容把事情全部搞砸了。
3	séi2 gei1 cang3 fan6 goi3 死 鸡 撑 饭 盖	鸡虽死，脚仍把饭锅盖顶开。 形容明知理亏仍硬撑，不肯认错。
4	dai6 gei1 m4 xig6 sei3 mei5 大 鸡 唔 食 细 米	大个的鸡不吃细碎的米粒儿。 比喻大企业不愿做小桩的生意。
5	seo2 mou4 za1 gei1 ji1 lig6 手 无 抓 鸡 之 力	手连抓鸡的力气都没有。 形容软弱无力的样子。
6	gei1 béi2 da2 yen4 nga4 gao3 yün5 鸡 髀 打 人 牙 骹 软	用鸡腿打人的下颌骨关节，这个地方会发软。 比喻用利益引诱他人出卖自己需要的东西。
7	teo1 gei1 m4 dou2 xid6 za1 mei5 偷 鸡 唔 到 蚀 揸 米	偷鸡不成连诱鸡的米也亏掉了。 即赔了夫人又折兵。

（续上表）

	俗语/歇后语	释　义
8	gei¹ cên¹ gem³ med⁶ dou¹ bou⁶ cêd¹ zei² 鸡 𬞮 咁 密 都 菢 出 仔	鸡蛋有这么密实的壳，但仍然能孵出小鸡。 形容有些事情想掩盖也是掩盖不住的。
9	sé² deg¹ mai⁵ gei¹ m⁴ sé² deg¹ mai⁵ xi⁶ yeo⁴ 舍 得 买 鸡，唔 舍 得 买 豉 油	买了鸡，却舍不得买酱油。 比喻轻重失据，节省得并不合理。
10	bo¹ lo⁴ gei¹ kao³ qi¹ 波 罗 鸡——靠 黐	波罗诞的鸡是黏合而成的。形容专占别人便宜。
11	tid³ gung¹ gei¹ yed¹ mou⁴ bed¹ bed⁶ 铁 公 鸡——一 毛 不 拔	比喻吝啬鬼。
12	gei¹ xig⁶ fong³ guong¹ cung² sem¹ ji¹ tou⁵ ming⁴ 鸡 食 放 光 虫——心 知 肚 明	形容自己清楚内情。 "虫"，由原发第四声改发第二声。
13	deng⁶ ga¹ gei¹ deg¹ go³ mong⁶ 疍 家 鸡——得 个 望	形容可望而不可即。"疍"在口语中发"邓"音。 疍家：旧时称呼珠江三角洲的渔民。
14	mou⁵ yim² gei¹ lung⁴ ji⁶ cêd¹ ji⁶ yeb⁶ 冇 掩 鸡 笼——自 出 自 入	形容没有设防，自由出入。冇掩：没有掩门。

十、其他

	词　语	释　义
1	nün¹ gung¹ ha¹ mei⁵ 孪 弓 虾 米	孪弓：弯腰。虾米：虾肉干。 形容弯腰驼背；身躯不挺拔。
2	dai⁶ teo⁴ ha¹ 大 头 虾	粗心大意的人，即马大哈。
3	lai⁶ niu⁶ ha¹ 濑 尿 虾	①虾蛄。②比喻尿床的孩子。濑尿：尿裤，尿床。
4	sang¹ ha¹ gem³ tiu³ 生 虾 咁 跳	活虾乱蹦。形容气急败坏，胡乱折腾。
5	yeo⁴ za³ hai⁵ 油 炸 蟹	形容张牙舞爪，横行霸道。
6	dai⁶ zab⁶ hai⁵ 大 闸 蟹	被草绳绑住的大闸蟹无法动弹，比喻在股市资金被套牢。
7	dou² sé² lo⁴ hai⁵ 倒 泻 箩 蟹	整箩筐的蟹倒洒出来。形容一片混乱，狼狈不堪。倒泻：倒洒。
8	dai⁶ ség⁶ zag³ séi² hai⁵ 大 石 砸 死 蟹	大石头压死蟹。比喻以强欺弱。
9	hang¹ kêu⁴ zem⁶ séi² ngab³ 坑 渠 浸 死 鸭	阴沟翻船。浸：淹。
10	lou⁵ fo² men¹ ngab³ 老 火 炆 鸭—— deg¹ ba² zêu² ngang⁶ 得 把 嘴 硬	经过长时间红烧的鸭肉已经软绵了，但鸭嘴还是硬的。 比喻人明知失败，但还是嘴硬，嘴上不肯服输。 "鸭"由原发第三声改发第二声。

（续上表）

	词语	释义
11	lab⁶ sab³ cung⁴ 垃圾虫	比喻乱丢垃圾的人。
12	xu¹ cung⁴ 书虫	比喻痴迷于阅读的人。普通话“书呆子”既有痴迷读书，又有不谙世事而“呆傻”的意思，而粤语的“书虫”没有“呆傻”的意思。
13	ju³ mei⁵ dai⁶ cung⁴ 蛀米大虫	专吃米的虫子。比喻好吃懒做的人，或窃取公众利益的人。
14	yed¹ sen¹ ngei⁵ 一身蚁	一身的蚂蚁。形容惹了一身麻烦。
15	cai² séi² ngei⁵ 踩死蚁	形容走路过于小心翼翼，像怕踩死蚂蚁似的。
16	ngei⁵ do¹ leo¹ séi² zêng⁶ 蚁多褛死象	蚂蚁极多的时候也可以把大象咬死。 形容人多力量大。褛：趴伏；叮咬。
17	pag³ wu¹ ying¹ 拍乌蝇	拍苍蝇。形容门庭无人光顾，生意冷落。乌蝇：苍蝇。 “蝇”由原发第四声改发第一声。
18	mang⁴ teo⁴ wu¹ ying⁴ 盲头乌蝇	无头苍蝇。形容做事莽撞、没条理，或找不到头绪。
19	wu¹ ying¹ leo¹ ma⁵ méi⁵ 乌蝇褛马尾	苍蝇叮咬马尾巴。即普通话“一拍两散”的意思。 “蝇”由原发第四声改发第一声。
20	guei² guei² xu² xu² 鬼鬼鼠鼠	鬼鬼祟祟；鬼头鬼脑。
21	lou⁵ xu² xi² 老鼠屎	虽数量不多，但仍能祸害众人，带来恶果的人。
22	yed¹ leb¹ lou⁵ xu² xi² 一粒老鼠屎， jing² wai⁶ xing⁴ wog⁶ zug¹ 整坏成镬粥	一颗老鼠屎就能让整锅粥不能吃了。 形容虽分量极少，却危害极大。
23	lou⁵ xu² la¹ guei¹ 老鼠拉龟—— mou⁵ déng⁶ mai⁴ seo² 冇碇埋手	老鼠根本没办法去拉乌龟。 此句形容想做事却无从下手。碇：地方。
24	lou⁵ xu² méi⁵ sang¹ cong¹ 老鼠尾生疮—— dai⁶ gig⁶ dou¹ yeo⁵ han⁶ 大极都有限	老鼠尾巴长疮，疮大不到哪去。即再大都有限的意思。
25	bag⁶ geb³ ngan⁵ 白鸽眼	即普通话的“势利眼”。

（续上表）

	词语	释义
26	da² go³ bag⁶ geb³ jun³ 打 个 白 鸽 转	①形容绕了一个大弯。 ②形容用时很短，一下子就回来了。
27	heo⁴ kem⁴ 猴 擒	即普通话“猴急”的意思。
28	ma⁵ leo¹ jing¹ 马 骝 精	猴精。比喻顽皮、淘气的小孩子。马骝：猴子。
29	gong¹ sei¹ ma⁵ leo¹ 江 西 马 骝—— béi² yen⁴ mou³ 畀 人 舞	江西猴子要给别人耍弄。 比喻孩子太顽皮，自己管教不了，只能任由外人管教。
30	lou⁵ fu² na² 老 虎 乸	①母老虎。 ②比喻凶悍的女人。
31	mou⁵ nga⁴ lou⁵ fu² 冇 牙 老 虎	无牙老虎，比喻火灾。
32	lou⁵ fu² teo⁴ sêng⁶ déng¹ 老 虎 头 上 钉 sed¹ na² sêng² séi² 虱 乸—— 想 死	即普通话“太岁头上动土”的意思。
33	long⁴ toi¹ 狼 胎	形容为人、做事极其凶狠。
34	long⁴ séi² 狼 死	形容做人、做事极其凶狠而疯狂，不顾后果。
35	long¹ lei² 狼 戾	形容极其蛮横。“狼”由原发第四声改发第一声。
36	fad³ long¹ lei² 发 狼 戾	形容人撒野、要泼。“狼”由原发第四声改发第一声。

附　录

一、与“水”相关的粤语词语

珠江三角洲一带雨量充沛，河涌纵横、水网密布，多雨、多水、湿润的自然环境使不少粤语口头禅均与“水”有关，粤语里有大量与“水”有关的词汇。“水”字在粤语里正是被使用得最多的字之一，具有浓厚的地方色彩和感情色彩。

（一）日常生活中的“水”

这里的“水”包括地上的江水、河水、海水，天上的雨水和人类饮用的水，即现实生活中的水。

	词语	释义
1	yem² sêu² 饮水	喝水。
2	guen² sêu² 滚水	开水。热水。
3	dung³ guen² sêu² 冻滚水	凉开水。
4	dung³ sêu² 冻水	冷水。
5	yid⁶ sêu² 热水	热水。
6	dou³ hon⁶ sêu² 倒汗水	蒸馏水。蒸菜时水蒸气遇到盖子会凝结成水珠，遇到突变面时往下滴至菜上的水。
7	tong¹ sêu² 汤水	长时间煲煮的汤。
8	sog⁶ sêu² 嗍水	吸水。嗍：吸吮。
9	yeo⁴ sêu² 游水	游泳。
10	méi⁶ sêu² 溦水	潜水。
11	cêd¹ sêu² 出水	食物焯水。
12	féi¹ sêu² 飞水	焯水。
13	zeo² sêu² 酒水	酒和饮料。

（续上表）

	词语	释义
14	hɑm⁴ sêu² 咸 水	①海水。②借指外币。
15	hɑm⁴ sêu² hoi² 咸 水 海	大海。
16	sêu² tem⁵ 水 氹	水坑。地面凹陷的积水处。
17	sêu² heo⁴ 水 喉	水龙头。
18	sêu² pou⁵ 水 泡	救生圈。

（二）与“水”类似的液体

这里的“水”引申为接近“水”的液体。

	词语	释义
1	heo² sêu² 口 水	唾液。口水佬：爱说话的人。
2	sɑo³ sêu² 潲 水	泔水，即倒掉的剩菜剩饭。
3	fo² sêu² 火 水	煤油。

（三）用“水”比喻钱财

粤语有一句话叫“水为财”，即水就是钱财。粤语中有大量以“水”借指钱财的词汇。

	词语	释义
1	sen¹ sêu² 薪 水	工资，薪金；报酬。
2	mou⁵ sêu² 冇 水	没钱。
3	gon¹ sêu² 干 水	钱包没钱。
4	dɑb⁶ sêu² 沓 水	有钱，大把钱。沓：叠。
5	wé² sêu² 搲 水	努力赚钱。搲：抓、扒。

（续上表）

	词语	释义
6	bong⁶ sêu² 磅水	给钱。快啲磅水：快点给钱。
7	wui⁴ sêu² 回水	①赔偿；退钱。②返利。
8	guo³ sêu² 过水	交钱。
9	dog⁶ sêu² 度水	借钱。
10	pog³ sêu² 扑水	形容到处奔波筹钱的样子。扑：奔波寻觅样。
11	sug¹ sêu² 缩水	①拥有的财产减少。②货不对板；事物的质量下降。
12	zei³ sêu² 制水	①限制用水。②经济制裁。
13	bou² sêu² 补水	①补足差价。②发加班费。③补助费。
14	xig⁶ sêu² 食水	本义指船舶吃水线的深浅，现比喻损公肥私，或在中间环节赚取收益。食水太深：要价太高。
15	ceo¹ sêu² 抽水	比喻揩油、占别人便宜。畀佢抽咗水，先至剩低一嚿水：被他揩了油，才剩下一百块钱。
16	lêg¹ sêu² 掠水	敲竹杠；不择手段地骗取或强夺钱财。“掠”由原发第六声改发第一声。
17	kuen¹ sêu² 昆水	骗钱。
18	yed¹ geo⁶ sêu² 一嚿水	一百元。
19	sêu² gêg³ 水脚	路费。跑腿费。
20	sêu² hag³ 水客	①由水路贩运货物者。②往返内地时帮人带货以赚取酬金者。
21	sêu² gen² 水紧	手头紧；等钱用。
22	sêu² zem³ 水浸	形容钱太多。银行水浸：银行资金积压。
23	guan¹ sêu² heo⁴ 关水喉	不再给钱。水喉：水龙头。
24	ju¹ lung⁴ yeb⁶ sêu² 猪笼入水	形容赚钱多而且顺利，即财源滚滚，财运亨通。

（四）用“水”形容人物或事物

	词 语	释 义
1	lou5 sêu2 老 水	成熟，老练。
2	nün6 sêu2 嫩 水	幼稚。与“老水”反义。
3	xing2 sêu2 醒 水	机灵，敏捷。
4	lég1 sêu2 叻 水	能干。
5	ling4 sêu2 灵 水	机灵。
6	wei1 sêu2 威 水	了不起。威风。
7	sem1 sêu2 心 水	中意，心之至爱。
8	med1 sêu2 乜 水	什么东西？啥玩意儿？“水”与“谁”谐音。
9	méng6 sêu2 命 水	命运。
10	yan5 sêu2 眼 水	眼力。
11	xig1 sêu2 色 水	模样。颜色。
12	dig1 sêu2 滴 水	指鬓角。“滴”由原发第六声改发第一声。
13	sêu2 lou6 水 路	路程。好远水路：路程很远。
14	sêu2 jing6 ho4 féi1 水 静 河 飞	形容四周冷清寂静的样子。原为“水静鹅飞”。

（五）用“水”描写行为

	词 语	释 义
1	sêu2 yen4 水 人	骗人。 佢水嚟你啊：他正在骗你呢。
2	cêu1 sêu2 吹 水	侃大山。吹牛。
3	bou1 sêu2 煲 水	①煮水。 ②绯闻报道。

（续上表）

	词语	释义
4	tei² sêu² 睇水	望风；把风。
5	tung¹ sêu² 通水	①通风报信。交流信息。 ②串谋作弊。
6	fong³ sêu² 放水	①私下泄密或通融。 ②小便。
7	san³ sêu² 散水	①解散；离开。 ②分头逃走。
8	cab³ sêu² 插水	运动员在比赛中为博取有利判罚的假摔。
9	qim⁴ sêu² 潜水	玩失踪。
10	fan² sêu² 反水	叛变。
11	men³ sêu² 呡水	临界。有来不及、做不成的可能。呡：到了最边。
12	gang³ sêu² 耕水	踏水而行。“耕”由原发第一声改发第三声。
13	dung³ guo³ sêu² 冻过水	全无希望。件事冻过水：这事八成没戏了。 条命冻过水：他这回八成没救了。
14	zem³ ham⁴ sêu² 浸咸水	留学海外。
15	m⁴ tong¹ m⁴ sêu² 唔汤唔水	取舍两难，进退两难；吃力不讨好，两头不到岸。
16	jing² xig¹ jing² sêu² 整色整水	装模作样，做表面功夫。
17	dib⁶ mai⁴ sem¹ sêu² 叠埋心水	一心一意，专心致志。
18	yed¹ teo⁴ mou⁶ sêu² 一头雾水	糊里糊涂，不明就里。

（六）含有“水”的贬义词

	词语	释义
1	hou² sêu² 好水	表现差劲，水平低。
2	sêu² péi⁴ 水皮	质量差，水平低。
3	sêu² méi⁵ 水尾	也可以说“尾水”。 货尾，别人挑剩的物品。喻无利可图。

（续上表）

	词 语	释 义
4	sêu² fo³ 水 货	走私货，非法的、质量难以保障的商品。过去走私利用船走水路，故把走私货叫水货。
5	sêu² deo³ sêu² 水 斗 水	双方都是低水平，是低水平之间的比赛。

（七）与“水”有关的俗语

	词 语	释义
1	sêu² zem³ ngan⁵ méi⁴ 水 浸 眼 眉	比喻大难临头；情况紧急。
2	sêu² guo³ ngab³ bui³ 水 过 鸭 背	形容对学习漫不经心，浅尝辄止。
3	heo² sêu² duo¹ guo³ ca⁴ 口 水 多 过 茶	话儿比茶水还多。形容如话痨般说个不停。
4	qin² sêu² zem⁶ séi² yen⁴ 浅 水 浸 死 人	阴沟翻船。浸：淹泡。
5	mao⁴ gen¹ zug¹ zé³ sêu² 茅 根 竹——蔗 水	广府的一种凉茶，用茅根加白甘蔗熬成。 现用于比喻借钱。因“水”指钱，“蔗水”谐音“借水”。
6	ning⁴ héi¹ san¹ mog⁶ héi¹ sêu² 宁 欺 山，莫 欺 水	广府警语。 水看上去平静，实隐含凶险，变幻莫测。历来治水难于治山。

二、与数字相关的粤语词语

（一）与“数”相关的词语

广州自古就是商业发达的城市，在长期的经商中，形成了广府人成熟的商业头脑。在做生意前首先要“计数”（算账），了解生意有没有“着数”（好处），然后双方还要“斟数”（谈条件），在做生意的过程中遇到意外情况可以“讲数”（谈判），交易双方“数还数，路还路”，讲究平等、双赢。粤语有不少用“数”这个字构成的词语，它们有丰富的含义，体现了独特的广府文化。

	词 汇	释 义
1	zung¹ sou³ 钟 数	时间，钟点。 呢个钟数好少人食饭：这个时间很少人吃饭。
2	coi² sou³ 彩 数	有运气。 佢好彩数，抽中咗奖：她有好运气，抽中了奖。
3	cei⁴ teo⁴ sou³ 齐 头 数	整数。 啲钱啱好系齐头数：这钱刚好是个整数。
4	lou⁶ sou³ 路 数	门路，路子。 我帮唔到你，我冇路数：我帮不了你，我没路子。

（续上表）

	词语	释义
5	gei³ sou³ 计 数	算账。 我要同你计清条数：我要跟你算清楚账。
6	gong² sou³ 讲 数	①谈判；交涉。同佢讲嚟数：正跟他谈判交涉。 ②讲条件。件事冇数讲：这事没条件可谈。
7	zêg⁶ sou³ 着 数	好处；利益。 有着数先至做，冇着数唔做：有好处才干，没好处不干。
8	seo¹ sou³ 收 数	收债，收账。 嗰啲人系嚟收数嘅：那些人是来收债的。
9	zêu¹ sou³ 追 数	追债。 佢冇计嘞，揾人帮佢追数：他没法子了，找人帮他追债。
10	tei² sou³ 睇 数	付款。 讲好先嘞，今餐我嚟睇数：先说好了，这顿饭我来付款。
11	géi³ sou³ 记 数	挂账。 要即刻畀钱，唔得记数嘞：要马上付款，不能挂账了。
12	zao² sou³ 找 数	付款，结账。 我哋仲未找数：我们还没结账。
13	zeo² sou³ 走 数	赖账。 唔系佢走数，系啱先个人：不是他赖账，是刚才那个人。
14	zang¹ sou³ 差 数	欠账。“差”读作 zang¹。 你差佢几多数呀：你欠他多少账啊？
15	xun³ sou³ 算 数	拉倒，算了。 今次算数，唔同佢计嘞：这次算了，不跟他算账了。
16	ying⁶ sou³ 认 数	①认账。你唔好唔认数：你不要不认账！ ②担责。今次边个认数：这次谁来担责？
17	yeb⁶ sou³ 入 数	入账；记在账本上。 上次单生意啲钱仲未入数：上次那桩生意的钱还没入账。
18	ngao³ sou³ 拗 数	争执；争论。 佢哋嘈到噉，系拗嚟数：他们吵成这样，是在争论。
19	sé¹ sou³ 赊 数	赊账。 佢做生意唔中意人哋赊数：他做生意不喜欢别人赊账。
20	cêd¹ sou³ 出 数	出账。 点解咁多日都未出到条数：为什么这么多天都出不了账？
21	bou² sou³ 补 数	补偿。我今日唔得闲买礼物畀你，听日补数：我今天没空买礼物给你，明天补偿。
22	gong² sou³ heo² 讲 数 口	讨价还价。 佢喺嗰边同老世讲数口：他在那边跟老板讨价还价。
23	sou³ wan⁴ sou³ 数 还 数 ……	后面一般紧跟“路还路”，构成“数还数，路还路”的固定句子。意思是每件事分别摆清，不应混淆一起。

（二）与数字相关的词语

	词汇	释 义
1	jing^{3} yed^{1} 正 一	真是，十足，确属。 正一败家仔：十足败家子。
2	ga^{1} yed^{1} 加 一	酒店所加收的消费额百分之十的服务费。 蠢到加一：蠢到极点。
3	sam^{1} zég^{3} seo^{2} 三 只 手	小偷；窃贼。
4	xi^{3} jéng^{3} 四 正	整齐，方正。此处的“四”字习惯读成“xi^{3}”。
5	a^{3} séi^{3} 阿 四	佣人。“四”字传统习惯读成“xi^{3}”。
6	séi^{3} man^{6} gem^{2} heo^{2} 四 万 噉 口	形容人高兴得咧嘴笑。
7	ced^{1} coi^{2} 七 彩	①场面非常吵闹、混乱的样子。 ②狗血淋头的样子。
8	ced^{1} qing^{4} sêng^{5} min^{6} 七 情 上 面	脸上的表情很丰富，形容感情十分投入。
9	ced^{1} guog^{3} gem^{3} lün^{6} 七 国 咁 乱	形容乱成一团糟。
10	bad^{3} gua^{3} 八 卦	爱管闲事，爱搬弄是非，爱传播小道消息。
11	zeo^{1} wei^{4} bad^{3} 周 围 八	到处打探、传播小道消息或别人隐私。
12	dai^{6} ham^{3} seb^{6} 大 喊 十	大哭包。喊：哭。
13	zam^{2} hoi^{1} seb^{6} bad^{3} lug^{1} 斩 开 十 八 碌	骂人的狠话，相当于普通话“把你大卸八块”的意思。
14	bag^{3} yim^{3} 百 厌	小孩子调皮、淘气。
15	bag^{3} zug^{1} 百 足	蜈蚣。
16	lou^{5} qin^{1} 老 千	①骗子。 ②骗术。
17	cêd^{1} qin^{1} 出 千	作弊。
18	qin^{1} kéi^{4} 千 祈	千万
19	mou^{5} léi^{4} sen^{4} héi^{3} 冇 厘 神 气	无精打采，没有一丝精神。
20	mou^{5} léi^{4} jing^{3} ging^{1} 冇 厘 正 经	没一点儿正经严肃。

（续上表）

	词 语	释 义
21	mou⁵ léi⁴ dab³ sab³ 冇 厘 搭 霎	没一点儿实诚。有一搭没一搭的。类似“不靠谱”的意思。
22	mou⁵ léi⁴ guei³ gag³ 冇 厘 贵 格	没一点儿富贵之气。“贵格”反义“贱格”。粤语“贱格”即下贱的意思。
23	gab³ man⁶ 夹 万	保险箱。
24	yi⁶ da² lug⁶ 二 打 六	小喽啰。
25	sam¹ pa⁴ lêng⁵ bud⁶ 三 扒 两 拨	猛一阵扒拉；三下五除二。一般形容动作迅捷。
26	ngeb¹ sam¹ ngeb¹ séi³ 噏 三 噏 四	说三道四；胡说八道。噏：嘟哝，嚷嚷。
27	sam¹ heo² lug⁶ min⁶ 三 口 六 面	当面，当着众人的面。
28	sam¹ gu¹ lug⁶ po⁴ 三 姑 六 婆	身边好管闲事的女人。
29	sam¹ jim¹ bad³ gog³ 三 尖 八 角	形状不规则。
30	sam¹ m⁴ xig¹ ced¹ 三 唔 识 七	八竿子也打不到；完全扯不上关系。
31	séi³ m⁴ dab³ bad³ 四 唔 搭 八	与“三唔识七”意思相同，多与之联用。
32	ng⁵ ngan⁴ lug⁶ xig¹ 五 颜 六 色	五光十色。
33	guei² ng⁵ ma⁵ lug⁶ 鬼 五 马 六	乱七八糟。
34	ng⁵ xi⁴ fa¹ lug⁶ xi⁴ bin³ 五 时 花 六 时 变	形容人的言行变化无常。
35	ced¹ ced¹ bad³ bad³ 七 七 八 八	差不多了；快完成了。 件事做到七七八八啦：事情快做完了。
36	jiu¹ geo² man⁵ ng⁵ 朝 九 晚 五	城市白领每天的工作时段。
37	geo² m⁴ dab³ bad³ 九 唔 搭 八	牛头不对马嘴。
38	seb⁶ men⁶ geo² m⁴ ying³ 十 问 九 唔 应	屡问屡不答。应：回应。
39	lün² ngeb¹ ya⁶ séi³ 乱 噏 廿 四	胡说八道。
40	qun⁴ mou⁴ gen¹ lêng⁵ 全 无 斤 两	言行不着调。

（三）粤语“约数”的表达方式

粤语表达约数有专门使用的词语。

1. 度 dou^2

“度”放在表示时间、年龄和度量衡的词语之后，用于表示“估计”，相当于普通话的“大概……”的意思。“度”的声调由原发第六声改发第二声。例句：

（1）我哋一点钟度集中。（我们大概一点钟集中。）

（2）条鱼五斤重度。（这条鱼大概有五斤重。）

（3）嗰个人三十岁度。（那个人大概三十岁。）

（4）先至使咗一百文度。（才花了大概一百块钱。）

2. 零 $léng^4$

“零”放在表示时间、年龄和度量衡的词汇之后，用于表示估计，相当于普通话的“……几”“……来”的意思。“零”由原读“$ling^4$”，改读“$léng^4$”。例句：

（1）我哋点零钟度集中。（我们大概一点来钟集中。）

（2）条鱼重五斤零。（这条鱼重五斤多。）

（3）嗰个人三十零岁。（那个人三十来岁。）

（4）先至使咗百零文。（才花了一百来块钱。）

3. 左右 zo^2 yeo^2

“左右”放在表示时间、年龄和度量衡的词汇之后，用于表示估计，与普通话“左右”的用法相似。其中的“右”由原发第六声改发第二声，以示与方位名词“左右”的区别。例句：

（1）我哋一点钟左右集中。（我们一点钟左右集中。）

（2）条鱼重五斤左右。（这条鱼重五斤左右。）

（3）嗰个人三十岁左右。（那个人三十岁左右。）

（4）先至使咗一百文左右。（才花了一百块钱左右。）

另外，表示约数的粤语还有两种。第一种是加“噉头 gem^2 teo^2”。“头”由原来第四声改发第二声。例如：嗰个人四十岁噉头。（那个人像四十岁那个样子。）第二种是加“噉上下”。“下 han^2”由第六声改发第二声。例如：呢家酒楼大排档噉上下。（这家酒楼差不多跟大排档那样。）

三、与颜色相关的粤语词语

（一）红

	词　语	释　义
1	$dong^1$ $hung^4$ 当　红	走红；热门。
2	fa^1 $hung^4$ 花　红	奖金。分红。

（续上表）

	词 语	释 义
3	ju¹ hung⁴ 猪 红	猪血。 粤语忌讳说“血”，所以改用“红”代替。
4	sam¹ fen¹ ngan⁴ xig¹ 三 分 颜 色 sêng⁵ dai⁶ hung⁴ 上 大 红	给一点面子就忘乎所以、得意扬扬。

（二）黑

	词 语	释 义
1	man⁵ heg¹ 晚 黑	晚上，夜晚。
2	dong¹ heg¹ 当 黑	倒霉。 算我当黑：算我倒霉。
3	heg¹ zei² 黑 仔	倒霉。 好黑仔：真倒霉。
4	heg¹ yen⁴ 黑 人	城市中没有户籍的人。 黑人黑户：没城市户口的人。
5	heg¹ min⁶ 黑 面	黑脸，阴沉着脸，不高兴的样子。 黑住块面：阴沉着脸。
6	heg¹ lou⁶ 黑 路	黑道。
7	heg¹ tan³ teo⁴ 黑 炭 头	像煤炭一样黝黑的脸。 晒到成块面似黑炭头：脸晒得像黑炭。
8	sei² heg¹ qin² 使 黑 钱	行贿。
9	wu¹ deng¹ heg¹ fo² 乌 灯 黑 火	黑灯瞎火。 呢度一到晚黑乌灯黑火：这里一到晚上就黑灯瞎火。
10	heg¹ guo³ meg⁶ dou² 黑 过 墨 斗	比墨斗还黑。比喻倒霉透了。墨斗：砚台。

（三）黄

	词 语	释 义
1	wong⁴ mou¹ 黄 毛	黄色毛发。“毛”由原发第四声改发第一声。
2	wong⁴ péi² 黄 皮	黄皮，一种南方水果。 “皮”由原发第四声改发第二声。
3	gem¹ yu⁴ wong² 金 鱼 黄	橘黄色。 “黄”由原发第四声改发第二声。

（续上表）

	词语	释义
4	dai6 tou5 wong2 大 肚 黄	相当于普通话的“草头黄”。 “黄”由原发第四声改发第二声。
5	wong2 sa1 黄 沙	广州荔湾区地名。 “黄”由原发第四声改发第二声。
6	wong2 kéi4 黄 岐	位于佛山市南海区东部，毗邻广州市荔湾区。 “黄”由原发第四声改发第二声。

（四）青

	词语	释义
1	dab6 céng1 踏 青	春天郊游。
2	biu1 céng1 标 青	出众。优异，杰出。
3	géng1 céng1 惊 青	慌张。
4	kem4 céng1 擒 青	①行为鲁莽、轻率。 ②匆匆忙忙地。

（五）白

	词语	释义
1	tei2 bag6 睇 白	看得出来；可以断定。 睇白佢今日唔嚟嘞：可以断定他今天不来了。
2	bag6 wa2 白 话	粤语。 “话”由原发第六声改发第二声。
3	bag6 fen2 白 粉	毒品。 白粉仔：吸毒者。
4	bag6 zong6 白 撞	窃贼，骗子。骗偷带随机撞骗色彩。
5	bag6 zong6 yu5 白 撞 雨	夏天的太阳雨，来去突然，时间短暂。
6	wong4 nga4 bag6 黄 牙 白	大白菜。
7	yed6 teo4 bag6 bag6 日 头 白 白	大白天的…… 日头白白仲唔起身：太阳老高还不起床。
8	yed6 guong1 yed6 bag6 日 光 日 白	大白天的…… 日光日白当街抢嘢：大白天的居然在大街上抢劫！
9	mou4 dun1 bag6 xi6 无 端 白 事	无缘无故，没来由的。 佢无端白事又喊一场：她没来由地又哭一场。

（六）其他

	词语	释义
1	sem¹ fui¹ 心 灰	灰心。心情低落。
2	min⁶ céng¹ heo² sên⁴ bag⁶ 面 青 口 唇 白	脸色惨白；面无人色。
3	dim² hung⁴ dim² lug⁶ 点 红 点 绿	瞎指挥；胡乱来。
4	min⁶ hung⁴ min⁶ lug⁶ 面 红 面 绿	面红耳赤，生气或争吵激烈的样子。
5	guen² hung⁴ guen² lug⁶ 滚 红 滚 绿	胡闹；乱搞。
6	wong⁴ lug⁶ yi¹ seng¹ 黄 绿 医 生	庸医。江湖骗子。

四、与“大”“细”相关的粤语词语

这里专门介绍粤语中“大”与“小”的特别表达方式。粤语的“大”能通过改变声调的方式变化出多种意思，甚至能表达出“小”的意思。普通话的“小”的意思在粤语口语中基本对应“细”。

（一）大

	词语	释义
1	dai¹ 大	小；少。“大”由原发第六声改发第一声。 就咁大¹：就这么小？就这么少？
2	dai² 大	大。“大”由原发第六声改发第二声。 系噉大²嘞：就这么大了。
3	lou⁵ dai² 老 大	①年纪老。②老大。 你老大嘞：你年纪大了。明哥系我哋老大：明哥是我们的老大。
4	géi² dai² 几 大	怎么说都……无论如何都…… 几大都唔济：无论如何都不干。 几大就几大：该怎样就怎样，豁出去了！ “大”由原发第六声改发第二声。
5	lou⁵ fu² dai² 老 虎 大	无论如何都……比“几大”的语气更坚定。老虎大都唔济：无论如何再怎么说都不干！“大”由原发第六声改发第二声。
6	bou² néi⁵ dai⁶ 保 你 大	饶了我吧！ 你唔好噉啦，我保你大嘞：你别这样了吧，我求你饶了我吧。
7	zog³ dai⁶ 作 大	夸张；夸大。 件事唔系噉嘅，佢作大咗：事情不是这样的，是他夸大事实了。
8	dai⁶ go³ 大 个	①长大。②大。 大个仔喇：长大了。好大个：太大了。

（续上表）

	词语	释义
9	dai^{6} leb^{1} 大 粒	①大颗。②大人物。③地位高。 呢啲荔枝几大粒下：这些荔枝挺大颗的。 佢好大粒：他是大人物。佢最大粒：他的地位最高。
10	dai^{6} geo^{6} 大 嚿	①大块儿。②块头大。嚿牛肉好大嚿：这块牛肉很大块。个细路仔好大嚿：这小孩块头好大。
11	dai^{6} zég^{3} 大 只	个头大；大块头。 大只佬：大块头。好大只：非常高大健壮。
12	dai^{6} zou^{2} 大 早	①之前。②早就…… 大早就知啦：早就知道了。 大早你唔系噉讲嘅：之前你不是这样说的。
13	dai^{6} zong^{6} 大 状	大律师，可以出庭为人打官司的律师。 请大状打官司：请大律师打官司。
14	dai^{6} wa^{6} 大 话	谎言；谎话。 佢讲大话：他撒谎！大话精：大骗子。
15	dai^{6} ga^{3} 大 假	长假。 今周开始休大假：这周开始休长假。
16	dai^{6} wo^{6} 大 镬	①闯大祸，捅娄子。②事态严重。今次佢大镬嘞：这次他闯大祸了。 仲唔理就大镬嘞：还不管的话事情就严重了。
17	dai^{6} yé^{5} 大 嘢	傲慢。自大。 佢个人好大嘢：他这人很傲慢。
18	dai^{6} ba^{2} 大 把	有的是，多的是，很多。 大把钱：多的是钱。大把学生：多的是学生。
19	dai^{6} zei^{1} 大 剂	剂量大，比喻事态严重。 件事好大剂：这事很严重。
20	dai^{6} xig^{6} 大 食	①食量大，能吃能喝。②容量大。 个碗好大食：这碗的容量很大。佢个人好大食：他这人食量大。
21	dai^{6} sei^{2} 大 使	花钱大手大脚。使：用。 佢好大使，系月光族：他花钱大手大脚，是月光族。
22	dai^{6} gin^{6} xi^{6} 大 件 事	大事不好；大祸事。 大件事嘞，××发生大爆炸：大事不好了，××发生大爆炸！
23	dai^{6} hêng^{1} léi$^{2/5}$ 大 乡 里	①乡下人，没见识。②孤陋寡闻。 我系大乡里，未见过啲嘢：我孤陋寡闻，没见过这些东西。
24	dai^{6} zen^{6} zêng^{6} 大 阵 仗	阵势大。 未见过咁大阵仗：从没见过这么大的阵势。
25	dai^{6} gao^{3} fen^{3} 大 觉 瞓	睡大觉。 佢琴日返嚟就大觉瞓到而家：他昨天回来就睡大觉睡到现在。
26	dai^{6} m^{4} teo^{3} 大 唔 透	老天真，不成熟。 佢份人真系大唔透：他这人跟没长大似的。
27	dai^{6} din^{1} dai^{6} fei^{3} 大 癫 大 肺	做人、做事不拘小节，无拘无束、自由放纵。 佢份人中意大癫大肺：他这种人喜欢不拘小节、无拘无束。

（二）细

	词语	释义
1	sei3 go3 细个	①个儿很小。②年纪小。 佢好细个：他年纪很小。呢啲苹果好细个：这些苹果很小。
2	sei3 leb1 细粒	①粒儿小。②个头矮小。③地位低。 啲黄豆好细粒：这黄豆粒儿很小。阿明好细粒：阿明个头很矮。 佢喺单位好细粒：他在单位地位低。
3	sei3 geo6 细嚿	①小块儿。②块头小。 嚿牛肉细嚿到乜嘢噉：这块牛肉小得不得了。
4	sei3 xig6 细食	①食量小。②容量小。 佢好细食：他食量很小。个碗好细食：这碗的容量很小。
5	ngei2 sei3 矮细	矮小。 呢个男仔儿矮细下：这个男孩挺矮小的。
6	yeo3 sei3 幼细	细小，纤细。呢眼针好幼细：这根针很细小。 佢写啲字好幼细：他写的字很纤细。
7	ji6 sei3 自细	从小。 佢自细就中意睇电影：他从小就喜欢看电影。
8	sei3 sei3 go3 细细个	从小的时候。很小的时候。 佢细细个就喺出边做嘢嘞：他很小的时候就出去干活了。

（三）大+细

	词语	释义
1	sem1 dai6 sem1 sei3 心大心细	犹豫，拿不定主意。 呢件事我心大心细：这件事我还很犹豫。
2	yen4 sei3 guei2 dai6 人细鬼大	年纪虽小，鬼点子却很多。 佢真系人细鬼大：他真是年纪小，鬼点子多！

五、与“发”相关的粤语词语

粤语大部分以“发”组成的词语与普通话含义接近，例如发扬、发放、发表、发动等。但是，粤语有一部分以“发”组成的词语其含义是普通话所没有的，“发”字在这里含有大肆发作、不受控制的意思。这些词语多用于表现人的行为。因为行为具有过分、失控的特点，所以词语多含贬义。

（一）表现生气、发火行为的词语

以下词语专用于表现人的不良脾气和情绪失控的情形。

	词语	释义
1	fad3 neo1 发嬲	生气。 我话下佢，佢就发嬲嘞：我说了他一下，他就生气了。

（续上表）

	词 语	释 义
2	fad^{3} ngog^{3} 发 恶	①发火。佢嘟下就发恶闹人：他动不动就发火骂人。 ②凶。佢中意发恶：他喜欢凶。
3	fad^{3} wei^{1} 发 威	耍威风。 唔发下威就当我冇到：不耍耍威风就当我不存在！
4	fad^{3} long^{1} lei^{2} 发 狼 戾	发飙，发狠，大发脾气。狼戾：蛮横，不讲理。 “狼”由原发第四声改发第一声。 佢点解咁中意发狼戾：他为什么这么喜欢大发脾气？
5	fad^{3} lan^{6} za^{2} 发 烂 渣	耍泼，发飙。与“发狼戾”比较，含无理取闹的意思。 呢个女人成日发烂渣：这个女人成天耍泼。
6	fad^{3} din^{1} 发 癫	发疯，发狂。 件事都够胆做，你真系发癫嘞：这事也敢做，你真是发疯了。
7	fad^{3} fa^{1} din^{1} 发 花 癫	肆意发脾气，有歇斯底里的意思。 佢而家喺出边发花癫啰：他现在在外边大发脾气呗。

（二）表现行为、身体异常的词语

以下词语专门用于表现人的行为或身体状况出现异常。

	词 语	释 义
1	fad^{3} ngeb^{1} fung^{1} 发 噏 疯	胡说八道。 佢发噏疯啫，你唔好嬲啦：他胡说八道而已，你别生气了。
2	fad^{3} heo^{2} hung^{1} 发 口 空	胡说八道。没话找话说。 你噏咁多，发口空咩：你唠叨了这么多，嫌嘴巴太闲吗？
3	fad^{3} heo^{2} hen^{4} 发 口 痕	①同“发口空”。②极想吃东西。 你发口痕呀，买咁多嘢食：你口痒痒是不，买这么多吃的？
4	fad^{3} ngeo^{6} deo^{6} 发 吽 哣	发呆，发愣。吽哣：呆，麻木。 佢坐住喺课室度发吽哣：他坐在课室那发呆。
5	fad^{3} mung^{6} 发 梦	做梦。 唔使做就有得食，发梦啦：不用干活就有饭吃，做梦吧！
6	fad^{3} hoi^{1} heo^{2} mung^{6} 发 开 口 梦	说梦话。 佢琴晚成晚瞓觉发开口梦：他昨晚一个晚上睡觉说梦话。
7	fad^{3} yid^{6} gug^{6} 发 热 焗	发烧；身体发热。 你着咁少衫，发热焗呀：你衣服穿得这么少，身体发烧呀？
8	fad^{3} lang^{5} hon^{4} 发 冷 寒	打冷战；身体发冷。 你着咁多衫，发冷寒呀：你衣服穿得这么多，身体发冷呀？
9	fad^{3} béi^{3} 发 痹	身体发麻。 今日坐咗好耐，坐到只脚发痹：今天坐了很久，坐得脚都发麻了。
10	fad^{3} mao^{4} 发 瞀	①发急，紧张。件事搞到佢发晒瞀：这事搞得他很紧张。 ②发怵。睇到呢啲嘢就发瞀：看到这东西就发怵。

（三）与金钱、做生意行为相关的词语

	词语	释义
1	fad^3 xi^5 发市	①做成第一桩买卖。②生意大赚。 今日咁耐都未发市：今天这么久都没做成一桩买卖。
2	fad^3 dad^6 发达	发迹。升官发财。 佢做生意发咗达嘞：他做买卖发财了。
3	fad^3 qin^2 hon^4 发钱寒	财迷心窍、想钱想疯了的样子。 咁搏命揾钱，系咪发钱寒呀：这么拼命地赚钱，是想钱想疯了吗？
4	fad^3 kung^4 ngo^3 发穷恶	穷疯了。一般指为发财而做出疯狂的行为。 黑钱都去赚，唔通佢发穷恶：黑钱也去赚，难道他穷疯了？
5	fad^3 dou^3 m^4 qing^1 m^4 co^2 发到唔清唔楚	①做生意大赚。②赚钱赚得很厉害。 佢旧年做生意发到唔清唔楚：他去年做买卖大赚了。

（四）其他

	词语	释义
1	fad^3 guong^1 发光	发亮。 夜明珠晚黑识发光：夜明珠晚上会发亮。
2	fad^3 mou^1 发毛	东西发霉。“毛”由原发第四声改发第一声。 广州春天好潮湿，啲嘢容易发毛：广州春天很潮湿，东西容易发霉。
3	fad^3 dai^6 sêu^2 发大水	发生洪灾。 今年夏天呢度冇发大水：今年夏天这里没发生水灾。

粤语还有一个普通话完全没有的词语：发肉紧 fad^3 yug^6 gen^2。粤语的“肉紧”含有极其在乎、揪心等意思。“发肉紧”相当于普通话的意思有：

发疯似的用力。例如：

（1）佢突然间发肉紧咬人。（他突然拼命用力咬人。）

（2）嗌交嗰时佢发肉紧掟嘢。（吵架的时候他拼命用力扔东西。）

（3）个女一见到个公仔就发肉紧揽住佢。（女儿一看见那个娃娃就使劲儿抱着她。）

这个“发肉紧”往往首先是由于精神的刺激而造成身体极度紧张，之后才有行为的失控发泄。

因极其重视、在乎而紧张、着急、揪心、难受得不得了。例如：

（1）讲极佢都唔明，搞到我发晒肉紧。（说了半天他都不明白，搞得我着急得要命。）

（2）见到个仔唔生性，阿妈个心发晒肉紧。（看到儿子不懂事，妈妈揪心得很。）

（3）行嚟行去都揾唔到佢，真系发晒肉紧。（走来走去都找不到她，真是急死人。）

六、与“抵”相关的粤语词语

	词语	释义
1	dei^2 抵	①忍受，忍耐。 ②划算。划得来，花得值。

（续上表）

	词语	释义
2	m⁴ dei² 唔抵	不划算。划不来。
3	dei² xig⁶ 抵食	食物性价比高，值得吃。
4	dei² mai⁵ 抵买	商品性价比高，值得买。
5	dei² wan² 抵玩	玩乐活动价比高，值得玩。
6	dei² mai⁶ 抵卖	赚钱成本低、利润高。
7	dei² lem² 抵谂	想得开。
8	dei² lang⁵ 抵冷	耐寒。
9	dei² deg¹ 抵得	受得了。忍得住。
10	m⁴ dei² deg¹ 唔抵得	受不了；忍不住。
11	dei² tou⁵ ngo⁶ 抵肚饿	挨饿。
12	dei² séi² 抵死	该死。

七、与“得”相关的粤语词语

粤语的“得”即普通话的“行”，“唔得”即普通话的“不行”，“得唔得”即普通话的“行不行”，“得闲”即普通话的“有空”。除此外，“得”还可以构成很多词语。

	词语	释义
1	deg¹ qig¹ 得戚	得意，得意扬扬。
2	deg¹ yi³ 得意	有趣，可爱。
3	deg¹ mei⁵ 得米	遂愿。
4	deg¹ séi² 得死	找死，活不成了。
5	m⁴ deg¹ séi² 唔得死	想活也活不成。

（续上表）

	词 语	释 义
6	zou⁶ deg¹ 做 得	能干。
7	da² deg¹ 打 得	能打。
8	wan² deg¹ 玩 得	能玩。
9	xig⁶ deg¹ 食 得	能吃。
10	yem² deg¹ 饮 得	能喝。
11	fen³ deg¹ 瞓 得	能睡。
12	deg¹ fan¹ 得 返 ……	剩下……
13	jing⁶ deg¹ 净 得 ……	只剩下……
14	ji³ deg¹ ……至 得	……才行。

八、粤语的忌讳语

广府地区自古以来商业发达，在长期商业氛围浓厚的环境下形成了独特的心理，即“讲意头”。表现在语言上，就是注意使用含有吉祥色彩的词语，避免使用不吉利的词语，就是把那些不好“意头”的字眼，换成好“意头”的字眼。

（一）干—膶、胜

粤语忌讳说“干”，因为“干”意味没有水分，而粤语的“水”很多时候借代为“钱财”的意思。所以，“干水”“荷包干硬化”等于说“没钱了”。因此，粤语在说到带“干”的词汇时，往往以“膶”（“膶”与“润”同音）、“胜”来代替。

	词 语	释 义
1	yem² xing³ 饮 胜	干杯。
2	ju¹ yên² 猪 膶	猪肝。
3	deo⁶ fu⁶ yên² 豆 腐 膶	豆腐干。
4	lo⁴ bag⁶ yên² 萝 卜 膶	萝卜干。

（二）舌一脷

粤语忌讳说“舌”，因为“舌”与“蚀”同音，而“蚀”意味着做生意亏本。所以，在说到“舌”的时候，以“脷”代替。因为“脷”与“利”同音，而“利”与一本万利的“利”同义。

	词 语	释 义
1	léi6 脷	舌头。
2	ju1 léi6 猪 脷	猪舌头。
3	ngeo4 léi6 牛 脷	牛舌头。

（三）书一赢、胜

粤语忌讳说“书”，因为“书”与“输”同音，而“输”意味着做生意失败、亏本。所以，在说到带“书”的词语时，会以“赢”“胜”代替。

	词 语	释 义
1	mai5 ying4 买 赢	买书。粤语“书”与“输”同音，所以用“赢”代替。
2	tung1 xing3 通 胜	通书。

（四）空一吉

粤语忌讳说“空”，因为“空”与“凶”同音，“凶”即不吉利。所以，在说到带“空”的词语时，会以“吉”代替。

	词 语	释 义
1	ged1 ngug1 吉 屋	空房。
2	deg1 go3 ged1 得 个 吉	“一场空”的曲折说法。
3	wen6 ged1 混 吉	一般用于骂人。 ①混账。②捣乱。

（五）其他

	词 语	释 义
1	xi6 do1 bé1 léi2 士 多 啤 梨	草莓。来自英语的译音。 粤语的“莓”与“霉”（倒霉）同音。
2	xing3 gua1 胜 瓜	丝瓜。粤语的“丝”与“尸”同音，所以用“胜”代替。

（续上表）

	词语	释义
3	lêng[4] gua[1] 凉 瓜	苦瓜。苦瓜偏凉性，广府人认为夏天多吃苦瓜，有清热的作用。所以用“凉”代替不吉利的“苦”。
4	céng[1] gua[1] 青 瓜	黄瓜。“黄”含有失败的意思，所以用“青”代替。
5	fung[6] zao[2] 凤 爪	鸡脚。鸡有时会借指为凤，而“凤”含义吉祥。
6	zug[1] xing[1] 竹 升	竹杠。粤语的“杠”与“降”同音，所以用“升”代替。

后　记

我从2007年开始教留学生粤语，不觉已是十个春秋。在长时间的教学中，我一直苦于找不到一本合适的粤语教材，都是一边编写教材，一边上课教学。在多年的教学实践和教学内容不断修改完善中，逐渐有了编写出版粤语教材的想法。从决定编书到最终付梓，匆匆已过六度寒暑。在编写过程中，由于缺乏经验，加之贪多求全、思路多变等种种原因，走了很多弯路，过程漫长。现在，多年心血最终能够成为果实，特别在此衷心感谢：

感谢广东外语外贸大学中文学院给予我出版这本教材的机会和资助；感谢李惠娟老师的真诚合作；感谢华南师范大学甘甲才教授给予的意见和建议；感谢暨南大学出版社苏彩桃老师给我的耐心和帮助；感谢暨南大学出版社编辑吴筱颖、黄斯和星辰公司周一舟女士为这本书付出的辛勤劳动；感谢中文学院同事的鼓励和指教。另外，还要特别感谢俄罗斯青年瓦夏。瓦夏现就读于中山大学汉语教育专业博士学位，尤其热爱粤语。他从2010年跟我学习粤语，凭着自身的语言天赋和勤奋，仅学习了一年多的时间，已能说一口纯正流利的粤语，对我的粤语教学热情是莫大的鼓舞。在我编写的过程中，他不仅提出了一些建议，而且许多粤语用字的书写方式，都是他帮忙查找、提供的，解除了我用字方面的烦恼。最后，要感谢各位读者的阅读。

虽然是在羊城出生，从小说着粤语长大、变老的广府人，但是，教粤语却是半路出家。书中所言，仅仅是个人之说，定有纰漏，还望读者方家批评指正。

赖婉琴

2017年8月30日